资本账户开放的
金融风险及管理研究

Financial Risk Analysis of Capital Account Liberalization

陈创练 著

经济管理出版社
ECONOMY & MANAGEMENT PUBLISHING HOUSE

图书在版编目（CIP）数据

资本账户开放的金融风险及管理研究 / 陈创练著. —北京：经济管理出版社，2017.12
ISBN 978-7-5096-5481-1

Ⅰ. ①资… Ⅱ. ①陈… Ⅲ. ①资本—金融开放—风险管理—研究—中国 Ⅳ. ①F832

中国版本图书馆 CIP 数据核字（2017）第 274249 号

组稿编辑：宋　娜
责任编辑：侯春霞
责任印制：黄章平
责任校对：赵天宇

出版发行：经济管理出版社
　　　　　（北京市海淀区北蜂窝 8 号中雅大厦 A 座 11 层　100038）
网　　址：www. E-mp. com. cn
电　　话：(010) 51915602
印　　刷：玉田县昊达印刷有限公司
经　　销：新华书店
开　　本：720mm×1000mm/16
印　　张：17.75
字　　数：291 千字
版　　次：2017 年 12 月第 1 版　　2017 年 12 月第 1 次印刷
书　　号：ISBN 978-7-5096-5481-1
定　　价：98.00 元

第六批《中国社会科学博士后文库》
编委会及编辑部成员名单

（一）编委会

主　任：王京清

副主任：马　援　张冠梓　俞家栋　夏文峰

秘书长：邱春雷　姚枝仲　刘连军

成　员（按姓氏笔划排序）：

卜宪群　邓纯东　王建朗　方　勇　史　丹　刘丹青　刘跃进

孙壮志　孙海泉　张车伟　张宇燕　张顺洪　张星星　张　翼

李　平　李永全　李向阳　李　林　李国强　杨世伟　吴白乙

杨　光　陈众议　陈星灿　何德旭　房　宁　郑秉文　卓新平

赵天晓　赵剑英　胡　滨　高　洪　高培勇　黄　平　朝戈金

谢寿光　潘家华　冀祥德　魏后凯

（二）编辑部（按姓氏笔划排序）

主　任：高京斋

副主任：刘丹华　曲建君　李晓琳　陈　颖　薛万里

成　员：王　芳　王　琪　刘　杰　孙大伟　宋　娜　陈　效

苑淑娅　姚冬梅　郝　丽　梅　枚

　　本书获国家自然科学基金面上项目《基于金融风险周期监测的时变参数货币政策模型系统构建和识别研究》（71771093）、国家自然科学基金《不同基础条件下资本账户开放的金融风险及管理研究》（71303081）和中国博士后基金《资本账户开放的金融风险及管理研究》（2013M540669）项目资助。

序　言

　　博士后制度在我国落地生根已逾30年，已经成为国家人才体系建设中的重要一环。30多年来，博士后制度对推动我国人事人才体制机制改革、促进科技创新和经济社会发展发挥了重要的作用，也培养了一批国家急需的高层次创新型人才。

　　自1986年1月开始招收第一名博士后研究人员起，截至目前，国家已累计招收14万余名博士后研究人员，已经出站的博士后大多成为各领域的科研骨干和学术带头人。其中，已有50余位博士后当选两院院士；众多博士后入选各类人才计划，其中，国家百千万人才工程年入选率达34.36%，国家杰出青年科学基金入选率平均达21.04%，教育部"长江学者"入选率平均达10%左右。

　　2015年底，国务院办公厅出台《关于改革完善博士后制度的意见》，要求各地各部门各设站单位按照党中央、国务院决策部署，牢固树立并切实贯彻创新、协调、绿色、开放、共享的发展理念，深入实施创新驱动发展战略和人才优先发展战略，完善体制机制，健全服务体系，推动博士后事业科学发展。这为我国博士后事业的进一步发展指明了方向，也为哲学社会科学领域博士后工作提出了新的研究方向。

　　习近平总书记在2016年5月17日全国哲学社会科学工作座谈会上发表重要讲话指出：一个国家的发展水平，既取决于自然科学发展水平，也取决于哲学社会科学发展水平。一个没有发达的自然科学的国家不可能走在世界前列，一个没有繁荣的哲学社会科学的国家也不可能走在世界前列。坚持和发展中国特色社会主义，需要不断在实践中和理论上进行探索、用发展着的理论指导发展着的实践。在这个过程中，哲学社会科学具有不可替代的重要地位，哲学社会科学工作者具有不可替代的重要作用。这是党和国家领导人对包括哲学社会科学博士后在内的所有哲学社会科学领域的研究者、工作者提出的殷切希望！

中国社会科学院是中央直属的国家哲学社会科学研究机构，在哲学社会科学博士后工作领域处于领军地位。为充分调动哲学社会科学博士后研究人员科研创新的积极性，展示哲学社会科学领域博士后的优秀成果，提高我国哲学社会科学发展的整体水平，中国社会科学院和全国博士后管理委员会于 2012 年联合推出了《中国社会科学博士后文库》（以下简称《文库》），每年在全国范围内择优出版博士后成果。经过多年的发展，《文库》已经成为集中、系统、全面反映我国哲学社会科学博士后优秀成果的高端学术平台，学术影响力和社会影响力逐年提高。

下一步，做好哲学社会科学博士后工作，做好《文库》工作，要认真学习领会习近平总书记系列重要讲话精神，自觉肩负起新的时代使命，锐意创新、发奋进取。为此，需做到：

第一，始终坚持马克思主义的指导地位。哲学社会科学研究离不开正确的世界观、方法论的指导。习近平总书记深刻指出：坚持以马克思主义为指导，是当代中国哲学社会科学区别于其他哲学社会科学的根本标志，必须旗帜鲜明加以坚持。马克思主义揭示了事物的本质、内在联系及发展规律，是"伟大的认识工具"，是人们观察世界、分析问题的有力思想武器。马克思主义尽管诞生在一个半多世纪之前，但在当今时代，马克思主义与新的时代实践结合起来，越来越显示出更加强大的生命力。哲学社会科学博士后研究人员应该更加自觉地坚持马克思主义在科研工作中的指导地位，继续推进马克思主义中国化、时代化、大众化，继续发展 21 世纪马克思主义、当代中国马克思主义。要继续把《文库》建设成为马克思主义中国化最新理论成果宣传、展示、交流的平台，为中国特色社会主义建设提供强有力的理论支撑。

第二，逐步树立智库意识和品牌意识。哲学社会科学肩负着回答时代命题、规划未来道路的使命。当前中央对哲学社会科学愈加重视，尤其是提出要发挥哲学社会科学在治国理政、提高改革决策水平、推进国家治理体系和治理能力现代化中的作用。从 2015 年开始，中央已启动了国家高端智库的建设，这对哲学社会科学博士后工作提出了更高的针对性要求，也为哲学社会科学博士后研究提供了更为广阔的应用空间。《文库》依托中国社会科学院，面向全国哲学社会科学领域博士后科研流动站、工作站的博士后征集优秀成果，入选出版的著作也代表了哲学社会科学博士后最高的学术研究水平。因此，要善于把中国社会科学院服务党和国家决策的大智库功能与《文库》的小智库功能结合起来，进而以智库意识推动品牌意识建设，最终树立《文库》的智库意识和品牌意识。

第三，积极推动中国特色哲学社会科学学术体系和话语体系建设。改革开放 30 多年来，我国在经济建设、政治建设、文化建设、社会建设、生态文明建设和党的建设各个领域都取得了举世瞩目的成就，比历史上任何时期都更接近中华民族伟大复兴的目标。但正如习近平总书记所指出的那样：在解读中国实践、构建中国理论上，我们应该最有发言权，但实际上我国哲学社会科学在国际上的声音还比较小，还处于"有理说不出、说了传不开"的境地。这里问题的实质，就是中国特色、中国特质的哲学社会科学学术体系和话语体系的缺失和建设问题。具有中国特色、中国特质的学术体系和话语体系必然是由具有中国特色、中国特质的概念、范畴和学科等组成。这一切不是凭空想象得来的，而是在中国化的马克思主义指导下，在参考我们民族特质、历史智慧的基础上再创造出来的。在这一过程中，积极吸纳儒、释、道、墨、名、法、农、杂、兵等各家学说的精髓，无疑是保持中国特色、中国特质的重要保证。换言之，不能站在历史、文化虚无主义立场搞研究。要通过《文库》积极引导哲学社会科学博士后研究人员：一方面，要积极吸收古今中外各种学术资源，坚持古为今用、洋为中用。另一方面，要以中国自己的实践为研究定位，围绕中国自己的问题，坚持问题导向，努力探索具备中国特色、中国特质的概念、范畴与理论体系，在体现继承性和民族性、体现原创性和时代性、体现系统性和专业性方面，不断加强和深化中国特色学术体系和话语体系建设。

新形势下，我国哲学社会科学地位更加重要、任务更加繁重。衷心希望广大哲学社会科学博士后工作者和博士后们，以《文库》系列著作的出版为契机，以习近平总书记在全国哲学社会科学座谈会上的讲话为根本遵循，将自身的研究工作与时代的需求结合起来，将自身的研究工作与国家和人民的召唤结合起来，以深厚的学识修养赢得尊重，以高尚的人格魅力引领风气，在为祖国、为人民立德立功立言中，在实现中华民族伟大复兴中国梦的征程中，成就自我、实现价值。

是为序。

王京清

中国社会科学院副院长

中国社会科学院博士后管理委员会主任

2016 年 12 月 1 日

摘　要

　　资本账户开放是导致金融风险的主要因素。随着我国资本账户开放，未来将有大量资本流入境内或流向境外，从事银行、证券等投资活动。如果国内金融发展步伐没能跟上资本账户开放节奏，逐步开放我国资本账户管制将可能引发大规模资本外流，从而导致汇率波动幅度加大。

　　针对现有研究的不足，本书结合国际资本账户开放的经验和教训，着重从全球的视角，全面分析资本账户开放的金融风险及其有效管理，其研究意义主要体现在以下几方面：第一，研究不同的基础条件下，资本账户开放对资本流向的影响，国外文献较少从理论和实证角度做相应的研究，本书是对国内外研究的一个突破和完善。第二，结合中国的实际，实证分析了跨境资本流动的技术溢出效应以及我国对外直接投资的动机，这是对传统研究的重要补充。第三，采用时变参数向量自回归模型，并结合中国的实际，实证分析了资本账户开放、汇率制度与国际资本流动之间的时变动态关系，具有较强的创新性。第四，通过分析不同的汇率制度下资本账户开放与货币危机的关系，以期评估什么样的汇率制度能够更好地抵制危机发生，并分析汇率错配、金融深化程度等基础条件是否影响资本账户开放、金融风险与最优外汇储备之间的非线性关系，这也是对该领域研究文献的一个有益补充。第五，在有管理的浮动汇率制度以及利率和货币供应框架下，分析资本账户开放后货币政策传导机制的时变演变特征的文献几乎没有，为此本书将结合我国的现实构建全新的理论模型，分析资本账户开放后不同货币政策传导的有效性和时变特征，从而推动相关理论的发展。可见，这些研究不仅能够增强我们对资本账户开放的金融风险的理解，而且也可为未来资本账户开放政策的制定与安排以及汇率改制提供决策依据。

关键词：资本账户开放；货币危机；金融风险

Abstract

With China's capital account liberalization, there will be lots of capital inflows and outflows to invest in banking and securities in the future. If the development of domestic financial market couldn't keep up with China's capital account liberalization, the gradual liberalization of China's capital account control may lead to a massive outflow of capital, and then increasing the volatility risk of Chinese financial market.

In order to overcome the deficiency of the existing research, this book studies the financial risk and management after the capital account liberalization under different fundamental conditions from theoretical and empirical background. Firstly, whether the capital account liberalization leads to capital inflow or outflow under different fundamental conditions, this book makes lots of study from theoretical and empirical aspects. Secondly, combined with China's reality, this book analyzes the spillover effects of cross −border capital flows and the motives of China's outwards foreign direct investment, which is an important supplement to traditional research. Thirdly, using time −varying parameter vector autoregressive model and combining with the reality of China, this book analyzes the dynamic relationship between capital account liberalization, exchange rate system and international capital flow, which has strong innovation. Fourthly, we also analyze the relationship between capital account liberalization and currency crisis and assess what kind of exchange rate system is better to resist the crisis under different exchange rate systems. Furthermore, the book also study whether the basic conditions, such as exchange rate misalignment and financial deepening, affects the nonlinear relationship between capital account liberalization and financial risk, or the optimal foreign exchange reserves, all of these are useful supplement to the research literature in this field. Fifthly, under a framework of a managed floating exchange rate system and interest rate and money supply, there is little literature analyzes the transmission mechanism of monetary policy after the opening of capital account time-varying evolution characteristics, then this book combines the reality of China and build an extended theoretical model to study the effectiveness and different characteristics the transmission of monetary policy during the opening up of capital account. Therefore, These studies not only enchance our understanding of the financial risk of capital account liberalization, but also provide some implications for the authorities to make the decisions of the reform of the capital account liberalization and exchange rate system.

Key Words: Capital Account Liberalization; Currency Crisis; Financial Risk

目　录

Contents

第一章　绪　论

第一节　研究背景和研究意义

20 世纪 90 年代以来的经济实践表明，各国跨境资本流动频繁，汇率与各类资产价格波动加剧，伴随着的是金融不稳定性增强、金融危机和经济危机爆发频率提高。相比于其他发达经济体，目前我国资本账户开放程度仍然较低。近年来，央行通过推进"合格境外机构投资者"（QFII）和"合格境内机构投资者"（QDII）项目，不断扩大国内银行同业债券市场的境外金融机构参与名单，投资额度也有所放宽。但由于投资规模相对较小，依然不能成为境外对国内的重要投资渠道。为了顺应人民币国际化的需要，2012 年央行公布了我国资本账户逐步开放的时刻表，可以预见在未来将有大量人民币流向境外；同时境外资本也将流入国内，从事银行、股票、基金及债券交易等投资活动。与之相伴的是中国金融市场的稳定性受到挑战，金融市场波动风险增加，特别是，如果国内金融发展步伐没能跟上资本账户开放的节奏，则逐步开放我国资本账户管制可能引发大规模资本外流，从而导致汇率波动幅度加大。在此背景下，深入研究资本账户开放与资本流动、货币危机（汇率波动）以及金融稳定之间的关系，着重分析汇率制度选择、外汇储备规模、货币政策工具选择等在应对金融危机爆发和蔓延中的作用，并在此基础上提出相应的对策措施，以防范宏观经济金融波动风险，保障中国金融市场稳定发展，具有重要的理论和现实意义。

资本账户开放对跨境资本流向的影响，是政策当局采取决策措施时需要考虑的首要问题。尽管人们普遍认为资本账户开放加剧了资本流动波幅

（Aghion 等，2004；Cheung 等，2006；Alfaro 等，2007；Furceri 等，2011），但现有研究依然较少涉及资本账户开放如何影响跨境资本流向（Aoki 等，2010），国外文献也较少从理论和实证做相应的研究。同时资本账户开放是否会引发货币危机，也是我们对资本账户开放和跨境资本流动监管进行价值判断的前提。现有文献研究表明，资本账户开放（跨境资本流动频繁）使得国内金融风险陡增，并引发区域性金融危机（Radelet 和 Sachs，1998；Eichengreen，2001；Sun，2002）。同时资本流动监管是影响汇率波动（货币危机）的重要因素之一（王雪标、于春艳和张建华，2009；陈创练，2012；陈创练和杨子晖，2012）。但是，多数研究只限于定性和实证分析，较少通过理论和实证阐述在不同汇率制度下两者之间的内在关系，更重要的是，基于全球视角，研究金融自由化条件下货币危机的空间传染方式和主要传染路径的文献更是少见。

亚洲金融危机后，政策当局和学术界兴起了一股思考如何应对货币危机的思潮。许多新兴国家意识到外汇储备是抵御危机的一个有力武器（Aizenman，2007），同时在全球金融整合深化和各国寻求增强货币政策独立性的双重背景下，持有外汇储备还可以让央行在使用政策工具维持汇率稳定时，免受"三元悖论"（the Trilemma）约束的影响（Baduel，2012）。事实上，在固定汇率或有管理的浮动汇率制度下，资本账户开放后，国内基础货币的调节就不完全取决于中央银行，国际收支的变化，特别是资本流动在很大程度上对基础货币投放产生较大影响（Broz，1998），由此在固定汇率制度下，货币政策的独立性受到挑战，原有货币政策传导机制的有效性将减弱，如利率传导渠道失效（取决于世界利率）、信贷渠道部分作用失效（投资者可向国际筹资，降低银行信贷渠道的作用）以及资产价格传导机制受到干扰（如跨境资本流动导致国内股市和房地产价格波动），而汇率将成为货币政策传导的重要渠道（Taylor，1995；Faust 和 Rogers，2003；Scholl 和 Uhlig，2008；Heinlein 和 Krolzig，2012），因此，资本账户开放国往往会转向实行浮动汇率制度，以增强货币政策的独立性。

最近也有研究表明，我国当前泰勒规则的货币政策对汇率波动的影响不具有持久性，而且由于我国存在资本流动管制，使得以利率为中介工具调整通胀目标和产出缺口的货币政策对汇率决定的影响十分有限（陈创练，2012；陈创练和杨子晖，2012），但是在当前我国处于汇率改制的关键时期，如果放宽资本账户开放，则货币政策对汇率传导渠道影响的有效性需要重新考量。

基于以上理论和现实背景，本书将基于不同基础条件（如金融深化和国际借贷约束等）下的现实和制度背景，通过理论模型和实证检验研究资本账户开放的金融风险及其有效管理，并主要回答如下六个问题：第一，在不同基础条件下，资本账户开放是导致跨境资本流入还是流出？第二，资本账户开放、跨境资本流动的技术溢出效应如何？第三，我国对外直接投资有何动机？第四，汇率制度、资本账户开放与货币危机的关系如何？第五，外汇储备能否应对由于过快推进资本账户开放导致的金融动荡？第六，资本账户开放是否导致原有货币政策失效？我国未来货币政策取向和政策工具选择有何变化？以上这些研究不仅有助于我们理解资本账户开放的金融风险和宏观金融效应，而且可以为未来资本账户开放政策的制定与安排以及汇率政策的改革与制定提供重要的理论基础和参考依据。

第二节 研究内容与研究框架

本书研究的主要内容阐述如下：

第一章为绪论，对本书做一个简单的介绍，具体包括研究背景、研究思路、研究内容、研究方法和主要创新之处。

第二章为资本账户开放的文献述评和国际经验借鉴。首先，介绍资本账户开放金融风险及其管理的经典理论，并以此形成本书的理论基础；其次，简要介绍了我国资本账户开放的三个阶段和我国资本账户开放的现状以及与世界上主要国家和地区的比较，并着重分析智利、巴西和泰国的资本账户开放的历史经验与教训；最后，结合我国实际，提出资本账户开放的有利和不利政策启示。

第三章为资本账户开放、金融发展与跨境资本流动关系研究。采用最新发展的面板平滑转换回归模型（PSTR），在非线性的框架下对全球69个国家（地区）的跨境资本流动效应展开深入分析。在此研究过程中，我们考察了金融深化和金融发展等基础条件如何影响资本账户开放的资本流动效应，并结合金融发展水平分析了资本账户开放与跨境资本流动的渐进演变关系。在此基础上，我们提出现阶段实现金融市场稳定、促进经济稳定发展的相关启示。

第四章为资本账户开放、金融发展与技术溢出效应关系研究。采用随机前沿模型对1991~2013年以中国、美国等为代表的73个国家和地区的数据展开实证分析。在此过程中，我们主要考察资本账户开放下国际资本流动以及金融发展水平对技术效率和全要素生产率的影响效应，并结合资本账户开放指数，实证分析技术效率和全要素生产率的影响因素。在此基础上，提出改进我国技术效率的对策建议。

第五章为资本账户开放、东道国市场潜力与跨境资本流出动机研究。尝试以第三国效应理论作为基础，运用空间计量模型，利用交易成本（距离）作为空间权重，对2003~2013年我国对149个国家或地区的FDI的空间布局动机进行检验，发现中国对149个国家或地区的FDI存在显著的空间效应，第三国影响显著，中国的对外直接投资主要是集聚垂直复合型，并以此对我国对外直接投资提出合理建议。

第六章为资本账户开放、央行干预与汇率波动关系研究。从泰勒规则出发，建立了资本管制下和外汇干预下汇率波动决定的理论模型，并选取三种主要的货币汇率，即RMB/USD、Yen/USD以及GBP/USD，通过建立结构向量自回归模型（SVAR）实证分析汇率波动的成因以及资本账户管制与央行干预对汇率波动的影响，最后，评估和比较央行干预对中国、英国和日本社会福利损失的影响，以为我国资本账户开放提供对策建议。

第七章为资本账户开放、汇率制度抉择与货币危机关系研究。运用概率Probit模型，采用全球150个国家（地区）1990~2013年的经验数据，详细分析在资本账户开放下汇率制度等各种因素诱发货币危机的可能性。同时还分析了国内经济金融条件和制度因素，如产品竞争力、贸易结构、汇率制度以及通胀预期等基础条件对汇率波动的影响效应。

第八章为资本账户开放、外汇储备变动与货币政策传导机制研究。考虑到总需求曲线、总供给曲线、M2增速、汇率、短期利率和外汇储备变动之间存在的内生性结构以及货币政策规则可能呈现的非线性特征，构建了一种关于短期利率、M2增速、产出缺口、通胀、汇率与外汇储备变动之间的时变参数结构向量自回归（TVP-SVAR）模型，并进一步利用马尔可夫链蒙特卡洛（MCMC）方法估计简化式的时变参数向量自回归随机波动（TVP-VAR-SV）模型。据此，本章考察了我国1985年第一季度至2015年第三季度样本期内，在资本账户开放背景下，我国货币政策传导机制的时变特征和传导机制的演变趋势。

第九章为资本账户开放、金融风险与外汇储备的非线性关系研究。采用最新发展的面板平滑转换回归模型（PSTR），在非线性的框架下对全球36个国家（地区）的外汇储备展开深入分析。在此过程中，我们构建了包括重商主义动机和预防性动机的非线性模型，考察了资本账户开放情况下，外债风险和流动性风险等金融风险对外汇储备的重商主义动机和预防性动机强度的影响效应，并结合金融风险门槛变量分析两类动机估计系数的渐进演变过程。在此基础上，我们提出了现阶段开放我国资本账户与管控金融风险的若干建议。

第三节　研究方法

本书结合现代经济学理论，构建了符合中国实际的资本账户开放金融风险（如资本账户开放与跨境资本流动、资本账户开放与资本配置效率、资本账户开放的跨境资本效应及对外投资动机、资本账户开放与货币危机、资本账户开放与货币政策独立性、资本账户开放与外汇储备动机等）的理论模型，并采用现代计量方法，如时变参数结构向量自回归（TVP-SVAR）模型、面板平滑转换回归模型（PSTR）、面板空间计量模型（SAR、SEM）、面板概率 Probit 模型、随机前沿模型（SFA）以及结构向量自回归模型（SVAR）等实证分析了资本账户开放与跨境资本流动、资本账户开放与工业资本配置效率、资本账户开放与跨境资本流出动机、资本账户开放与汇率波动、资本账户开放与货币危机、资本账户开放与货币政策独立性以及资本账户开放与外汇储备动机的关系，并在此基础上结合中国的实际提出相应的应对措施。

第四节　主要创新点

本书拟综合运用定性和定量、理论和实证、国际借鉴和国际比较等研究方法，系统研究不同基础条件下（金融深化、国际借贷约束以及资本配置效率等）资本账户开放的金融风险及其有效管理，从而为未来资本账户开放政策的制定与安排以及汇率政策的改革与制定等提供重要的理论基础和参考依据。本书的主要创新和特色之处如下：

第一，研究不同基础条件下资本账户开放对资本流向的影响，而国外文献较少从理论和实证角度做相应的研究。为了寻求资本账户开放的最佳时机，本书通过构建理论模型，采用面板平滑转移方法对全球 69 个国家（地区）的现实数据进行实证检验，分析金融市场深化、国际借贷约束以及资本配置效率等基础条件如何影响资本账户开放对资本流向的影响，并考察和模拟未来随着我国资本账户开放稳步推进，该政策对我国资本流向、汇率波动（货币危机）的宏观影响效应。本书的研究具有一定的前瞻性和创新性。

第二，采用随机前沿模型，对超越生产函数展开实证估计，并将经济增长的全要素生产率分解为技术效率改进、技术进步和规模效率三部分。在此基础上，我们实证分析了全球范围内 73 个国家和地区国际资本流动（包括直接投资流出、直接投资流入、证券投资流出和证券投资流入四类不同的国际资本流动）对外部技术效率、技术进步以及全要素生产率的影响，分析比较了发达国家和发展中国家影响的差异，并进一步实证检验资本账户开放对国际技术溢出影响的门槛效应。这不仅有利于我们理解资本自由流动机制及其经济增长效应，同时也能够为我国进一步开放资本账户、推动金融市场改革和金融政策的制定与安排提供重要的决策依据。

第三，在第三国效应理论基础之上，运用空间滞后（SAR）模型和空间误差（SEM）模型，同时在模型中引入市场潜力（Market Potential）变量，实证分析我国对 149 个国家或地区的 FDI 的空间布局动机，我们的权值矩阵 W 与以往不同的是使用了两两城市间的空间距离函数，而不是传统的二元邻接矩阵，并对国家内部及国家之间的空间集聚效应进行了比较多元化的估计。这也是对传统研究的一个补充。

第四，现有的文献大多停留在定性的理论分析或者简单的计量实证上，真正以中国转轨经济条件，在国际资本流动监管框架下，考察货币政策和汇率政策之间内在动态关系的定量研究依然相对较少，因此，我们选择三种主要货币——人民币、日元和英镑兑换美元的汇率，建立一个包括资本控制和央行干预的汇率决定模型，并采用 BQ-SVAR 模型实证分析了货币政策和资本管制与汇率波动的关系。对此问题的研究不仅对我国，而且对其他国家而言，都具有重要的学术价值和现实借鉴意义。

第五，通过分析不同汇率制度下资本账户开放与货币危机的关系，以期评估什么样的汇率制度能够更好地抵御危机的发生。同时，采用面板 Probit 模型实证分析全球 182 个国家（地区）1990~2013 年资本账户开放和货币危机的内在联系，详细分析在资本账户开放下，汇率制度等各种因素诱发货币危机的可能性，并对我国防范和抵御货币危机提出建议。这是对该领域研究文献的一个有益补充。

第六，已有研究是在固定和浮动汇率制度下分析资本账户开放对货币政策的影响，但是在有管理的浮动汇率制度以及利率双规制下，分析资本账户开放对货币政策传导机制影响的文献几乎没有。为此，本书结合我国资本账户开放和利率双轨制的实际，通过修正泰勒规则下的货币政策，测算资本账户开放指数和修正非抵补利率平价，测度外汇冲销与央行干预等，以构建货币政策传导的全新理论模型，并通过实证分析资本账户开放后不同货币政策传导的有效性，预测未来我国货币政策的主要取向和政策工具选择。

第七，既然资本账户开放可能增加危机爆发的金融风险，那么有何应对良策？从目前国内研究外汇储备的文献来看，现有文献中多数是构建线性模型，通常都采用面板回归模型进行实证分析。但事实上，资本账户开放改变了外债风险（外债占 GDP 的比率）与外汇储备需求的弹性关系，特别是当外汇储备需求是由预防性动机主导时，则随着资本账户开放进程的推进，可能导致跨境资本流动突然停止，并使得短期外债与外汇储备之间的弹性关系逐步增强。由此可见，外汇储备需求动机与外债风险（或金融风险）之间存在非线性关系。有鉴于此，我们在非线性框架下构建了包括预防性动机和重商主义动机的外汇储备模型，实证检验了在资本账户开放情况下，伴随着外债风险和流动性风险等金融风险的增强，重商主义动机和预防性动机如何影响外汇储备。这不仅能够为我国目前深化金融改革、逐渐放开资本账户管制提供有益的理论基础，而且能够为逐步放开资本账户管制的同时严格控制金融风险、较好地应对外部冲击、避免金融动荡、实现经济平稳较快发展提供重要的决策依据。

第二章　资本账户开放的文献述评和国际经验借鉴

第一节　资本账户开放的文献述评

多数经济学家认同贸易自由化提高了资源配置的效率，但对资本账户开放的收益和损失却存在较大的分歧。根据经典微观经济学理论，消费者通过进口商品和国内商品的期内替代以及国内商品的跨期替代最优化其消费行为（Chen Chuanglian、Chen Guojin 和 Yao Shujie，2012；陈创练，2012），并提高资源配置效率。按照这一思路，国际金融交易属于不同时期的商品贸易，由此与贸易自由化类似，资本账户开放将会使本国受益。但是，为何许多经济学家却不认同呢？

研究表明，当期商品和未来商品索取权的跨期交易与不同商品的期内交易在本质上是不同的，跨期交易要求个人在未来提供商品，而期内交易不需要有此保证。如果人们无能力实现这一承诺，则跨期贸易和期内贸易就不完全等价了（Aoki、Benigno 和 Nobuhiro，2010）。因此，我们必须考虑未来跨期交易无法实现时对资本账户开放效应的影响，特别是当国内金融深化和国际借贷约束等基础条件（即保证未来商品索取权的跨期交易承诺能否实现的条件）不同时，资本账户开放对金融市场配置效率的影响可能存在显著差异。由此可见，这是一个需要通过严谨的理论和科学的实证方法重新诠释的领域。基于此，本书将分别从资本账户开放指标测度，资本账户开放的资本流动效应，资本账户开放与金融稳定的关系，资本账户开放与央行货币政策的关系，资本账户开放、金融危机与外汇储备的关系五个方面展开述评。

一、资本账户开放指标测度

资本管制与资本开放指标的测度是一个颇有争议的问题，学术界形成了多种不同的指标体系。Edison、Klein、Ricci 和 Slok（2008）全面归纳了资本账户开放的测量指标，并把这些测度标准划分为规则指标（Rule-based Measure）和定量指标（Quantitative Measure）。在指标测度优劣势的基础上，我们只详细介绍主要采用的测度方式。按照大类划分，在资本账户开放指标构建上，已有研究大致分为法律指标（De Jure）和事实指标（De Facto）两类。

1. 法律指标

Epstein 和 Schor（1992）最早采用 IMF《年度汇率安排与管制报告》（AREAER）方法，定义资本流动管制缺失为 0，资本流动管制存在为 1，测度了 16 个 OECD 国家的资本账户开放程度。Quinn 和 Toyoda（2007）指出该定性方法无法甄别资本账户开放强度的变化，基于此，Chinn 和 Ito（2008）综合运用虚拟变量指标和份额指标计算了 200 个国家的资本账户开放程度，并将样本更新至 2010 年。

2. 事实指标

通过分析经济变量数值，对资本账户开放程度进行定量测算，主要有三组标准：数量指标（Lane 和 Ferretti，2007），包括资本存量、流量占GDP 的比重；价格指标（Levy –Yeyati 等，2009），包括利用无套利定价原理对国内外资产价格进行比较测算；以及综合数量指标和价格指标的混合指标（Feldstein 和 Horioka，1980）。

二、资本账户开放的资本流动效应

资本账户开放与资本流动的关系是一个古老又经典的话题，但是现有的研究主要集中于资本账户开放是否加剧资本流动波幅（Aghion 等，2004；Cheung 等，2006；Alfaro 等，2007；Furceri 等，2011），缺乏从理论和实证两个角度解释资本账户开放如何影响国际资本流向的研究（Aoki 等，2010）。

现有研究表明，金融发展处于中等水平的经济体，资本账户开放会导致金融不稳定（Aghion、Bacchetta 和 Banerjee，2004；Caballero 和 Krishna-murthy，2004）。在理论层面上，虽然资本账户开放将加剧资本流动波幅，但是由此也增加国外投资者在本地的投资风险，降低金融资产国内和全球投资回报率的差距，从而减少资本流入，同时这种影响也会因经济不断发展所带来的流动性风险降低和投资机会增加而被部分抵消。目前，已有的大量经验研究也表明，资本流动的波幅也可因金融市场和金融体制的发展而降低（Broner 和 Rigobon，2005；Aoki、Benigno 和 Kiyotaki，2007；Broto 等，2007；Broner 和 Ventura，2010；Park 和 An，2011）。Alfaro Benigno 和 Kiyotaki（2007）对发达国家和新兴经济体的研究更是表明，制度优劣和资本账户开放是推动跨境对外直接投资和证券投资流动的两个重要因素。

对于国际长期资本流动，有研究表明，国内经济基本面因素是影响外商直接投资流入的主要决定因素（Casi 和 Resmini，2010；Cheng 和 Ma，2007）。Lane（2000）、Lane 和 Ferretti（2003）、Cheung 等（2006）、Walsh 和 Yu（2010）以及 Furceri 等（2011）的一系列研究更是表明，国内金融市场发展水平和资本账户开放程度是影响跨境投资的两个重要因素，而国内经济基本因素（如人均 GDP）和贸易水平也是不容忽视的两个因素。

对于国际证券投资流动，有研究表明，资本账户开放可促进国外投资者进入国内股市，同时国内股市越发达（或金融深化程度越高），则资本账户开放对资本流动的影响越大，但是不能确定是国际因素还是国内因素主导国际投资资本流动。其中，Baek（2006）认为全球 GDP 增长和外国投资者的风险偏好是决定全球资本流向新兴经济体的两个重要因素。然而，Hernandez 等（2001）却发现，国内因素如 GDP 增长率和还款能力是主要决定因素。与此同时，Chuhan 等（1998）认为全球因素（如美国利率）和国内因素（如股票回报率）等均是影响跨境资本流入流出的重要决定性因素。

在资金流向上，Aoki、Benigno 和 Nobuhiro（2010）的理论研究表明，资本账户开放对国际资本流向的影响取决于国内金融市场发展的程度，即如果国内金融市场发展不完善，则资本账户开放对国内宏观经济的影响是不利的，主要原因在于，它会直接导致全要素生产率（TFP）长期停滞或者就业率短期下降。但国外未见有关资本账户开放如何影响跨境资本流向的相关实证文献。

三、资本账户开放与金融稳定的关系

20 世纪八九十年代，为了促进金融发展和经济增长，许多国家都不约而同地开放其资本账户（Tornell 等，2004；Bekaert 等，2005），它们期望通过资本账户开放来激发经济效率，如提高资源配置效率、增加分散风险的投资机会、提高金融发展水平等（Edison 等，2004）。然而，亚洲金融危机的爆发却使跨境资本自由流动溢出效应的神话受到挑战，一些经济学家认为资本账户开放会带来诸多成本，其中最主要的就是资本账户开放会加剧跨境资本流动，从而导致宏观金融不稳定、金融危机和经济危机爆发频率陡增。事实上，许多研究表明，资本账户开放过后常常伴随着金融不稳定，因而资产账户开放被认为是导致危机爆发的一个主要原因（Kaminsky 和 Reinhart，1999；Caprio 和 Klingebiel，1996）。

国际货币基金组织（IMF，1998）把金融危机分为四种类型：货币危机（Currency Crisis）、银行危机（Banking Crisis）、系统性危机（Systemic Financial Crisis）与债务危机（Foreign Debt Crisis）。由于货币危机和银行危机是金融危机的主要表现形式，也是后两种危机爆发的基础。因此，接下来主要介绍资本账户开放对货币危机和银行危机的影响。

对于货币危机的研究主要集中于亚洲金融危机前后，如 Radelet 和 Sachs（1998）以及 Sun（2002）对亚洲金融危机前后的分析表明，资本账户开放（跨境资本流动频繁）使得国内金融风险陡增，并引发区域性金融危机。Eichengreen 和 Mussa（1998）、Bhagwati（1998）、Cooper（1998）以及 Jones（2000）认为，资本市场自由化将会进一步扩大现实世界中存在的大量非有效现象，从而引发危机。Williamson 等（1998）以及 Kamisky 和 Reinhart（2001）指出，许多国家在危机爆发之前往往进行了金融自由化。Stiglitz（2000）也将金融危机的频繁爆发与资本账户开放联系在一起。Eichengreen（2001）的研究更是表明，资本管制是影响金融危机发生的重要因素，而且自 1973 年以后，随着全球金融自由化的发展，许多国家逐渐实行资本账户开放政策和金融自由化措施，这对于金融危机的爆发起到了一定的推动作用。

对于银行危机，Kunt 和 Detragiache（2001）以及 Weller（2001）采用多元 Logit 模型研究发现，金融自由化过程常常伴随着银行危机的出现，两者高度相关。Denizer 等（2000）基于商业银行效率视角的研究也表明，资本账户开放会加剧宏观经济和金融体系的不稳定性。Eichengreen 和 Arteta（2002）以及 Angkinand 等（2010）的研究同样表明，对于通过内部实现金融自由化的国家，其资本账户开放增加了银行危机发生的概率。Noy（2004）分析了国内金融自由化和监管的关系，认为当资本账户自由化时，由于监管缺失常常引发银行危机。Chang（2011）认为，资本账户开放会增加银行挤兑和资本流动突然停止的风险，从而导致金融危机。

然而，也有研究表明，资本账户开放会在短时间内形成一定的金融泡沫，存在金融风险；但是长期来看，资本账户开放会优化一国的金融结构和金融市场的功能（Kaminsky 和 Schmukler，2002）。Mukerji 和 Tallon（2003）的研究更是表明，对于金融发展程度较高的国家，资本账户开放不会增大其经济增长的波动性，但对于金融发展程度较低的国家，资本账户开放会引发较大的经济增长波动。Kose、Prasad 和 Taylor（2011）采用国内金融发展（私人信贷规模/GDP）作为门槛变量研究发现，资本账户开放对经济增长存在门槛效应，即金融深化水平越高，则资本账户开放的宏观经济增长效应越明显，但是当金融深化突破某一门限值时，这一效应就不复存在了。资本账户开放对经济金融的影响存在非线性效应。

四、资本账户开放与央行货币政策的关系

资本账户开放后，国内基础货币的调节就不完全取决于中央银行，国际收支的变化，特别是资本流动在很大程度上对基础货币投放产生较大影响（Broz，1998），在固定汇率制度下，货币政策的独立性受到挑战，因此，资本账户开放国往往会转向实行浮动汇率制度，以增强货币政策的独立性。传统研究认为，资本账户开放后，原有货币政策传导机制的有效性将减弱，而汇率将成为货币政策传导的重要渠道（Taylo，1995；Broz，1998；Faust 和 Rogers，2003；Scholl 和 Uhlig，2008；Heinlein 和 Krolzig，2012）。同时，也有研究表明，当前货币政策的泰勒规则对汇率波动的影响不具有持久性，而且由于我国存在资本流动管制，使得以利率为中介工具的货币政策对汇率决定的影响十分有限（陈创练，2012；陈创练和杨子晖，2012）。

那么，在资本账户开放后，货币政策当局应当如何采取措施以避免和

应对危机的发生呢？两级观点（Bipolar View）认为，在资本账户日益开放的世界里，要么实行钉住美元制度，要么实行完全浮动汇率制度（Eichengreen，1994；Obstfeld 和 Rogoff，1995；Summers，2000；Fischer，2001）。Esaka（2010）的研究更是表明，资本账户自由化的"硬钉住汇率"（Hard Pegs）制度下货币危机发生的概率要显著低于资本管制的中间汇率制度和资本管制的自由浮动汇率制度，因此，中间汇率制度比两级汇率制度（钉住汇率制度和自由浮动汇率制度）更倾向于爆发货币危机，而资本账户自由化的"硬钉住汇率"制度更不易于发生货币危机和金融风险。

五、资本账户开放、金融危机与外汇储备的关系

既然资本账户开放可能增加金融危机爆发的概率，那么有何应对良策呢？亚洲金融危机过后，许多新兴国家意识到外汇储备是抵御危机的一个有力武器，因此，在预防性动机下，东亚部分经济体都增持外汇储备规模（IMF，2003；Aizenman，2007）。它们认为，一国或地区资本账户开放度越高，则其越容易受外部金融风险冲击的影响，所以应当维持较高的外汇储备，以应对资本流动波幅过大引发的金融危机。

Caballero 和 Panageas（2005）对新兴经济体的研究发现，这些国家由于高度依赖外资流入（即外商直接投资），从而暴露了它们金融的脆弱性，而外汇储备存在的动机正是应对由于资本流动突然停止（Capital Flows Sudden Stop）而导致的产出波动。Mendoza（2010）同样发现避免资本流动突然停止或资本外逃是持有外汇储备的主要动机。因此，Jeanne（2007）、Arranz 和 Zavadjil（2008）指出，如果新兴经济体持有外汇储备是为了避免危机爆发所导致的福利损失，那么最优外汇储备的数量就应当取决于金融危机爆发的概率以及危机造成损失的大小。Obstfeld 等（2010）认为金融开放和金融发展也是解释外汇储备规模的两个重要变量，他们认为，央行持有外汇储备正是为了应对在资本账户不断开放时，国内的金融部门免受资本流动突然停止或资本外逃风险的影响。

但事实上，Jeanne 和 Ranciere（2006）以及 Jeanne（2007）在跨期福利最大化的预防性动机模型中的模拟研究表明，新兴国家当前的外汇储备规模远高于模型预测，而且持有外汇储备的机会成本（如通胀风险、准财政成本）也不能逆转这些国家持有高外汇储备的趋势。由此可见，预防性动

机并非影响外汇储备的唯一因素。

另一种观点被称为重商主义动机（Mercantilist Motivation），认为外汇储备是新兴国家经常项目顺差的结果。该观点认为，亚洲国家比较重视出口导向型发展战略，为了使出口具备竞争力，这些国家往往通过外汇干预使得本国货币被低估。Aizenman（2009）指出，外汇储备的存在正是亚洲国家贸易竞争"公众行为"（Herd-Behavior）导致的结果。此外，Delatte和 Fouquan（2009）的研究更是表明，出口贸易的价格竞争以及汇率错配均是导致新兴国家外汇储备需求呈现非线性的主要原因，而且相对于线性模型，在估计外汇储备需求上，非线性模型表现出更强的解释能力。Baduel（2012）的研究进一步表明，除预防性动机外，在全球金融整合深化和各国寻求增强货币政策独立性的双重背景下，持有外汇储备还可以让央行在使用政策工具维持汇率稳定时，免受"三元悖论"（The Trilemma）约束的影响。

综上所述，对资本账户开放的金融风险管理，国外学者已进行了较为深入的研究。资本账户开放除了可能加剧资本流动波幅外，它在未来是促使国际资本流入本国，还是导致本国资本外逃呢？现有研究表明，如果资本账户开放导致资本流入则对本国是有利的；反之，如果导致资本流出则不利于本国经济的发展。因此，考察资本账户开放对资本流向的影响显得十分重要。那么，在资本账户开放进程中，是什么因素在左右国际资本的流向呢？国外文献较少从理论和实证的双重视角来考察不同基础条件下（如金融深化和国际借贷约束等）资本账户开放对国际资本流向的影响，而这正是此后该领域研究需要重点突破解决的重要问题之一。

与此同时，上述文献虽然分析了不同汇率制度下资本账户开放的金融风险和货币危机爆发的可能性，但是这些研究的不足之处在于较少引入货币危机的传染机制，因此，难以断定金融危机的传染路径。此外，令人遗憾的是，虽然从上述文献可以看出，确实存在"资本账户开放→加剧资本流动波幅→增加金融危机爆发风险→增持外汇储备"的动态关系，但现有的文献却未能在一个全新的框架下解释传递链之间的动态影响关系，并着实考虑资本账户开放、金融深化等基础条件如何作用于资本流动和金融危机风险对外汇储备需求影响的非线性关系。而此方面的研究将能够使我们更好地理解新兴国家和地区持有外汇储备的真实动机，同时也有助于分析资本账户开放对货币政策的影响。

最后，必须指出的是，随着资本账户开放步伐的加快，立足于现有文献，研究在金融深化、国际借贷约束和资本配置效率等不同基础条件下，资本账户开放对跨境资本流动（资本流向）、货币危机、货币政策独立性、货币政策传导有效性、中国金融市场稳定性以及资本配置效率等的影响，着重分析汇率制度选择、外汇储备规模等在应对金融危机爆发和蔓延方面的作用，并基于我国的现实，对资本账户开放后我国汇率改制和未来货币政策的主要取向以及政策工具选择展开系统性和综合性的研究都显得十分重要。这不仅能够全面刻画在我国资本账户开放和利率双轨制的现实背景下，资本账户开放的金融风险及其传导路径，同时也能为未来资本账户开放政策的制定与安排以及汇率政策的改革与制定等提供重要的理论基础和参考依据。

第二节　中国资本账户开放进程

一、资本账户开放的初步尝试阶段：1994~2001 年

中国资本账户开放和经常账户开放同步进行。改革开放初期，中国只对外商直接投资实行宽松政策，对于外汇则实行严格的管控。在这期间，中国逐步推动了人民币官方汇率与外汇调剂市场汇率的并轨，建立起全国统一的银行间外汇市场，市场形成的汇率即央行每日对外公布的人民币汇率。在这一阶段，助力我国资本账户开放进程的时刻点包括：1993 年，我国提出"逐步使人民币成为可兑换货币"的目标；1994 年初，实现双重汇率体制并轨；1996 年，我国颁布《中华人民共和国外汇管理条例》，从而实现了人民币经常项目的可兑换；2001 年，陆续出台了资本金结算、外汇贷款管理以及购汇和投资等相关规定（见表 2-1）。

1997 年，金融风暴席卷亚洲，各国损失惨重。在此背景下，中国政府放缓了资本账户开放的推进工作，重新审慎地管理资本流动，防止受到金融危机的影响，资本净流入额也因此有所回落。此阶段的特点是资本管制依然严格，经济增速波动率较大，1993 年后经济增长明显加速。资本净

表 2-1　资本账户和汇率改革前后比较（1994~2001 年）

年份	项目	改革前	改革后
1994	汇率制度	汇率双轨制	以外汇市场供需为基础的、单一的、有管理的浮动汇率制；实行强制结售汇制度
	结售汇制度	意愿结售汇制度	强制结售汇制度
	计划用汇		取消计划用汇指标及其审核
	外币		禁止外币计价、结算和流通
1996	人民币经常项目		实现人民币经常项目可兑换
2001	资本金结算	外管局逐笔审批	经授权的指定银行直接审核办理
	外汇贷款管理	债务人逐笔登记	债权人集中办理
	购汇和投资	逾期、提前偿还外汇贷款及境外投资均有限制	取消或放宽，限额内允许企业购汇境外投资

流入在 1997 年之前一直处于稳步增长状态（见图 2-1）。

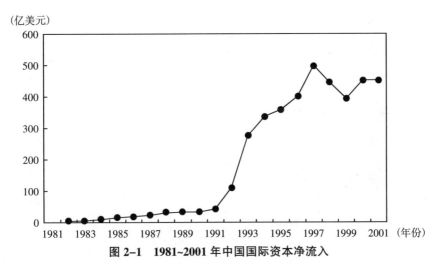

图 2-1　1981~2001 年中国国际资本净流入

资料来源：世界银行（http：//data.worldbank.org）。

二、资本账户开放的改革阶段：2002~2010 年

随着我国加入 WTO，资本账户开放问题再次提上议程。"十五"计划

纲要提出把"走出去"战略提高到国家战略层面，相关的配套措施也相继出台：外汇管理局与证监会联合推出 QFII 制度；批准国外金融机构在境内发行熊猫债券；取消企业对外投资的换汇额度限制。主要表现为下放行政审批权限，取消和调整审批项目，使行政审批体系变得更加高效；拓宽资本流入和流出的渠道；继续完善汇率形成机制；建设更加健康的外汇市场（在此期间详细的资本账户和汇率改革政策如表 2-2 所示）。此阶段的主要特点是资本管制项目大幅度削减，经济持续保持高速增长，经济总量及排名不断上升。资本净流入整体呈现出"上涨—筑平台—上涨"这样波段上涨的特点，2008 年与 2010 年的金融危机使流入额小幅减小，但在我国推动人民币区域化结算进程、减轻对欧美依赖的努力下，资本净流入额又不断再创新高（见图 2-2），特别是自 2009 年起，外国直接投资净流入增长迅猛，主要原因之一也是得益于我国资本账户逐步开放。

表 2-2 资本账户和汇率改革前后比较（2002~2010 年）

年份	项目	改革前	改革后
2002	证券投资		确立和实施 QFII
	机构投资	证券市场外资禁入	允许 QFU 投资境内证券市场
	行政审批项目		取消对项目融资金额条件等九项资本账户外汇管理方面的行政审批
2003	投资外汇管理	外管局逐项审批	授权试点地区分局分额度出具外汇资金来源审查意见
2004	保险外汇资金运用		允许保险资金从事外汇资金的境外投资
2005	汇率制度	以外汇市场供求为基础的、单一的、有管理的浮动汇率制；实行强制结售汇制度	以市场供求为基础、参考"一篮子"货币进行调节、有管理的浮动汇率制度
	快速结汇制	强制快速结汇	规定单笔等值 20 万美元及以上的境外汇款转入专门待结汇账户
2006	证券投资		确立和实施 QDII 制度，允许 QDII 代客境外理财或投资
2008	人民币结算	区域分割	对广东和长江三角洲地区与港澳地区、广西和云南与东盟的货物贸易实行人民币结算试点
2009	投资外汇管理	外汇资金来源审查	取消审核、实行备案制

续表

年份	项目	改革前	改革后
2010	人民币结算	试点范围较小	将人民币跨境贸易结算的试点地区扩大至 20 个省区市
	外汇存放		试点四省份 60 家企业实现贸易收入境外存放

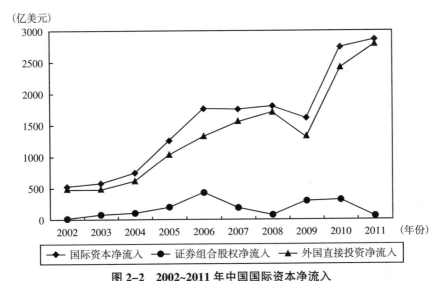

(亿美元)

图 2-2　2002~2011 年中国国际资本净流入

资料来源：世界银行（http://data.worldbank.org）。

三、资本账户开放的全面推进阶段：2012 年至今

为了顺应人民币国际化的需要，2012 年央行公布了我国资本账户逐步开放的时刻表，同时逐步放宽 QFII 的额度，简化证券会、外管局审批程序，以准入前国民待遇和负面清单为基础继续开展中美 BIT 谈判，并于 2014 年正式开通沪港通（见表 2-3）。可以预见在未来，将有大量人民币流向境外；同时境外资本也将流入国内，从事银行、股票、基金及债券交易等投资活动。数据也显示，2012 年至今，我国的国际资本净流入、外商直接投资净流入和证券组合股权净流入均呈增长态势（见图 2-3）。

表 2-3   资本账户和汇率改革前后比较（2012 年至今）

年份	项目	改革前	改革后
2012	QFII	总额度 300 亿美元	升至 800 亿美元
2013	QFII		简化证券会、外管局审批程序
	中美双边投资		以准入前国民待遇和负面清单为基础继续开展中美 BIT 谈判
2014	证券投资		正式开通沪港通

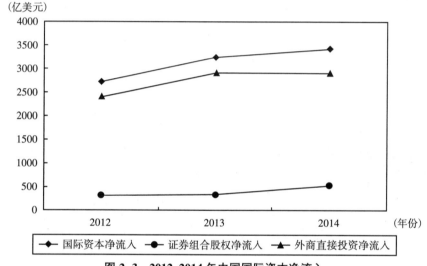

图 2-3   2012~2014 年中国国际资本净流入

资料来源：世界银行（http：//data.worldbank.org）。

第三节　中国资本账户开放现状

一、世界资本账户开放水平

随着资本自由化程度持续深化，除了 IMF 对其成员国的资本开放水平有所测评和披露外，部分研究机构也对世界上不同国家（地区）的经济自由度进行评估，其中颇具权威性的是加拿大弗雷泽研究所（The Fraser Institute）。该机构从政府规模（Size of Government）、法律系统与产权保护（Legal System & Property Rights）、货币稳定性（Sound Money）、国际贸易自由（Freedom to Trade Internationally）、劳动力与商业管制（Labor and Regulation）五个方面链式权衡经济自由度并以综合指数呈现，指数值越大，所代表的经济自由度越高。

由图 2-4 可见，世界经济平均自由度由 2001 年的 6.56 一度发展为2007 年的 6.87，这与当时 IMF 大力推动各国资本账户开放的行为不无关系。在 2008 年全球金融危机压力下，IMF 及各国货币当局意识到资本流动管理的必要性，进而开展了一系列资本账户管制活动，同时部分国家资本自由化进程受到阻碍，致使世界经济自由度有所回落。但可以发现，世界经济平均自由度仍保持在较高水平，并在 2009 年后开始稳步回升，可见资本自由仍是大势所趋，我国确立资本账户开放的目标是适应时代潮流的。

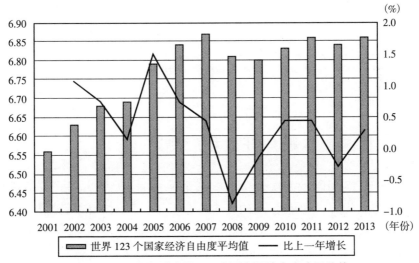

图 2-4　2001 年后世界 123 个国家经济自由度平均值

资料来源：The Fraser Institure。

图 2-5 为 2001 年后中国及美国、中国香港等国家或地区的经济自由度变化趋势，其中包含已实现自由化的国家或地区，也包含正在逐步放开资本账户的新兴经济体。我国虽然也保持稳步开放的趋势，但是与其他国家或地区的经济自由度相比仍有一定差距。综合比较仍能发现，在 2008 年金融危机过后，各国加强了资本管制，推行有管理的资本账户开放，经济自由度有所减缓或回落。

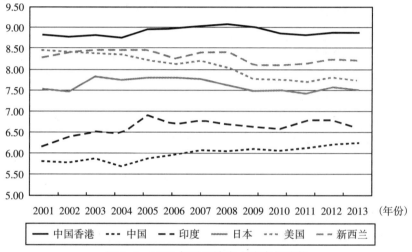

图 2-5　2001 年后经济自由度变化趋势

资料来源：The Fraser Institure。

二、我国资本账户开放程度测定

2008 年，美国爆发的次贷危机蔓延全球，IMF 对资本账户开放进行了新的思考与认识，认可有管理的资本账户开放。同时，IMF 对资本账户开放的有关标准进一步细化，划分出七大类，涵盖 40 个子项目，其中关于信贷工具的相关交易项目就多达六项（见表 2-4）。

表 2-4　我国资本账户可兑换限制明细表

	不可兑换	部分可兑换	基本可兑换	完全可兑换	合计
资本和货币市场工具交易	2	10	4		16

续表

	不可兑换	部分可兑换	基本可兑换	完全可兑换	合计
衍生产品及其他工具交易	2	2			4
信贷工具交易		1	5		6
直接投资		1	1		2
直接投资清盘			1		1
房地产交易		2	1		3
个人资本交易		6	2		8
小计	4	22	14		40

资料来源：中国人民银行调查统计司：《我国加快资本账户开放的条件基本成熟》，《中国金融》2012 年第 5 期。

就 IMF 于 2011 年所发布的年报[①] 来看，当前完全不开放的是非居民参与资本和货币市场工具交易、衍生产品及其他工具交易项目下属的 4 个子项目，完全未开放的项目所占份额为 10%；部分开放项目涵盖 22 个子项目，所占份额为 55%；共计 14 个子项目已基本放开，所占份额为 35%；当下尚未有实现完全可兑换的资本账户子项目。

由此可见，全球资本自由化乃潮流所向，是各国提高综合国力、国际话语权的重要举措。综合来看，我国当前的资本账户开放进程仍未达到众人所说的距离资本全面开放"只差临门一脚"的地步，我们的资本管制力度仍相对较高，与资本账户全面放开尚有一段路程。距离的存在并不等于盲目地加速放开，自 2008 年以来，世界对资本流动、资本管制的考虑更为谨慎，我国也应审慎对待，从国情出发，切勿操之过急。

---

① 《汇兑安排与汇兑限制年报》，IMF，2011 年。

第四节　资本账户开放的国际经验借鉴

一、智利的经验借鉴

1. 1974~1984 年：激进的资本账户开放

1974 年，智利政府修订了《外汇管制法》，放松对经常项目的汇兑限制；允许外商通过正当渠道将已经存入银行账户三年以上的利润转回国内。1975 年，央行取消了利率上限。1977 年接受 IMF 第八条款，实现了经常项目可兑换。智利所采取的一系列措施发挥了作用，1977 年起，智利的 GDP 增速连续五年保持在 8% 以上，国际收支也脱离赤字状态连续六年盈余（见表 2-5）。

表 2-5　智利资本账户和经常项目改革前后比较（1974~1984 年）

年份	项目	改革前	改革后
1974	利润	利润留存境内	允许资金到位三年后外商可以从官方的外汇市场上购买外汇将利润汇回国内
1975	利率上限	央行对商行设定利率上限	取消利率上限
1977	经常项目		实现经常项目可兑换
1977	外资银行		允许外资银行在境内设立分支机构并开展业务
1980	银行外资	引入期限与头寸均存在限制	完全取消期限与头寸的限制

由于智利大力度地减弱对银行借入外债的管制，银行更热衷于以国际低利率借入巨额外债，大量外资流入，比索有很大的升值压力，出口萎缩，引发了严重的危机。1981 年，智利的经常项目逆差占 GDP 的 14.5%，1982 年的经济增长率为-14.5%，失业率超过 25%。资本净流入额不断降低（见图 2-6），降幅超过 80%，我们认为这可能与智利开放资本账户速度过快、幅度过大有关。① 智利政府也因此被迫重新加强了资本管制，第

---

① 资料来源：http://www.mofcom.gov.cn/article/i/jyjl/。

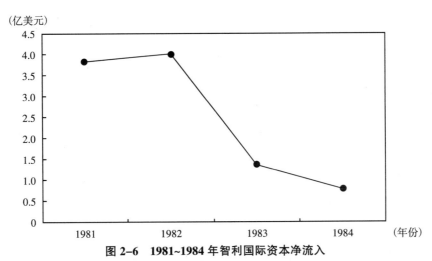

图 2-6　1981~1984 年智利国际资本净流入

资料来源：世界银行（http://data.worldbank.org）。

一阶段的资本账户开放宣告失败。

　　2. 1985~1996 年：渐进的资本账户开放

　　1985 年，智利经济开始复苏，资本账户开放重新提上议程。在吸收了上一阶段的失败经验之后，智利政府采取了更加谨慎的开放措施（见表 2-6）。

表 2-6　智利资本账户和经常项目改革前后比较（1985~1996 年）

年份	项目	改革前	改革后
1985	国际贸易	实行贸易保护政策	下调关税，推行贸易自由化
	对美元汇率每日最大波动幅度	1%	放宽至 4% 并两次大幅贬值，随后不断放宽，最后达到 20%
	外国直接投资		批准其以债券换股权方式进入，批准成立外国投资基金
1987	利率管制	央行公布指导性利率	通过公开市场业务调节利率
1991	资本管制		规定所有外债都要存放 20% 的无偿准备金于智利央行，外币贷款每年缴纳 1.2% 的印花税
1992	无偿准备金比率	20%	上升至 30%

　　从 1985 年起，智利不断放宽汇率浮动的区间，最大扩大到 20%，比索不断贬值，扩大了出口。1985 年，允许外商直接投资流入，对外开放

本国的债券市场。1987 年，央行改用公开市场业务方式调节利率。1989 年，通过立法对央行进行改革，加强了其独立性。1991 年，推出无偿储备金制度以限制短期资本的流入。通过第二阶段的资本账户重新开放，智利经济状况得到改善。1996 年，智利对外直接投资额为 11 亿美元，国际收支余额继续攀升，达到 25.04 亿美元。由于采取的措施比较恰当，在开放的同时保持管制，资本净流入开始止跌并不断攀升（见图 2-7）。[①]智利成功避免了中等收入陷阱，步入发达国家行列。

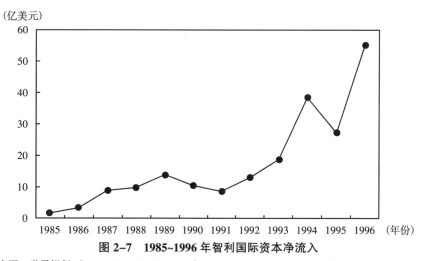

图 2-7　1985~1996 年智利国际资本净流入

资料来源：世界银行（http：//data.worldbank.org）。

二、巴西的经验借鉴

1. 1962~1986 年：建立资本账户开放的基本框架

1962 年，巴西颁布了《外资法》等一系列法律法规，基本确定了资本账户的法律框架。当时，西方资本主义国家的经济处于一个黄金发展期，国际资本流动频繁，巴西也因此吸收了大量的外债，更好地促进了本国的工业化进程。1968~1973 年，巴西经济年增长率达 10% 以上。[②]外债总额

---

① 资料来源：http：//www.mofcom.gov.cn/article/i/jyjl/。
② 资料来源：http：//www.stats.gov.cn/。

过高、国际经济萧条导致了 20 世纪 80 年代的巴西爆发债务危机和恶性通货膨胀，1982 年 2817 亿美元的 GDP 达到高点后连续四年低位运行，在 1987 年才得以突破。资本净流入也是在 1982 年达到极大值后转头急剧向下（见图 2-8）。[1]

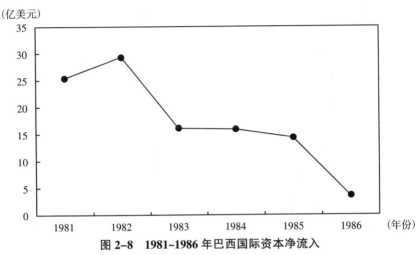

（亿美元）

图 2-8　1981~1986 年巴西国际资本净流入

资料来源：世界银行（http://data.worldbank.org）。

2. 1987~2004 年：资本账户开放的全面推进阶段

第二阶段从 1987 年开始。当时，巴西批准境外投资者在证券市场设立基金。1991 年，批准外资参与国家私有化计划，逐渐降低外国贷款的最低年限。1992 年，对外投资以浮动汇率结算。1995 年，修改宪法，对外资实行国民待遇（见表 2-7）。在这一阶段，面对大量的外资流入，为避免资本账户开放风险，巴西采取了资本管制措施，如设立金融交易税，根据贷款期限对外国贷款实行差额征税，废除原货币和发行新货币。1999 年，由于实行浮动汇率制和宣布对本币大幅贬值，巴西发生金融动荡，大量资金外流。为使资金回流，巴西继续加大行业对外开放力度，至 2004 年绝大部分行业已实现对外开放，资本净流入开始增加（见图 2-9）。通过第二阶段的继续开放，巴西取得了卓越的成就，经济重新步入高速增长，GDP 从 2002 年的 5088 亿美元增长到 2006 年的 11078 亿美元，[2] 成为新兴经济体的代表。

①② 资料来源：http://www.stats.gov.cn/。

表 2-7　巴西资本账户和汇率改革前后比较（1987~2004 年）

年份	项目	改革前	改革后
1987	证券投资		批准外国投资者通过设立基金进入证券市场
1990	外债		批准金融机构发行海外商品票据
1991	国企股权	禁止外资进入战略部门	准许外资参与国家私有化计划
1993	资本管制		对五年及以下的外国贷款根据期限差额征收金融交易税
1994	货币	使用原货币克鲁赛罗雷亚尔	发行新货币雷亚尔，实行雷亚尔计划
1995	内外资区别	对外资实行非国民待遇	规定内外资在法律上一律平等
1999	汇率制度	实行钉住汇率制度	实行浮动汇率制度
1999	经常项目		实行经常项目可兑换
2001	外资银行		批准外资银行在境内设置分支机构

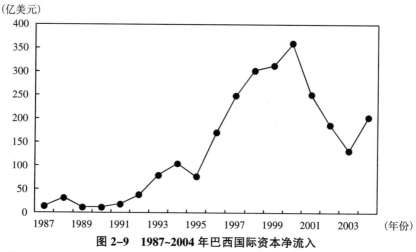

图 2-9　1987~2004 年巴西国际资本净流入

资料来源：世界银行（http：//data.worldbank.org）。

三、泰国的经验借鉴

1. 1991~1993 年：相对缓慢的开放

1991 年，泰国成为 IMF 第八条款国，经常项目的自由兑换成为泰国资本账户开放的开端。同年泰国修订《产业投资奖励法》，放宽 49% 的股权限制，允许外资完全控股那些全部产品面向出口的企业。1993 年，泰国开放离岸金融业务，推出曼谷国际金融安排。这一阶段，泰国取得了骄人的经济成绩，1986~1993 年，年均出口增长率达 22%，经济增长率达 9.5%，资本净流入年增长率超过 37%，[①] 成为 "亚洲四小虎" 之一。

2. 1994~1997 年：明显提速的开放

1993 年后，泰国进一步加快了资本账户开放的进程。部分商业银行被发放经营许可，可从境外吸收存款和借款，并在境内发放外币贷款。而后又放开企业对外借款的管制，非居民可以在境内外自由开立泰铢账户，进行存贷款和自由汇兑。泰国在短期内以惊人的速度基本完全开放了资本账户。但是，由于金融监管和汇率制度的建设严重滞后于资本账户开放的进程，泰国存在严重的金融风险。以索罗斯为首的国际投机者通过一系列措施做空泰铢，泰铢急剧贬值，最终泰国于 1997 年实行浮动汇率制度，这进一步削弱了投资者的信心。由于汇率加速下行，资本净流入也开始下滑，东南亚金融危机爆发。泰国的 GDP 因此从 1996 年的 1819 亿美元连续下跌至 1998 年的 1119 亿美元，缩减了近 40%。资本净流入更是在 1999 年一年内断崖式暴跌 43%（见图 2-10）。[②] 泰国资本账户开放最终宣告失败。

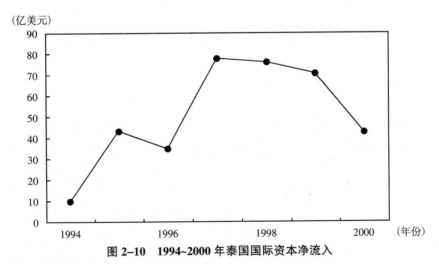

图 2-10　1994~2000 年泰国国际资本净流入

资料来源：世界银行（http: //data.worldbank.org）。

---

①② 资料来源：http: //www.stats.gov.cn/。

第五节　国际经验的政策启示

一、资本账户开放的有利政策启示

通过对各个国家资本账户开放进程的详细剖析，我们不难发现，如果在资本账户开放的过程中措施采取得当、方向选择正确，将会给国家经济增长带来源源不断的动力。总体而言，其有利的因素体现在：

1. 有利于引进资金、技术和经验，优化资源配置

资本账户开放使得资金可以在境内境外自由流动，降低了资本进出的成本，这有利于增强国际投资者的信心，加速一国资本原始积累的进程。通过引进国外的资金、先进的生产技术和企业管理经验，进行消化、吸收和再创新，有助于发展民族经济，提高生产力水平，达到缩小与先进国际水平差距的效果。在市场机制的作用下，取消资本管制将使资金自动流向相对落后的国家，发展中国家能以低于本国融资成本的价格获得需要的资金，资金使用效率和收益率均得以提高，不同经济体的整体福利得到增长，从而使资源在全社会范围内达到优化配置。

2. 促进金融服务创新，提高金融服务效率

在资本账户开放以前，大部分银行属于国有企业，资产追求稳健增长。由于政府的支持，国有银行通过金融创新占领市场份额的意愿不高，金融消费者在卖方市场中没有主动选择权。取消资本管制之后，大量外资金融机构的进入加剧了金融行业的竞争，这对金融机构的服务水平和效率提出了更高的要求。在鲶鱼效应作用下，国内金融机构将开始更多地提高自身管理水平，降低融资成本，注重客户需求和客户体验，致力于为客户提供更加优质的服务。不仅如此，外资金融机构带来了国际先进的金融衍生品，间接推动国内的金融创新。金融机构不断加大金融创新的力度，努力降低成本，将会实现从金融卖方市场向金融买方市场的转变，极大地提高金融业的市场化程度和国际化水平，使金融业更加具有活力。

3. 推动金融体制的改革

发展中国家普遍存在金融市场发育不成熟、金融监管体制不完善、行政色彩严重等问题，有很多与市场化不协调的地方。在资本账户开放的过程中，为了更加有效地吸引外资，服务实体经济，让社会经济全面发展，通常要求监管部门对金融体制进行改革，加快建设公开透明、健康发展的资本市场，通过改革提高直接融资的占比，防范系统性风险，从多个层次发展融资市场，对区域性市场进行规范化管理，建立健全进入机制和退出机制。同时在宏观领域推动金融审慎管理制度的建设，完善适应现代金融市场发展的金融监管框架，明确监管职责和风险防范处置责任，构建货币政策与审慎管理相协调的金融管理体制。

4. 改善经济环境，优化经济结构

投资者对于一国政策运行、经济环境的解读将影响他们对未来的预期，若投资者对该国前景看好，资本流入的力度将加大。如何通过改善投资者预期来达到获得更多资金流的效果，是需要政府周全考虑的。为了达到这一目的，政府会致力于市场改革，提供更加公平开放、竞争有序的经济市场，打破行业垄断和地域分割，清除市场准入壁垒，促进商品和要素自由有序流动、平等交换，加强公司监管，提高公司的道德自律水平。同时，在市场淘汰机制下积极引进和发展新兴产业，提高集约化水平，淘汰落后、过剩的产能，提高劳动力的整体素质，提高生产要素之间的结合能力，促进产业转型升级。

5. 拓宽投资渠道，分散投资风险

根据现代资产组合理论，非系统性风险是指对某个行业或个别证券产生影响的风险，与整个证券市场的价格不存在系统的全面联系。非系统性风险可以通过构建投资组合、分散投资的方式消除。相对于单个市场内的各种资产而言，不同市场间各种资产的关联性和相关系数更低，发生全球性危机的概率远远低于发生个体、区域性危机的概率。因此，在资本可以自由进出时，一国居民可以通过在全球范围内配置和管理其资产，投资于各个国家、币种和到期期限的理财产品，把篮子里的鸡蛋分散，避免非系统性风险，实现在一定收益率水平下风险最小化或者在一定风险水平下收益最大化。

6. 助力本土企业走出国门，参与国际经济合作

在经济全球化的背景下，一国不可能置身事外，通过国际贸易获取所

需资源，对外销售产成品成为世界潮流，并将加大一国的对外贸易依存度。受益于资本账户开放，国内公司在成功吸收所引进的先进技术和经验发展壮大之后，将争取发挥自身优势开拓和占领国际市场，积极参与到国际经济合作和竞争中，并以此降低成本，优化管理结构，主动从国际范围内获取经济资源和技术资源，同时服务于国内，实现跨国整合。这将培养出一大批具有国际竞争力的跨国公司，弥补国内资源和市场的不足。

7. 提高货币的国际影响力，推动国际化进程

对于经常处于国际收支顺差状态的国家而言，进一步推动资本账户开放是一个很好的选择，它能对冲巨额资本流入的影响，在汇率稳定的前提下缓解本币升值的压力，使国际收支更加平衡。更重要的是，随着本国货币在全球范围内流动，货币的区域化程度、公信力和影响力均得以提高。货币国际化能给一国带来巨大的收益，如倒逼国内金融改革，在增加其他国家持有本币作为储备资产的意愿的同时获得可观的铸币税收入，提高国外投资者的信心，在购买国外产品和服务时以本币计价，降低汇兑成本，提高本币在国际大宗交易商品中的话语权和定价权，有利于构建一个更加公平、让更多国家受益的新国际货币体系。

二、资本账户开放的不利政策启示

风险与收益从来就是一个硬币的两面，二者相伴相生，相辅相成，缺一不可。毋庸置疑，资本账户开放会给国家带来巨大的收益，但同时我们也不能忽视在开放过程中可能出现的一些问题。其中，主要的风险存在于以下几个方面：

1. 企业之间竞争加剧，不利于幼稚产业发展

资本账户开放将直接刺激外商直接投资的流入。就目前而言，我国大部分企业相对于外国企业仍然处于劣势，随着越来越多的外国产品进入中国市场，我国一些高成本、高能耗、低产出的企业将面临更加残酷的竞争。长此以往，一些幼稚产业难以得到发展，民族企业的生存空间被挤占。而一旦我国行业的产业链被把控，将导致不可挽回的损失。例如，外企获得定价的话语权，通过制定价格等各方面的壁垒打压和限制民族企业，获取垄断贸易暴利，结果造成我国整体国民福祉和净福利的损失，我国在某些经济领域被殖民。

2. 资金扎堆高风险项目，导致逆向选择和道德风险

由于国际资本对中国企业的具体状况缺乏充分和必要的了解，这种信息不对称的风险有可能使资金流向一些高风险的项目以换取更高的收益率，这加大了资本的投机性。目前，我国的很多企业在资信状况和经营效率上存在问题，对某一行业的过度投资会导致整个中国经济发展的风险增加。

由于中国企业相对于外企而言普遍存在管理制度不完善、收益较低的状况，为了使这些企业得到国外资金的支持，地方政府经常要为这些企业兜底提供担保，这很容易引发道德风险，增加黑天鹅事件出现的概率。

3. 资本流入造成流动性过剩，推高资产价格

外国资本的大量流入使得国内流动性过剩，这将导致严重的后果。央行采取措施冲销外汇流入的影响，相当于投放了基础货币。在货币乘数的作用下，基础货币经过金融机构迅速扩张，导致外汇储备的增加和货币超发，全社会的货币需求不足，出现流动性过剩。过多的流动性会寻找高收益回报而进入股市和债市，从而推高相关资产的价格，造成大牛市的景象，甚至有可能对本已高企的资产价格造成正反馈，火上浇油加速泡沫的膨胀。一旦泡沫破裂，外国资本快速撤离会增加资产价格下跌的速度和深度，引发新一轮熊市，容易造成社会恐慌，留下的是满目疮痍的经济体系和低迷的国家经济。

4. 金融体系缺乏应对危机的能力，难以抵御风险

对于发展中国家而言，金融机构的类型和数量较少，金融市场的结构失衡，金融创新落后，监管法规滞后和监管水平不足，货币市场和资本市场之间缺乏联动效应。这些问题使得金融体系变得不稳定，难以在瞬息万变的国际市场中应对金融风险和冲击，加大了资本账户开放的风险。金融体系稳健性的缺乏将以金融危机的形式表现出来，风险将通过金融风暴释放。

5. 外汇管理的难度加大，汇率制度受到冲击

在资本自由流动的情况下，资本涌入和资本外逃变得十分简单，使得外汇储备急剧变化，而且汇率具有更大的不确定性，容易造成宽幅震动，外汇管理的对象和难度将大幅增加，这对于监管成本高且效率低的外汇管理体系来说无疑是一个很大的挑战。而且一旦对汇率实施监管，又将抵消货币政策的作用。在资本流入时，本币具有升值压力，会使一国的出口竞

争力下降，为避免出现出口竞争力下降这一状况，要求中央银行采用市场操作买入外汇并使用逆回购以回笼外汇增加所带来的流动性，但逆回购又会使利率上升并吸引更多的外国资本，措施的两个效果会相互抵消。

6. 货币政策的独立性和效果受到影响

根据不可能三角定理，资本自由流动、汇率的稳定性和货币政策的独立性三个政策目标是相互制约的，最多只能同时满足其中两个目标，不可能三者同时实现。对于中国这样的国家而言，失去货币政策的独立性是不可想象的。货币政策有四大目标：分别是稳定物价、充分就业、经济增长和国际收支平衡。第三个和第四个目标之间具有相互矛盾的关系。资本账户开放的目的是吸引外资以促进经济增长。如果经济迅速增长，人民生活质量改善，进口贸易水平也提高，这将导致国际收支状况恶化。一旦采用紧缩的货币政策，降低国内需求以减小贸易逆差，又会引发经济增长放缓甚至经济衰退。另外，资本账户开放使得资本的自由流动不受限制，在利率市场化的情况下，国内的货币流通量将难以监控，通过货币政策调控也具有很高的难度。同时，由于天生的逐利性，资本往往流向与货币政策所希望达成的效果相反的方向，更进一步加大了货币政策的操作难度。

第三章 资本账户开放、金融发展与跨境资本流动关系研究[①]

第一节 资本账户开放与资本流动关系分析

一、全球资本流动现状分析

20世纪90年代以来，伴随着跨境资本流动性增强，各国资产价格与汇率波动加剧，经济不稳定性凸显，而国际金融危机更是肆虐全球。与此同时，由于资本账户开放是决定跨境资本流动的重要因素，所以世界经济的波动与金融风险的传染（Contagion）在某种程度上可归因于世界各国逐步开放的资本账户。由表3–1我们可以清楚地看出，在资本账户开放程度越高的国家和地区，四类跨境资本流动规模越大，其中，从资本账户开放最低组到资本账户开放最高组，外商直接投资从27.9%上升至53.9%，对外直接投资由6.3%上升至43%，而对内证券投资和对外证券投资则分别从15.3%与4.9%上升至62.4%与68.9%。[②] 在此背景下，关于资本账户开放如何影响跨境资本流动已成为目前亟须研究的重大问题。

有鉴于此，本章基于全球视角考察不同资本账户开放条件下国际资本流动的主要影响因素，同时结合现阶段中国资本账户开放现状和金融深化的转轨条件，分析资本账户开放的跨境资本流动效应，这不仅能够增进我

---

① 本章与中山大学杨子晖教授合作完成。
② 本章基于IFS和CEIC数据库以及世界银行与Chinn和Ito（2008）构建的资本账户指标进行测算。

表 3–1　1999~2010 年各主要经济体的跨境资本流动

单位：%

	外商直接投资	对外直接投资	对内证券投资	对外证券投资
中国	22	3.8	3.7	6.1
美国	15.4	21.6	57.3	33.9
巴西	22.7	9.8	28.7	1.3
欧盟	47.6	32.5	64.3	61.3
高收入国家（地区）	52.3	41.7	64	70.5
中低收入国家（地区）	29.6	5	14.1	6.2
世界	43.4	26.6	41.6	43.4
资本账户开放 A 组	27.9	6.3	15.3	4.9
资本账户开放 B 组	40.4	17.3	36.2	36.1
资本账户开放 C 组	53.9	43	62.4	68.9

资料来源：CEIC、IFS 和笔者估计，其中，高收入和中低收入国家（地区）以世界银行的划分为标准，各变量均为占 GDP 的比重。资本账户开放以 Chinn 和 Ito（2008）构建的指标为标准，计算 1999~2010 年的平均值。A 组为指标值低于 0，表示资本账户开放程度低；B 组为指标值在 0~2，表示资本账户开放程度较高；C 组为指标值高于 2，表示资本账户开放程度最高。

们对资本自由流动机制的理解，同时也能够为我国进一步深化金融市场改革和避免过快推进资本账户开放提供有益的理论基础，而且也将为我们较好地应对外部冲击、避免金融动荡、实现经济平稳较快发展提供重要的参考依据。

在过去 50 年间，跨国资本管制的逐步放松、双边贸易的增长以及技术进步等因素，使得全球的跨境资本流动规模显著增加。然而，从世界各国的比较来看，目前我国资本账户开放程度依然较低，其中，跨境资本流动占 GDP 的比重不仅低于美国与欧盟的平均水平，而且也远远低于中低收入国家（地区）以及世界的平均水平。由图 3–1 我们可以看出，从投资规模来看，2012 年我国外商直接投资规模为 26.2%，对外直接投资规模为 6.1%，使得直接投资净流入为 20.1%；而对外证券投资规模为 2.9%，对内证券投资规模为 4.1%，使得证券投资净流入为 1.2%。由此可见，无论是中国的直接净投资还是证券净投资，在世界范围内均处于较低水平。尽管近年来中国政府通过"合格境内机构投资者"（QDII）和"合格境外机构投资者"（QFII）推进资本市场双向开放，然而由于人民币资本账户尚未实现自由兑换，使得 QDII 与 QFII 依然无法成为境外对国内的重要投资渠道。

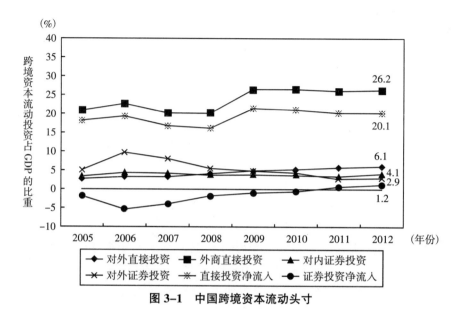

图 3-1　中国跨境资本流动头寸

资料来源：CEIC 和 IFS 数据库。

　　与此同时，为了顺应人民币国际化的需要，2012 年央行公布了我国资本账户逐步开放的时刻表，因此，可预见在未来将有大量资本在中国跨境流动，从事银行、股票、基金及债券交易等投资活动。同时，我们也必须认识到，伴随着中国资本账户的不断开放，中国金融市场的稳定性将受到严峻挑战，金融市场的波动风险也随之明显增加。而且，如果国内金融发展（金融深化）没能跟上资本账户开放的步伐，则逐步开放我国资本账户管制可能引发大规模资本外流，从而大大加剧汇率的波动，尤其在当前美国政府计划全面退出量化宽松政策（QE）之际，资本账户的开放也引发了人们有关国际资金逃离中国市场的担忧。在此背景下，关于金融深化条件下资本账户开放与跨境资本流动的关系成为目前具有现实意义与学术价值的重要问题。

二、资本账户开放与跨境资本流动关系的理论分析

资本账户开放对跨境资本流动的影响，是政策当局在采取决策措施时首先需要考虑的重要问题。尽管人们普遍认为资本账户开放将加剧资本流动的波动（Aghion 等，2004；Cheung 等，2006；Alfaro 等，2007；Furceri 等，2011），但现有研究在资本流动的决定因素上却无法达成一致意见。例如，Edwards（1991）在研究中指出，政府规模和开放程度是影响外商直接投资从 OECD 国家流入发展中国家的重要因素，而 Calvo 等（1996）的分析却显示，美国的低利率主导着国际资本在 20 世纪 90 年代流入发展中国家；Lane（2004）对发展中国家的研究更是表明，信贷市场摩擦是1970~1995 年国际债务流动的决定性因素之一；而 Portes 和 Rey（2005）的分析也表明，不完善的国际信贷市场影响着资本流动的规模和方向。与此同时，近期的研究则更多地从金融市场发展水平的角度进一步解释资本账户开放与资本流动的关系，其中，Aghion 等（2004）、Caballero 和 Krishnamurthy（2004）的研究相继表明，在金融发展处于中等水平的经济体中，资本账户开放会导致金融不稳定；而 Laura、Sebnem 和 Vadym（2007）在对发达国家和新兴经济体的比较研究中发现，制度优劣和资本账户开放是推动跨境对外直接投资和证券投资流动的两个重要因素。此外，现有大量经验分析也相继表明，资本流动的波幅也可因金融市场和金融体制的发展而降低（Broner 和 Rigobon，2005；Aoki、Benigno 和 Kiyotaki，2007；Broto 等，2007；Broner 和 Ventura，2010；Park 和 An，2012）。

与此同时，国际资本流向也成为了学术界关注的另一个重要问题。其中，Aoki 等（2010）通过模型演绎分析表明，资本流向取决于资本的边际生产率和利率市场水平两个因素：一方面，在资本劳动比率较低的国家，其资本边际生产率将更高，从而吸引资本流入，从而引发低资本劳动率的挤入效应；另一方面，在市场利率较低的国家将会出现资本外逃，从而引发低利率的挤出效应。当挤入效应大于挤出效应时，资本账户开放导致资本流入；当挤入效应小于挤出效应时，则表现为资本外逃。同时，他们也进一步指出，如果国内金融市场发展不完善，资本账户开放将会直接导致全要素生产率（TFP）长期停滞或者就业率短期下降，从而给国内宏观经济带来负效应的影响。与此同时，从实证分析的角度考察国际资本流向的

文献也不断涌现，其中，Prasad 和 Rajan（2008）在非线性的框架下对门阀效应的研究表明，资本账户开放引发瑞典、芬兰和西班牙等国家证券投资和其他投资的净流出；而丹麦、智利和哥伦比亚等国家则出现资本的净流入。Bayoumi 和 Ohnsorge（2013）的研究表明，资本账户开放可以让国内股票和债券市场的资金净流出，从而为国内投资者寻求更为多样化的投资机会。

　　近年来，随着 QDII 与 QFII 的相继实施以及我国资本账户的逐步开放，跨境资本流动也引起了学术界的广泛关注，而国内的相关学者也从不同角度对其展开了深入分析和阐述，其中代表性的研究包括易行健（2006）、陈创练和杨子晖（2012）以及李坤望和刘健（2012）。然而，综观该领域的研究，现有国内大部分文献主要集中于对我国这一单一国别的研究，而基于全球视野进行跨国比较的研究仍然较少；而且更重要的是，现阶段的国内外研究大多数是在线性框架下对资本账户开放与资本流动的关系进行分析，而较少对"资本账户开放与资本流动的关系是否随着金融深化与金融发展水平而发生非线性转换"这一问题展开深入研究，然而对此问题的研究却具有重要的学术价值与现实意义，这是因为 Aoki 等（2010）的最新研究表明，在资本账户开放进程中，一个经济体所经历的跨境资本流入或资本流出规模依赖于国内金融发展水平。如图 3-2 所示，当国内金融发展水平较低时（$\theta < \theta_1$），由于国内信贷市场受到约束，社会生产资源分配是无效率的，同时由于本国较低的全要素生产率和较低的要素价格，此时国内企业家可获得一个较高的收益率，并使得国内的利率水平高于世界利率水平，最终在资本账户开放时国内投资者会向海外借贷并由此导致跨境资本流入。而当国内金融发展处于中等水平时（$\theta_1 < \theta < \theta_2$），社会生产资源的分配是次有效的，此时，许多生产资源从低效率企业转移至高效率企业，低效率企业的投资收益率出现下滑；但由于国内金融市场依然不够发达，使得高效率企业仍然受到信贷约束，从而降低了企业的生产效率与投资收益率，并进一步降低了国内平均投资回报率（国内利率），最终导致国内实际利率低于世界利率水平，此时若开放资本账户将导致本国资本外逃。此外，当国内金融发展水平较高时（$\theta > \theta_2$），由于经济体中资源达到了最优配置，且不受信贷约束影响，此时低效率企业退出生产活动，只有高效率企业从事生产活动，这将抬高投资回报率（国内利率），进而导致资本账户开放时出现跨境资本流入。由此可见，资本账户开放的跨境资本流动效应与国内金融发展水平紧密相关，同时考虑到短期利率波动存在结构性和区制转移的非线性特征（Kalimipalli 和 Susmel，2004；Sun，2005；郑挺国和宋涛，2011），本章尝试在现有研究的基础上做一个有益的补充，采用最新发展的面板平滑转换回归模型（González 等，2005），在非线性的框架下对全球 69 个国家（地区）的资本账户开放与跨境资本流动的关系展开深入研究，其中重点结合金融深化与金融发展水平考察两者关系的渐进演变，由此得出富有启发意义的结论，从而不仅增进我们对资本账户开放影响跨境资本流动作用机制的理解，而且也为政策当局避免过快推进资本账户开放导致金融动荡提供重要的决策依据。

本章结构安排如下：第二节结合跨境资本流动影响因素的最新研究，采用面板平滑转换回归模型构建本章的实证分析框架；第三节为本章的实证结果与分析，其中考察了资本账户开放与四类跨境资本流动之间的非线性关系；第四节是在非线性框架下着重分析资本账户开放对跨境资本净流动的影响；第五节是本章的结论和启示。

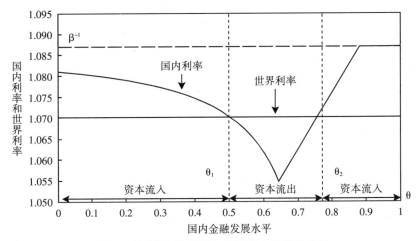

图 3-2　国内金融发展与跨境资本流动的关系

注：θ_1 和 θ_2 分别表示国内金融发展的较低和较高水平；β 为主观贴现因子。

第二节　非线性模型的设定与数据说明

一、模型设定

为了研究不同的金融发展水平下资本账户开放的资本流动效应，首先，我们需要构建金融发展指标，遵循现有研究惯例（McKinnon，1973），采用广义货币（M2）与 GDP 的比率来衡量国内的金融深化程度，该指标反映了一国或地区经济金融化的状况，通常该值越大，表示经济的货币化程度越高。然而，在实际应用中，采用 M2/GDP 来测度各国金融深化程度并未得到一致的认可。因为 M2/GDP 畸高可能是国内金融市场不发达的一个信号（Shunsuke Bando，1998），而许多发达经济体，如美国和英国等，由于其国内金融市场发达，可通过证券市场或债券市场募集资金，从而降低了 M2 在这些国家中的功能和需求。通常认为证券市场是分散风险和实现资金融通的重要场所，一个稳定的证券市场也是一国或地区金融发展和成熟的标志之一，而且多数研究也把股票市值/GDP 用于测度一国或地区的证券化程度（Levine 和 Zervos，1998；Demirgüç–Kunt 和 Maksimovic，1999；Allen 等，2005）。基于此，本章构建金融发展指标，即采用（M2/GDP+股票市值/GDP）来测度一个国家或地区的金融发展状况，这不仅考虑了银行的间接融资规模，同时也考虑了直接融资市场，因此能够很好地反映出一个国家或地区的金融发展水平，该指标越大表示地区的金融发展水平越高。[①]

其次，跨境资本流动主要可以划分为国际长期资本流动和国际证券投资流动两类，依据现有文献，对于国际长期资本流动的研究表明，国内经济基本面因素是影响外商直接投资流入的主要决定性因素（Casi 和 Resmini，2010；Cheng 和 Ma，2007）。Lane（2000）、Lane 和 Ferretti（2003）、Cheung 等（2006）、Walsh 和 Yu（2010）以及 Furceri 等（2011）

[①] 李广众和陈平（2002）构建了 Bank 指标和 Pri 指标来衡量一国或地区的金融中介发展水平。考察金融中介发展对资本账户开放的跨境资本流动效应的影响，也是我们后续研究的一个重要方向。

的一系列研究更是表明，国内金融市场发展水平和资本账户开放程度是影响跨境投资的两个重要因素，而国内经济基本因素（如人均 GDP）和贸易水平也是不容忽视的两个因素。

与此同时，对于国际证券投资流动的研究表明，资本账户开放可促进国外投资者进入国内股市，同时国内股市越发达（或金融深化程度越高），则资本账户开放对资本流动的影响越大，但是不能确定是国际因素还是国内因素主导国际投资资本流动。其中，Baek（2006）认为全球 GDP 增长和外国投资者的风险偏好是决定全球资本流向新兴经济体的两个重要因素。然而，Hernandez 等（2001）却发现国内因素，如 GDP 增长率和还款能力是主要决定因素；与此同时，Chuhan 等（1998）认为全球因素（如美国利率）和国内因素（如股票回报率）等均是影响跨境资本流动的重要决定性因素。此外，现有研究还表明，资本账户开放对国际资本流向的影响取决于国内金融市场发展程度（Aoki 等，2010）。

基于上述的相关文献和理论考虑，同时依据经典理论的非平抛利率曲线可知，资本管制和利差是影响国际资本流动的两个关键变量，由此本章构建如下实证方程来考察跨境资本流动的主要影响因素，并在此基础上，采用面板平滑转移回归模型对不同金融发展水平下开放资本账户对跨境资本流动的影响展开实证分析：

$$\left(\frac{\text{Flow Type}}{\text{GDP}}\right)_{it} = \alpha_i + \beta_1 \text{Cal}_{it} + \beta_2 \text{Cal}_{it} g(Q_{it},\ \gamma,\ Q_c) + \beta_3 \text{Interest}_{it} +$$

$$\gamma \text{Macro Controls}_{it} + \varepsilon_{it} \tag{3-1}$$

其中，为了测度各国跨境资本的流入和流出，Flow Type 采用四种核算方式：外商直接投资和对外直接投资、对外证券投资和对内证券投资；Cal_{it} 表示资本账户开放程度；Interest 表示本国与美国的净利差；Macro Controls$_{it}$ 包括主要的宏观变量，如股票市值与 GDP 的比率、贸易开放度（即贸易总额与 GDP 比率）、国民储蓄率、人均实际 GDP、实际汇率等指标；Q 采用金融发展指标进行测度。此外，β_1 和 β_2 为估计系数。而转移函数 $g(Q_{it},\ \gamma,\ Q_c)$ 遵循如下 Logistic 转换函数：

$$g(Q_{it},\ \gamma,\ Q_c) = \left[1 + \exp\left(-\gamma \prod_{c=1}^{m}(Q_{it} - Q_c)\right)\right]^{-1},\ \gamma > 0 \tag{3-2}$$

其中，Q_c 为转换函数的位置参数，γ 为平滑参数，这些参数决定 Logistic 函数的平滑程度，同时还决定不同区制间转移的速度，所有这些参数都可以用于测量实体经济基础条件如何决定资本账户开放对资本流动的影响效应。

二、非线性检验与剩余非线性检验

遵循该领域研究惯例（Gonzulez 等，2005），为了检验机制转换效应是否显著，我们在 $\gamma = 0$ 处对 $g(Q_{it}，\gamma，Q_c)$ 转移函数做一阶泰勒展开，构造辅助回归方程：

$$\left(\frac{\text{Flow Type}}{\text{GDP}}\right)_{it} = \alpha_i + \phi' X_{it} + \phi_1' X_{it} Q_{it} + \cdots + \phi_m' X_{it} Q_{it}^m + \varepsilon_{it}^* \tag{3-3}$$

其中 $X_{it} = \{Cal_{it}，Interest_{it}，Macro\ Controls_{it}\}$，$\varepsilon_{it}^* = \varepsilon_{it} + R_m \phi_1' X_{it}$，$R_m$ 为泰勒展开的剩余项。依据 Gonzulez 等（2005），检验式（3-1）中原假设为 H_0：$\gamma = 0$ 等价于检验式（3-3）中 $H_0^*：\phi_1' = \cdots = \phi_m' = 0$。为了检验原假设 H_0^*，我们构造如下统计量：

$$LM = \frac{TN(SSR_0 - SSR_1)}{SSR_0} \sim \chi_{mk}^2 \tag{3-4}$$

$$F = \frac{TN(SSR_0 - SSR_1)}{SSR_0/(TN - N - 1)} \sim F(mk，TN - N - mk) \tag{3-5}$$

其中，SSR_0 为原假设成立条件下的面板残差平方和，而 SSR_1 则为备择假设成立条件下的面板残差平方和。在"线性 VS 非线性"检验的基础上，接下来我们仍需要做"剩余非线性检验"，以检验机制转移函数的个数。具体而言，首先，我们假定模型存在一个转换函数，即式（3-1）；其次，假定模型存在两个转换函数，则满足：

$$\left(\frac{\text{Flow Type}}{\text{GDP}}\right)_{it} = \alpha_i + \beta_1 Cal_{it} + \beta_2 Cal_{it} g(Q_{it}^{(1)}，\gamma_1，Q_c) +$$

$$\beta_3 Cal_{it} g(Q_{it}^{(2)}，\gamma_2，Q_c) + \beta_4 Interest_{it} + \gamma Macro\ Controls_{it} + \varepsilon_{it}$$

$$\tag{3-6}$$

其中，$Q_{it}^{(1)} = Q_{it}^{(2)}$。与上述检验思路类似，为了检验是否存在两个转换函数，我们设定原假设为 $H_0：\gamma_2 = 0$，并先在 $\gamma_2 = 0$ 处对 $g(Q_{it}^{(2)}，\gamma_2，Q_c)$ 转移函数做一阶泰勒展开，构造辅助回归方程，并采用 LM 或 F 统计量检验机制转换效应个数的显著性。与此同时，依次类推，我们进一步检验是否存在三个或三个以上的转换函数个数，直至无法拒绝 H_0 为止。

三、数据来源说明

为了考察资本账户开放的跨境资本流动效应，本章采用非线性面板平滑转换回归模型对中国、美国、日本、德国、巴西、俄罗斯等 69 个国家和地区[①] 不同金融发展条件下资本账户开放对跨境资本流动的影响展开深入研究。样本国家和地区以及时间跨度基于数据的可获得性，其中，本章的时间跨度为 1999~2010 年。

本章所采用的数据均为年度变量，外商直接投资和对外直接投资、对外证券投资和对内证券投资以及金融发展指标（M2/GDP）、利率、股票市值与 GDP 比率、贸易开放程度（即贸易总额与 GDP 比率）、国民储蓄率、人均 GDP、实际汇率、GDP 等变量均来自《世界发展指标》、IFS 和 CEIC 数据库。

与此同时，资本管制与资本开放指标的测度是一个颇有争议的问题，学术界形成了多种不同的指标体系。Edison、Klein、Ricci 和 Slok（2008）全面归纳了资本账户开放的测量指标，并把这些测度标准划分为规则指标（Rule-based Measure）和定量指标（Quantitative Measure），其中，规则指标一般采用二元变量进行识别，但是缺陷也较为明显：首先，它只能测度一国或地区要么资本账户开放要么完全封闭；其次，该指标只反映居民资本流出的限制，但没有考虑非居民资本交易的限制措施，因此不能反映一国或地区金融开放的实况（Eichengreen 等，1998）；最后，对于定量指标，在变量选取上也存在较大的争议。[②] 最近，Chinn 和 Ito（2008）在 Mody 和 Murshid（2005）研究的基础上，提出一个新的资本账户开放指标体系，该方法选取四个指标，即多重汇率制度（k_1）、经常账户交易限制（k_2）、资

---

① 亚洲（18 个）：中国、日本、澳大利亚、巴林、孟加拉国、塞浦路斯、中国香港、以色列、约旦、哈萨克斯坦、韩国、科威特、马来西亚、巴基斯坦、菲律宾、新加坡、泰国、土耳其；欧洲（31 个）：德国、英国、俄罗斯、奥地利、比利时、保加利亚、克罗地亚、荷兰、挪威、捷克、丹麦、爱沙尼亚、芬兰、法国、格鲁吉亚、希腊、西班牙、瑞典、瑞士、波兰、葡萄牙、冰岛、意大利、马其顿、马耳他、乌克兰、拉脱维亚、立陶宛、罗马尼亚、斯洛伐克、斯洛文尼亚；美洲（15 个）：美国、加拿大、巴西、乌拉圭、委内瑞拉、阿根廷、智利、哥伦比亚、哥斯达黎加、萨尔瓦多、玻利维亚、墨西哥、巴拿马、巴拉圭、秘鲁；非洲（5 个）：博茨瓦纳、埃及、摩洛哥、南非、突尼斯。
② 有关资本账户指标测定的相关文献述评，详见 Edison 等（2002）。

本账户交易限制（k_3）和出口收益上缴要求（k_4），并对资本账户交易限制指标做五年的滚动时间处理①，同时通过提取第一标准主成分的方式构造金融开放指标（Cal_{it}），该指标的数值越大，反映出该国或地区跨境资本交易和流动的开放程度越高。该指标在后续研究中得到了广泛应用（Panchenko 等，2009；Reinhardt 等，2010；Joyce，2011），并取得了良好的效果。基于此，本章采用该指标用于测度资本账户开放程度。

表 3-2 给出了各变量的描述性统计。从表中均值可以看出，外商直接投资、对外直接投资、对外证券投资、对内证券投资占 GDP 的比重均超过 26%，说明跨境资本流动金额较大，是不容小觑的一种资金力量。平均而言，直接投资处于净流入的状态；但证券投资净流入的均值较小，反映出跨境证券流动基本处于均衡状态。

表 3-2　各变量的描述性统计

指标	均值	最大值	最小值	标准差
外商直接投资	43.37%	556.50%	0.37%	0.50
对外直接投资	26.56%	477.89%	-2.25%	0.48
对外证券投资	43.37%	328.20%	0.00%	0.49
对内证券投资	41.63%	406.20%	0.00%	0.62
直接投资净流入	16.82%	109.01%	-68.36%	0.26
证券投资净流入	1.74%	269.11%	-247.52%	0.49
资本账户开放指数	1.18	2.46	-1.86	1.42
净利差	2.90%	150.19%	-12.62%	15.99
股票市值/GDP	69.14%	606%	0.23%	0.73
金融发展指标	147.97	905.60	4.77	110.21
贸易开放程度	73.93%	394.48%	16.42%	0.54
国民储蓄率	22.87%	58.47%	-7.62%	0.10
人均 GDP（元）	13027	121449	364	12535
实际汇率	120.26	6178.00	0.27	546.56

资料来源：IFS 和 CEIC 数据库。其中，外商直接投资、对外直接投资、对外证券投资、对内证券投资、直接投资净流入和证券投资净流入均采用与 GDP 之比，单位为%。

---

① 五年滚动处理的计算公式为：$SHAREk_{3,t} = (k_{3,t} + k_{3,t-1} + k_{3,t-2} + k_{3,t-3} + k_{3,t-4})/5$。

第三节 资本账户开放的资本流动效应的实证结果与分析

一、线性检验与剩余非线性检验

为了检验金融深化程度对资本账户开放后跨境资本流动的影响，首先，我们比较各国的金融深化程度，由表 3-3 描述性统计指标的极大值和极小值可以清晰地看出，绝大多数国家在样本期内金融市场都得以不断深化。其中，美国金融发展指标从 170 增加至 249；德国从 206 增加至 246；日本从 255 增加至 342；巴西从 72 增加至 162；南非从 177 增加至 374；中国从 166 增加至 330。多数国家的金融深化强度和速度表现出差异显著的特征。从均值看，发展中国家如秘鲁、墨西哥、巴西、巴拉圭、俄罗斯、委内瑞拉、土耳其、罗马尼亚、阿根廷等的国内金融发展程度较低；而多数发达国家如德国、日本、英国、法国、加拿大、新加坡、荷兰等的国内金融发展程度较高。从描述性统计特征可以看出，在世界范围内，各国和地区的金融发展程度迥异，而且在时间轴上，国内金融市场发展的速度也表现出较为明显的差异性。这也为我们进一步在特定金融发展条件下，研究本国资本账户开放对跨境资本流动的影响提供了重要的基础条件。

表 3-3　各主要国家金融市场发展指标的描述性统计

国别	均值	最大值	最小值	标准差	国别	均值	最大值	最小值	标准差
中国	218	330	166	51	澳大利亚	200	253	157	32
日本	294	342	255	25	俄罗斯	90	158	37	39
德国	228	246	206	11	加拿大	246	295	189	36
英国	273	317	227	29	以色列	175	241	136	32
法国	205	241	171	21	墨西哥	57	75	45	10
美国	209	249	170	21	秘鲁	75	129	52	24
韩国	140	183	101	27	罗马尼亚	47	62	32	11

续表

国别	均值	最大值	最小值	标准差	国别	均值	最大值	最小值	标准差
芬兰	209	341	146	61	巴拉圭	36	45	33	4
巴西	107	162	72	29	委内瑞拉	29	38	22	5
希腊	149	185	133	19	土耳其	73	98	55	14
泰国	171	204	139	22	捷克	87	106	75	10
南非	278	374	177	64	阿根廷	69	129	42	25
智利	183	225	151	21	新加坡	306	362	224	51
荷兰	279	317	239	29	比利时	193	222	162	17

资料来源：IFS 和 CEIC 数据库。

　　其次，我们对资本账户开放的资本流动效应是否存在非线性关系展开检验分析，为了保持研究结论的可靠性，本章分别采用 F 统计量和 LM 统计量进行稳健性检验。在"线性 VS 非线性检验"的过程中，模型对应的原假设和备择假设分别为 $H_0: \gamma = 0$ 和 $H_1: \gamma = 1$。由表 3-4 的检验结果可知，当以金融发展指标作为转换变量对资本账户开放的资本流动效应展开线性检验时，四个模型的 F 统计量和 LM 统计量均高度拒绝 $H_0: \gamma = 0$ 的原假设，这充分说明随着金融发展条件的增强，资本账户开放与资本流动（跨境资本流入和流出）的关系存在非线性的转换过程。

表 3-4　线性检验与剩余非线性检验

模型	外商直接投资		对外直接投资	
统计量	F	LM	F	LM
$H_0: \gamma = 0$　VS　$H_1: \gamma = 1$	127.613*** [0.000]	118.707*** [0.000]	135.059*** [0.000]	124.198*** [0.000]
$H_0: \gamma = 1$　VS　$H_1: \gamma = 2$	3.222 [0.073]	3.505 [0.061]	2.936 [0.087]	2.697 [0.101]
模型	对内证券投资		对外证券投资	
统计量	F	LM	F	LM
$H_0: \gamma = 0$　VS　$H_1: \gamma = 1$	9.243*** [0.000]	19.885*** [0.000]	31.987*** [0.000]	33.685*** [0.000]
$H_0: \gamma = 1$　VS　$H_1: \gamma = 2$	3.027 [0.082]	3.488 [0.062]	1.575 [0.062]	1.717 [0.190]

注：*** 表示在 1% 的显著水平上通过检验，中括号内为统计量对应的 P 值。

为了进一步考察非线性转换的特征，我们进行了剩余非线性检验，以确定非线性平滑面板转换模型中非线性机制转换函数的最优个数。具体而言，我们先检验是否只存在一个转移函数（$H_0：\gamma = 1$），其备择假设是存在两个转移函数（$H_1：\gamma = 2$），并在 $\gamma_2 = 1$ 处对 $g（Q_{it}，\gamma_2，Q_c）$ 转移函数做一阶泰勒展开，构造辅助回归方程，采用 LM 或 F 统计量检验机制转换效应个数的显著性，依次类推直到无法拒绝 H_0 为止。由表 3-4 的检验结果可知，在 5% 的显著性水平上，四个估计模型的非线性机制转换函数的最优个数为 1。

二、非线性模型的参数估计

在"线性 VS 非线性检验"和"剩余非线性检验"的基础上，遵循 Gonzulez 等（2005）的方法，面板平滑转换回归模型参数分两步进行估计，首先采用去均值的方法消除个体固定效应，其次采用非线性最小二乘法（Nonlinear Least Square，NLS）对模型参数进行估计。在此过程中，转换函数初始值的选取是模型估计的关键，与 Goffe 等（1994）、Brooks 等（1995）和 Gonzulez 等（2005）的研究相一致，本章采用格点法（Grid）搜索使得模型残差平方和最小的参数估计值，并将其作为非线性最优算法的初始值，直至模型估计收敛为止。结果显示，四个模型的各参数估计值均取得较好的收敛效果，并在表 3-5 中分别列出各种类型资本流动的重要影响因素，其中，不显著变量已被略去。

表 3-5　面板平滑转换回归模型参数估计

模型	外商直接投资	对外直接投资	对内证券投资	对外证券投资
平滑参数 γ	0.559*** (0.026)	0.152*** (0.006)	0.169*** (0.003)	0.208*** (0.003)
位置参数 Q_c	246.044*** (0.001)	138.498*** (0.546)	138.394*** (0.194)	134.638*** (0.144)
净利差	0.339*** (0.066)	0.157** (0.061)	0.009*** (0.008)	0.201** (0.088)
股票市值/GDP	0.222*** (0.018)	0.259*** (0.016)	0.157*** (0.022)	0.211*** (0.023)
贸易开放程度	0.621*** (0.022)	0.407*** (0.020)		0.388*** (0.029)

模型	外商直接投资	对外直接投资	对内证券投资	对外证券投资
国民储蓄率	−0.739*** (0.109)	−0.315*** (0.100)	−0.229* (0.138)	
人均 GDP		0.001*** (0.0001)	0.002*** (0.0001)	0.001*** (0.0001)
实际汇率	−0.004** (0.002)		−0.005** (0.002)	−0.004* (0.002)
资本账户开放指数（Cal_{it}）	2.977*** (0.861)	−1.075*** (0.097)	−2.728** (1.297)	2.706** (1.368)
$Cal_{it} g(Q_{it}, \gamma, Q_c)$	4.143** (1.707)	3.652*** (1.311)	8.975*** (1.802)	11.909*** (1.877)
转换函数个数	1	1	1	1
AIC	6.483	6.291	6.962	7.063
BIC	6.544	6.354	7.024	7.124

注：*、** 和 *** 分别表示在 10%、5% 和 1% 的显著水平上通过检验，括号内为估计系数的对应标准误。

由表 3-5 的估计结果可知，净利差对资本流动产生正面影响，这与经典理论相符合。国民储蓄率增加意味着对国外资金的需求下降，导致对外直接投资下滑，从而对跨境资本流动产生负面影响。贸易开放程度导致跨境资本流动增加，这反映出一国（地区）的开放水平，体现其融入国际市场的程度，同时也增加了本国（地区）市场与国际市场之间的资本流动。特别地，因为可以通过出口税收收入偿还外债，从而使得更加开放的经济体处于更为有利的位置，也减少了资本流入突然停止或者逆转的风险，而且由于部分出口商还可以通过出口报价高出实际出口额的形式实现相关资本的流入，从某种程度上讲，扩大贸易因为避免了资本账户的限制，实际上也是另外一种形式的资本自由化，由此可见贸易开放程度对跨境资本流动有正的影响效应。这也与 Calvo、Izquierdo 和 Mejia（2004），Frankel 和 Cavallo（2004）以及 Prasad 和 Rajan（2008）等的研究结论相一致。事实上，中国目前的资本管制也很难有效管住跨境资本流动，同时在经常项目可完全兑换机制下，很多国际资本可通过出口虚报价等变相的方式摆脱资本管制，与其如此，不如放开资本账户，并以此提高跨境资本流动的透明度和监管力度。

此外，研究结果还显示，人均 GDP 促进了直接投资和证券投资的增长；实际汇率升值导致资本流入，依据非平抛利率平价条件，汇率升值（贬值），导致利差扩大（缩小），会吸引国外资本流入（流出），但同时由于国际资本流动管制程度是影响汇率决定不可忽视的重要因素之一（陈创练和杨子晖，2012），而且从 2014 年 3 月 17 日起，虽然央行将人民币对美元即期汇价波幅放宽至 2% 的水平，但人民币汇率波幅仍然受到监控，由此使得在目前制度下，人民币汇率波动对跨境资本流动的影响依然十分有限。

表 3-5 估计结果还表明，平滑参数 γ 的估计值较小（均小于 0.6），因此转换函数将呈现出较为明显的平滑特征，这意味着随着金融发展条件的增强，资本账户开放与资本流动（外商直接投资、对外直接投资、对内证券投资和对外证券投资）存在非线性的平滑转换关系。同时，由于参数 β_2 估计值均大于零，说明随着国内金融发展条件的增强，并由此带来流动性风险降低、投资效率提升和投资机会增长，使得资本账户开放对跨境资本流动的负面影响有所抵消，或者强化了资本账户开放对跨境资本流动的正面影响效应，从而形成资本账户开放与跨境资本流动之间非线性的平滑转换关系。

三、非线性转换关系分析

为了进一步刻画两者之间的非线性关系特征，我们分别计算出各国（地区）在 1999~2010 年金融发展指标的平均值，并作为面板平滑转换回归模型中 $\overline{Q}_{it}$ 的参数估计值，采用如下公式计算出与其相对应的关系参数值：

$$\beta = \frac{\partial\left(\dfrac{\text{Flow Type}}{\text{GDP}}\right)}{\partial \text{Cal}_{it}} = \beta_1 + \beta_2 g(\overline{Q}_{it}, \ \gamma, \ Q_c) \tag{3-7}$$

在参数估计基础上，我们在图 3-3 至图 3-6 中分别刻画出包括中国、美国、日本、德国、印度、巴西、俄罗斯等在内的 69 个国家和地区外商直接投资、对外直接投资、对内证券投资和对外证券投资与资本账户开放的非线性关系。我们发现，资本账户开放和股市发展指标均有助于促进跨境直接投资和跨境证券投资，加剧了资本流动波幅，主要原因在于，资本账户开放拓宽了跨境资金流通通道，并降低了跨境交易成本，实现了资金的跨境自由转移，从而能够有效释放和促进资金的跨境流动。由此可见，资本账户开放是决定跨境资本流动的重要因素，这也与 Aghion 等（2004）、Cheung 等（2006）、Alfaro 等（2007）以及 Furceri 等（2011）的研究结论相一致。但同时，资本账户开放也会导致跨境对外直接投资和对内证券投资下降。理论上，随着资本账户开放，国内和世界市场上的投资回报率逐步趋同，国内资产对境外投资者的吸引力将逐渐下降，从而导致对内证券投资流入下滑。但是，这种影响会由于国内金融发展条件所带来的风险降低、投资效率提升和投资机会增多而被部分抵消。

　　由图 3-3 可知，由于转换函数的位置条件，即金融发展指标数值位于 246，这高于世界上大多数国家和地区的金融发展水平，可见在国际经验上，资本账户开放会导致外商直接投资增加，但是金融发展条件并非影响资本账户开放与外商直接投资的重要因素。然而，研究表明，当金融发展指标小于 138 时，资本账户开放将降低对外直接投资，如巴西、土耳其、阿根廷等发展中国家；但是当金融发展指标高于 138 时，则资本账户开放加剧了对外直接投资水平，其中包括中国、日本、英国和德国等（见图 3-4）。

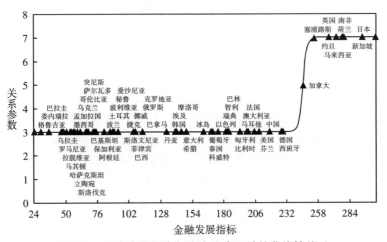

图 3-3　外商直接投资与资本账户开放的非线性关系

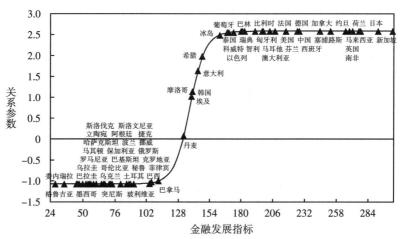

图 3-4　对外直接投资与资本账户开放的非线性关系

　　由此可见，根据国际经验，随着我国逐步开放资本账户，不论是外商直接投资还是对外直接投资的波幅都必将加剧，但同时在国际资本追求高额利润以及投资者降低投资风险的推动下，本国金融市场的发展水平对外商直接投资的影响远大于对外直接投资，这主要是由于外商直接投资可能更加注重获取当地廉价的劳动力或者自然资源等要素条件，由此受金融市场发展成熟条件的约束较小；而相比较而言，对于金融市场较为发达，或者经济实力比较雄厚的国家和地区，如美国、日本、德国以及以色列等，由于其国内企业能够在本国金融市场获取更多的融资资本，同时依赖其强大的企业资源可以实现对外投资的扩张，这就为我们防范资本外逃和避免过快推进资本账户开放导致金融动荡提供了重要的理论基础。

　　对于证券投资而言，由图 3-5 可知，当金融发展指标低于 138 时，国际经验表明资本账户开放降低了对内证券投资；而当金融发展指标高于 138 时，资本账户开放增加了对内证券投资。这主要在于随着国内金融市场深化，降低了市场投资风险，提供了更多的投资机会，从而吸引了外来证券投资资金，并导致证券投资资金流入。可见，为了顺应人民币国际化的需要，随着我国资本账户的逐步开放，可以预见在未来将有大量境外资本流入国内，从事银行、股票、基金及债券交易等投资活动。与此同时，资本账户开放增加了对外证券投资，当金融发展指标高于 135 时，资本账户开放大幅度增加了跨境对外证券投资（见图 3-6）。由此可见，金融深化程度是影响跨境证券投资的重要因素，而且当本国金融发展水平较高时，资本账户开放是有益的（如资本账户开放导致对内证券投资流入等），而如果国内金融深化程度不高，则可能会对宏观经济产生不良影响（如降低对内证券投资以及资本外逃等）。因此，为了有效防范资本账户开放后，我国跨境证券投资外逃，推动利率市场化和汇率市场化等金融改革，实现我国金融市场化运作是一条必经之路。

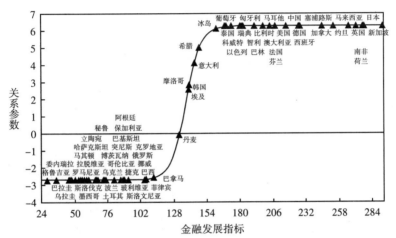

图 3-5 对内证券投资与资本账户开放的非线性关系

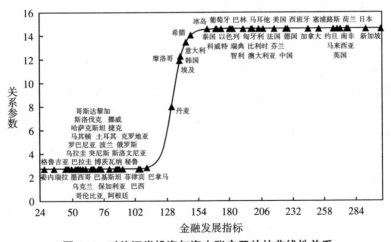

图 3-6 对外证券投资与资本账户开放的非线性关系

　　为了进一步考察资本账户开放对各类跨境资本流动的影响，寻求资本账户开放的最佳时机，图 3-7 给出了 1991~2012 年我国的金融发展程度，并由此计算出其对应的资本账户开放与各类资本流动关系的参数。

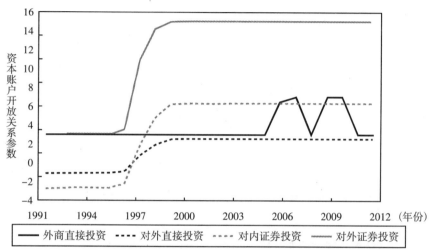

图 3-7　1991~2012 年中国资本账户开放与各类资本流动关系参数
资料来源：CEIC 数据库和笔者估计。

　　由图 3-7 可知，自 1991 年以来，随着我国金融发展程度的深化，依据国际经验，在此期间资本账户开放与各类跨境资本流动的关系发生了渐进的非线性转换，即随着国内金融发展指标从 1991 年的 86 上升至 2012 年的 233，资本账户开放与各类跨境资本流动之间的关系参数 β 呈上升趋势。从估计结果看，可以预见在未来随着我国逐步开放其资本账户，我国的对外直接投资、外商直接投资以及对外证券投资和对内证券投资都将呈增长态势，与此同时，随着国内金融发展条件的强化，这种影响效应也将得以不断强化。但资本账户开放到底是导致国际直接投资资本净流入还是净流出，我们将做更进一步的分析。

第四节 资本账户开放与跨境资本净流动非线性关系的进一步讨论

一、资本账户开放与外商直接投资净流入的非线性关系分析

我们采用外商直接投资减去对外直接投资用于测度外商直接投资净流入，对内证券投资减去对外证券投资测度证券投资净流入，并采用非线性面板平滑转换回归模型和基于式（3-1）对模型展开估计。由模型 F 和LM统计量可知，金融发展指标影响资本账户开放与外商直接投资净流入和证券投资净流入之间关系的非线性转换过程，而且两个模型的估计结果表明非线性的机制转换函数的最优个数为 1。在模型检验的基础上，面板平滑转换回归模型的非线性参数估计结果分别如图 3-8 和图 3-9 所示。

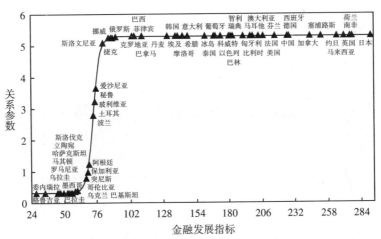

图 3-8 外商直接投资净流入与资本账户开放的非线性关系

由图 3-8 可知，当金融发展指标低于 73 时，资本账户开放对跨境外商直接投资净流入的影响较小；而当金融发展指标高于 73 时，则该影响效应呈明显的上升趋势。由此可见，根据国际经验，国内金融发展是吸引外资直接投资的重要因素。依据我国目前的金融发展程度，可以预见开放资本账户能够直接吸引外资的净流入。

二、资本账户开放与证券投资净流入的非线性关系分析

如图 3-9 所示，不论金融发展条件如何，资本账户开放将导致跨境证券投资净流入呈下降态势。可以预测，目前我国开放资本账户，将有可能导致证券投资外逃。由前文分析可知，国内金融深化发展是影响对内证券投资的重要因素，因此，如果能够在不断深化国内金融市场的基础上，再进一步开放资本账户，将能够更好地降低国内市场投资风险，提供更多的投资机会，从而吸引外来证券投资资金，并降低资本账户开放导致证券投资外逃的程度。

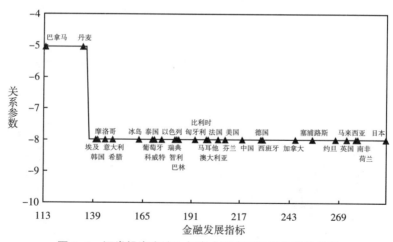

图 3-9　证券投资净流入与资本账户开放的非线性关系

第五节　本章小结

一、本章结论

20 世纪 90 年代以来，伴随着跨境资本流动性增强，各国资产价格与汇率波动加剧，经济不稳定性凸显，而国际金融危机更是肆虐全球。与世界上其他发达经济体相比，我国目前资本账户开放程度依然较低，尽管近年来央行相继推出了"合格境外机构投资者"（QFII）和"合格境内机构投资者"（QDII）项目，但由于投资规模相对较小，依然不能成为境外对国内的重要投资渠道。为了顺应人民币国际化的需要，中国人民银行于 2012 年公布了我国资本账户逐步开放的时刻表，因此，在可预见的未来，中国将有大量人民币流向境外，同时境外资本也将流入国内，从事银行、股票、基金及债券交易等投资活动。伴随着中国资本账户的不断开放，中国金融市场的稳定性将受到严峻挑战，金融市场的波动风险也将明显增加。而且，在当前美国政府计划全面退出量化宽松政策（QE）之际，资本账户的开放也引发了人们有关国际资金逃离中国市场的担忧，在此背景下，关于资本账户开放如何影响跨境资本流动已成为目前亟须研究的重大问题。有鉴于此，本章首次采用最新发展的面板平滑转换回归模型（González 等，2005），在非线型的框架下对中国、美国、日本等全球 69 个国家（地区）的资本账户开放与跨境资本流动关系展开深入研究，其中重点结合金融深化与金融发展水平考察两者关系的渐进演变，由此得出富有启发意义的结论，从而不仅增进我们对资本账户开放影响跨境资本流动作用机制的理解，而且也为政策当局避免过快推进资本账户开放导致金融动荡提供重要的决策依据。

本章研究表明，净利差对资本流动具有正的影响效应，国民储蓄率增加意味着对国外资金的需求下降，导致对外直接投资的下滑，从而对跨境资本流动有着负的影响效应；同时我们也发现，实际汇率升值导致资本流入，但由于人民币汇率波幅仍然受到监管，使得在现行"可调整的钉住"

的汇率制度下，人民币汇率波动对跨境资本流动的影响依然十分有限。

与此同时，贸易开放程度对跨境资本流动有着正的影响效应，这表明一国（地区）国际化的程度能有效增加本国（地区）市场与国际市场之间的资本流动。这是因为开放度越高的经济体，就越可能通过出口税收收入偿还外债，从而降低该开放经济体资本流入突然停止或者逆转的风险；而且，从某种程度上讲，扩大贸易因为避免了资本账户的限制，实际上也是另外一种形式的资本自由化，因此，贸易开放促进了跨境资本流动。

本章研究结果还表明，资本账户开放有助于促进跨境直接投资和跨境证券投资，由此加剧了资本流动。究其原因，在于资本账户开放拓宽了跨境资金流通通道，并降低了低跨境交易成本，从而能够有效促进资金的跨境流动。而且，本章进一步的分析表明，随着资本账户开放，国内和世界市场上的投资回报率将逐步趋同，国内资产对境外投资者的吸引力也将逐渐下降，从而导致对内证券投资流入的下滑。但是这种影响会由于国内金融深化所带来的风险降低、投资效率提升以及投资机会增多而被部分抵消。

最后，我们的研究结果还发现，资本账户开放会导致外商直接投资增加，但当金融发展水平较低时（如巴西、土耳其等），资本账户开放将降低对外直接投资，而当金融发展水平较高时（如日本、德国等），资本账户开放促进了对外直接投资。而且，研究结果还表明，当金融发展程度较低时，资本账户开放导致对内证券投资下降；而当金融发展程度较高时，资本账户开放则引发对内证券投资增加。由此可见，金融深化程度是影响跨境资本流动的重要因素，特别是在本国金融发展水平较高时，它将吸引外商直接投资和对内证券投资，最终促使跨境资本净流入；但如果国内金融深化程度不高，则可能引发跨境资本外逃，从而危及金融市场的稳定性，并对宏观经济增长产生不良影响。因此，政策当局在开放资本账户的同时需要考虑其潜在的负影响效应，加快推进国内利率市场化和汇率市场化等金融改革，并提升国内市场在国际上的投资竞争力，通过吸引境外资本流入国内从事投资和生产活动，实现本国经济平稳较快发展。①

---

① 刘金全、隋建利和闫超（2009）在研究中指出，需要在我国现行的金融体制和市场基础上，全面审视与分析我国金融市场受国际外部金融危机影响和冲击的途径与渠道，进而为我国经济运行的风险预警和风险管理提供重要的应对策略。

二、本章启示

基于以上研究结果，本章得到以下两点启示：

第一，随着我国金融的不断深化以及资本账户的不断开放，在未来我国的对外直接投资、外商直接投资以及对外证券投资和对内证券投资都将呈增长态势；同时，在我国目前的金融发展条件下，现阶段开放我国的资本账户将导致外商直接投资净流入增加，而证券投资净流入降低，这就为我们防范资本外逃和避免过快推进资本账户开放导致金融动荡提供了重要的决策依据。

第二，资本账户开放对跨境资本流动的影响在很大程度上依赖于金融深化水平，如果国内金融发展步伐（或金融深化）没能跟上资本账户开放的节奏，则逐步开放我国资本账户管制可能引发直接投资和证券投资大规模的资本外流，从而危及我国经济安全和可持续发展。本章的分析进一步表明，国内金融条件的不断深化，将导致国内市场流动性风险降低、投资效率提升和投资机会增加，并由此促进外商直接投资和对内证券投资的增长。由此可见，为了防止由于资本账户开放而导致资本外逃，进一步加快国内金融市场的改革进程，是保障资本账户开放后金融市场稳定的重要前提条件。

第四章　资本账户开放、金融发展与技术溢出效应关系研究
——基于随机前沿模型 SFA 的检验

第一节　引　言

一、跨境资本流动状况

20 世纪 90 年代以来，我国外商直接投资逐年增加，特别是近年来随着资本账户开放进程的稳步推进和"一路一带"倡议的进一步落实，我国外商直接投资和对外直接投资增长迅猛，表现为跨境资本双向流动波幅加剧。统计显示（见图 4-1 和图 4-2），我国跨境资本流入和流出总体上呈增长态势，特别是对外直接投资从 2004 年的 527.04 亿美元增长至 2013 年的 6090.95 亿美元，增幅高达 1055.69%；而外商直接投资则从 2004 年的 3689.7 亿美元增长至 2013 年的 23474.7 亿美元，增幅高达 536.22%。理论上，资本是企业从事生产和经营活动的基本要素，跨境资本流入和流出则能为企业在资本配置上增添选择空间，即既可以选择国内资本也可以选择国外资本，并最终影响企业生产的技术效率和经营效率。特别地，随着国际资本流动越发频繁，跨境资本对东道国企业的生产经营活动和技术效应的影响越发明显。那么，国际资本流动究竟是提高还是降低东道国的技术效率？这是我国实施资本账户开放需要回答的一个重要问题。更重要的是，跨境直接投资、证券投资、债券投资和股票投资对企业生产经营活动和技术效率的影响有何不同？也是事关我国资本账户开放次序策略制定、

安排和实施的重要依据。

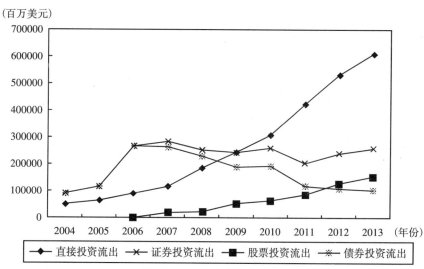

图 4-1 我国跨境资本流出

资料来源：CEIC 数据库。

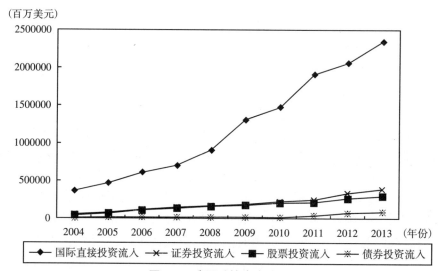

图 4-2 我国跨境资本流入

资料来源：CEIC 数据库。

二、理论分析

现有研究表明，国际金融市场整合对生产效率的影响远大于其对经济增长的贡献（Gourinchas 和 Jeanne，2006；Bekaert、Harvey 和 Lundblad，2010），而且，资本账户开放能够通过促进金融发展、改善公司治理结构以及释放更强的政府质量信号等直接提高全要素生产率（Borensztein、DeGregorio 和 Lee，1998；Rajan 和 Zingales，2003）。同时，也有研究表明，外商投资者保护制度有助于改善公司治理结构，因此资本账户开放能够有效提升股票市场效率和制度效率。事实上，早期研究表明，资本账户开放后，由于投资者可以在国内外两个市场选择投资配置和分散风险，因此，国际资本流入对东道国生产效率最为直接的影响是通过国内资本配置效率渠道产生的（Obstfeld，1994），由此，国内金融市场自由化和资本账户开放均能有效改善投资配置效率，并提高生产水平（Fisman 和 Love，2004；Wurgler，2000；Galindo、Schiantarelli 和 Weiss，2007；Alfaro、Kalemli - Ozcan 和 Sayek，2009；Bekaert、Harvey 和 Lundblad，2010）。

国内相关研究也表明，国外资本流入对我国的生产效率、资本产出率以及全要素生产率均有显著的正效应，代表性研究如包群和赖明勇（2002）、潘文卿（2003）以及陈涛涛（2003）等。而且，我国外商直接投资对内资企业的生产效率均存在外溢的比邻效应（罗雨泽等，2008）。就技术溢出效应渠道而言，蒋殿春和夏良科（2005）的研究表明，外商直接投资的竞争效应虽然对东道国企业创新能力的成长不利，但示范效应和技术人员流动等依然能够提高本国企业的研发能力。特别地，国际资本流入是新兴经济体技术溢出的重要渠道，而金融深化起到进一步促进和媒介的作用（股书炉等，2011）。此外，尹忠明和李东坤（2014）的研究还表明，我国对外直接投资存在逆向溢出效应，即我国对外直接投资的增长还会反向促进省际的全要素生产率增长。柏玲等（2013）以及胡杰和刘思婧（2015）的研究更是表明，金融发展有助于提高省际和制造业等的技术创新和技术效率。

理论上，如何核算全要素生产率（TFP）是该领域研究的关键内容，而且全要素生产率又可分解为相互正交的两部分，即代表创新能力的技术进步（Technology Change）和代表追赶效应的技术效率改进（Efficiency

Change），前者意味着是生产可能性边界的永久性外移，测度的是对经济的永久性影响效应，而后者则仅仅表示在生产可能性边界内的点与点的外移，测度的是对经济增长的暂时性影响效应。由此可见，技术进步和技术效率改进是两个不同的概念，虽然两者均是生产率增长的来源，但效率差异却解释了大部分国家间的生产率不同（Prescott，1998）。目前，几乎所有文献都集中于研究技术进步及其影响因素（Coe 和 Helpman，1995），而极少有文献专注于研究技术效率改进及其决定因素（Boyle 和 McQuinn，2004），这主要是由于近几十年来，测量生产率增长普遍都选用增长核算框架或传统指数方法。然而，这些方法属于确定性方法，并没有考虑随机因素对全要素生产率的影响，而是隐性地假定生产率增长就是技术进步。但是，随着在生产函数中引入 Malmquist 生产指数和 Frontier 方法，我们可将全要素生产率分解为技术进步、技术效率改进和规模效率，这也可以为我们评估技术效率改进是否能成为在公司、行业乃至国民经济发展中的重要决定因素提供了基础条件（Kneller 和 Stevens，2002）。

在宏观层面上，现有研究很少全面考察国际资本流入流出等外部效应对国内生产效率的影响，要么只关注跨境资本流入，要么只关注跨境资本流出，但这可能会导致评估这些因素对经济增长的贡献出现偏差，抑或低估了外部冲击的经济增长效应（Hejazi 和 Safarian，1999）。经典的经济增长理论如 Solow 模型认为，技术进步是经济增长的源泉（Solow，1956），而外商直接投资只能作为资本的形态加快经济体向稳态收敛的速度，但是对经济增长没有长期持久的影响效应。可见，资本对经济增长具有长期影响效应只有通过研发渠道才能产生。那么，跨境资本的流入和流出是否有利于提升本土技术进步，抑或只是改进了东道国的技术效率呢？这也是区分和评估国际资本流动对经济增长影响是否具有长期效应的一个重要证据。而且，随着全球范围内国际资本流动越发频繁（见图 4-3 和图 4-4），1991~2013 年，全球跨境资本流量总体呈上升趋势，虽然受 2008 年次贷危机的影响曾一度下滑，但 2010 年后随着全球经济复苏而强劲回升。其中，2013 年与 2010 年相比，全球直接投资流入增长了 642%，直接投资流出增长了 432%，证券投资流入增长了 246%，证券投资流出增长了 322%，可见评估不同类型跨境资本对经济增长的影响效应就显得越发重要。

有鉴于此，本章采用随机前沿模型，对超越生产函数展开实证估计，并将经济增长的全要素生产率分解为技术效率改进、技术进步和规模效率

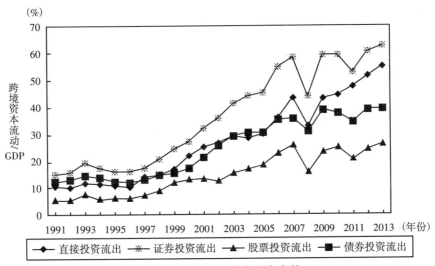

图 4-3　全球跨境资本流出走势

资料来源：CEIC 数据库。

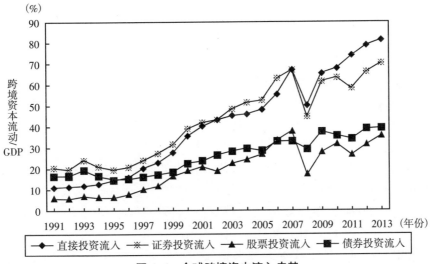

图 4-4　全球跨境资本流入走势

资料来源：CEIC 数据库。

三部分。在此基础上，我们实证分析全球范围内 73 个国家和地区的国际资本流动（包括直接投资流出、直接投资流入、证券投资流出和证券投资流入四类不同的国际资本流动）对外部技术效率、技术进步以及全要素生产率的影响，分析比较发达国家和发展中国家影响的差异，并进一步实证检验资本账户开放对国际技术溢出影响的门槛效应，这不仅有利于我们理解资本自由流动机制及其经济增长效应，同时也能够为我国进一步开放资本账户、推动金融市场改革和金融政策的制定与安排提供重要的决策依据。

第二节　实证方法与数据来源说明

一、实证方法介绍

技术效率是指在给定的技术水平下，要素投资最大可能产出水平的能力。在现有研究中有参数（如随机前沿模型，SFA）和非参数（如数据包络分析法，DEA）两种估计方法。与非参数方法相比，参数估计法考虑了模型中随机因素对产出的影响效应，而且在模型设定上更为灵活，可以避免模型误设造成的估计偏误。因此，本章构建随机前沿模型（SFA），将全要素生产率分解成技术效率改进、技术进步和规模效率三个部分。

根据 Battese 和 Coelli（1992，1995）的假定可得：

$$u_{it} = \exp[-\eta(t-T)]u_i \quad u_{it} \geqslant 0, \ i=1, \cdots, N, \ t \in \tau(i) \tag{4-1}$$

其中，η 表示随时间推移技术无效率的变化趋势，容易看出，当 η 为零时，技术无效率是常数，$\eta > 0$ 表示技术效率呈递增趋势，而 $\eta < 0$ 则表示技术效率呈递减趋势。u_{it} 是非负的技术无效率，它服从独立的零处截尾的正态分布 $u_{it} \sim N^+(m_{it}, \sigma_u^2)$。

式（4-2）给出了无效率效应模型：

$$m_{it} = \delta_0 + \delta_1 t + \delta z_{it} + w_{it} \tag{4-2}$$

其中，z_{it} 为与生产技术无效率相关的解释变量组成的一个向量，在本章研究中，包括直接投资流入、直接投资流出、证券投资流入、证券投资流出、资本账户开放以及国内金融市场发展指标等变量；w_{it} 是一个随机变量，并且服从截尾正态分布，且均值为零，方差为 σ^2；δ 为待估系数向量矩阵。

式（4-3）是半超越对数生产函数形式表示的技术效率前沿实证方程：

$$lny_{it} = \beta_0 + \beta_t t + \beta_K lnK_{it} + \beta_L lnL_{it} + \beta_{Kt} tlnK_{it} + \beta_{Lt} tlnL_{it} + v_{it} - u_{it} \qquad (4-3)$$

其中，y_{it} 为 GDP；K 为资本存量；L 为劳动力数；β 为待估参数。采用混合误差分解方法（JLMS）估计得到技术效率为：

$$TE = \exp(-u_{it}) \qquad (4-4)$$

在多要素（劳动力和资本）投入产出条件下，全要素生产率为：

$$TFP = TE + \frac{\partial lnf(t,\ K,\ L,\ \beta)}{\partial t} + RTS = TE + \beta_t +$$

$$\beta_{Kt} lnK_{it} + \beta_{Lt} lnL_{it} + (\beta_K + \beta_{Kt} t)\frac{\Delta k}{k} + (\beta_L + \beta_{Lt} t)\frac{\Delta l}{l} \qquad (4-5)$$

由此可见，全要素生产率包括三个部分：技术效率（TE）、技术进步（$\beta_t + \beta_{Kt} lnK_{it} + \beta_{Lt} lnL_{it}$）和规模效率（$(\beta_K + \beta_{Kt} t)\frac{\Delta k}{k} + (\beta_L + \beta_{Lt} t)\frac{\Delta l}{l}$），而这三部分的比重大小也决定了其在全要素生产率中的贡献程度。

二、数据来源说明

为了考察国际资本流动、金融发展与技术溢出效应的关系，本章先采用随机前沿模型分解了全要素生产率，并采用动态面板回归模型对全要素生产率与资本账户开放和金融发展的关系展开实证分析。样本基于数据的可获得性，选择中国、德国、法国、日本、俄罗斯、瑞士、南非、韩国、墨西哥以及美国等 73 个国家和地区，时间跨度为 1991~2013 年。数据来源于 CEIC 数据库、国际货币基金组织以及世界银行等，其中，国家和地区分布如表 4-1 所示。此外，本章选取各变量定义和统计描述如下：

表 4-1 73 个国家和地区的分布

国家和地区	国家和地区	国家和地区	国家和地区	国家和地区	国家和地区
亚洲	塞浦路斯	印度	泰国	奥地利	挪威
中国	中国香港	科威特	土耳其	爱尔兰	捷克
日本	以色列	马来西亚	欧洲	比利时	丹麦
澳大利亚	约旦	巴基斯坦	德国	保加利亚	爱沙尼亚
巴林	哈萨克斯坦	菲律宾	英国	克罗地亚	芬兰
孟加拉国	韩国	新加坡	俄罗斯	荷兰	法国

国家和地区	国家和地区	国家和地区	国家和地区	国家和地区	国家和地区
格鲁吉亚	葡萄牙	立陶宛	巴西	萨尔瓦多	埃及
希腊	冰岛	罗马尼亚	乌拉圭	玻利维亚	摩洛哥
尼日利亚	意大利	斯洛伐克	委内瑞拉	墨西哥	南非
西班牙	马其顿	斯洛文尼亚	阿根廷	巴拿马	突尼斯
瑞典	马耳他	美洲及非洲	智利	巴拉圭	厄瓜多尔
瑞士	乌克兰	美国	哥伦比亚	秘鲁	
波兰	拉脱维亚	加拿大	哥斯达黎加	博茨瓦纳	

1. 资本存量（K）

资本存量指经济社会在某一时点上的资本总量。由于在世界银行无法直接获取资本存量数据，与现有文献相一致（如王兵，2007），我们采用永续盘存法对其展开估计。首先，我们从世界银行直接下载得到各国家和地区以2005年不变价格计算的资本形成总额占GDP的比重，并采用GDP乘以该数值得到不变价格（2005=100）的投资序列数据，则资本存量公式如下：

$$K_t = I_t + (1 - \delta_t)K_{t-1} \tag{4-6}$$

其中，K_t 为资本存量；I_t 表示投资额；δ_t 表示折旧率。与已有研究相一致，我们假定折旧率为5%。而且，初设年份1991年的资本存量为 $K_{1991} = I_{1991}/(g + \delta)$，其中，g 为23年的资本形成（即投资）的平均增长率（$g = \ln(I_{2013}/I_{1991})/23$）。

2. 国际资本流动

国际资本流动包括直接投资流入、直接投资流出、证券投资流入和证券投资流出四类国际资本流动指标。

3. 金融发展水平

为了考察不同金融发展水平下资本账户开放的国际资本流动效应，我们需要构建金融发展指标。具体而言，我们遵循现有的研究惯例，采用广义货币与GDP的比率来衡量国内的金融深化程度，通常该指标的数值越大，则该经济体的货币化程度越高。然而，在实际应用中，采用M2/GDP来测度各国金融深化程度并未得到一致的认可。因为M2/GDP畸高可能是国内金融市场不发达的一个信号，而许多发达经济体，如美国和英国等，由于其国内金融市场发达，可通过证券市场或债券市场募集资金，从而降低了这些国家对 M2 的需求。而且，现有文献也认为，证券市场是分散风险和实现资金融通的重要场所，一个稳定的证券市场也是一国或地区金融发展和成熟的重要标志，同时也有较多研究把股票市值/GDP 用于测度一国或地区的证券化程度（Levine 和 Zervos，1998；Kunt 和 Maksimovic，1999）。有鉴于此，采用（M2/GDP + 股票市值/GDP）来构建金融发展指标，以刻画一个国家或地区的金融发展状况，该指标越大则表明地区金融发展水平越高。

4. 资本账户开放指标

关于资本账户开放程度，可划分为规则指标和定量指标（Edison 等，2002）。其中，前者一般采用二元变量进行识别，具有较好的可行性，但也存在明显的局限性：首先，它只能测度一国或地区要么资本账户开放要么完全封闭的情况；其次，该指标只反映居民资本流出的限制，却没有考虑非居民资本交易的限制，因此不能全面反映一国或地区资本开放的实际情况（Eichengreen 等，1998）。[1]

正因为如此，最近 Chinn 和 Ito（2008）在 Mody 和 Murshid（2005）研究的基础上，提出了测度资本账户开放的新方法。具体而言，该方法选取四个指标，即多重汇率制度（k_1）、经常账户交易限制（k_2）、资本账户交易限制（k_3）和出口收益上缴要求（k_4），并对资本账户交易限制指标做五年的滚动时间处理[2]，在此基础上，通过提取第一标准主成分的方式来构造金融开放指标（Cal_{it}），该指标的数值越大则说明该国或地区跨境资本交易和资本流动的开放程度越高，反之则越低。该指标在近期的研究中得到广泛应用（Panchenko 等，2009；Joyce，2011），并取得了良好的效果。有鉴于此，本章采用 Chinn 和 Ito（2008）的指标来衡量资本账户的开放程度。

5. 其他变量

其他变量包括实际 GDP（Y）、劳动力总数（L）、受教育水平、人口增长率、人均 GDP、储蓄率、贸易开放程度（进出口总额/GDP）等。

其中，随机前沿模型（SFA）的变量介绍和预期符号如表 4-2 所示，SFA 由前沿函数和一个无效率效应模型组成，相应地，解释变量被分别列

---

① 有关资本账户指标测定的相关文献述评，详见 Edison 等（2002）。
② 五年滚动处理的计算公式为：$SHAREk_{3,t} = (k_{3,t} + k_{3,t-1} + k_{3,t-2} + k_{3,t-3} + k_{3,t-4})/5$。

为要素投入和技术效率决定因素。其中，要素投入包括经济增长变量，如资本、劳动和时间。产出、资本和劳动力都是标准测量并用对数来表示。无效率效应模型包含一组衡量经济外部效应的变量，包括对内、对外的直接投资，对内、对外的证券投资，资本账户开放，金融发展指标。外商资本外流对技术效率影响的预期符号无法界定，这主要是由于一方面资本供给的减少可能会迫使国内企业更有效地利用要素投入；另一方面资本外流可能会导致工业基地空心化和资本市场消耗，从而降低经济的效率。与此同时，无效率模型包含了交互方面——资本账户开放指标作为衡量国内经济特征的一个指标，包括外商直接投资，对外直接投资、对外证券投资、对内证券投资。这些变量都将用来衡量国内的吸收能力，而外商投资的外部效应也可能依赖于这些变量的水平。

表4-2　变量说明和数据来源

变量	标记	预期符号	数据来源
产出（实际GDP）	Y		世界银行
要素投入			
资本	K	+	世界银行
劳动力	L	+	世界银行
时间	T	+	世界银行
无效率效应决定因素			
外商直接投资	FDI	−	国际货币基金组织
对外直接投资	OFDI	−/+	国际货币基金组织
对内证券投资	IPI	−	国际货币基金组织
对外证券投资	OPI	−/+	国际货币基金组织
金融发展指标	FMD	−	世界银行
资本账户开放	Cal	−	Chinn 和 Ito（2012）
外商直接投资×资本账户开放指标	FDI × Cal	−	国际货币基金组织，Chinn 和 Ito（2012）
对外直接投资×资本账户开放指标	OFDI × Cal	−/+	国际货币基金组织，Chinn 和 Ito（2012）
对外证券投资×资本账户开放指标	IPI × Cal	−	国际货币基金组织，Chinn 和 Ito（2012）
对内证券投资×资本账户开放指标	OPI × Cal	−/+	国际货币基金组织，Chinn 和 Ito（2012）

表 4-3 给出了各变量的描述性统计。从表中均值可以看出，直接投资流入和直接投资流出占 GDP 比重的均值分别为 47.96% 和 30.84%，而证券投资流入和证券投资流出占 GDP 比重的均值则分别为 46.96% 和 40.96%，可见在全球范围内证券投资流动也相当活跃，一点不亚于直接投资，这同时也说明企业跨境投资和资本配置不容小觑。总体上，直接投资和证券投资都处于净流入的状态。

表 4-3 各变量的描述性统计

指标	均值	最大值	最小值	标准差	观察值
Ln（产出）（实际 GDP）	25.346	30.451	20.881	1.892	1676
Ln（资本）	23.974	29.207	17.223	2.018	1669
Ln（劳动力）	15.313	20.492	7.226	2.093	1669
t×资本	291.166	671.753	20.496	165.699	1669
t×劳动力	184.611	471.309	7.233	106.534	1669
外商直接投资/GDP	47.96%	1084.58%	0.15%	0.861	1348
对外直接投资/GDP	30.84%	817.50%	0.003%	0.743	1036
对内证券投资/GDP	46.96%	1221.86%	0.001%	0.959	1355
对外证券投资/GDP	40.96%	1011.66%	0.0002%	0.865	1344
金融发展指标	129.399	905.605	11.173	100.988	1423
资本账户开放指标	0.895	2.422	−1.875	1.514	1554
外商直接投资/GDP×资本账户开放指标	63.33%	1347.71%	−803.12%	1.439	1261
对外直接投资/GDP×资本账户开放指标	50.89%	1174.60%	−671.09%	1.228	1221
对内证券投资/GDP×资本账户开放指标	77.95%	2743.06%	−793.99%	1.938	1268
对外证券投资/GDP×资本账户开放指标	85.64%	2287.39%	−161.12%	2.019	1257

资料来源：世界银行，国际金融统计（IFS）和 CEIC 数据库。

第三节 技术效率和全要素生产率实证估计结果及分析

一、模型设定检验和分析

随机前沿模型设定是否正确直接影响技术效率估计的有效性，本章基于生产函数和超越对数生产函数，采用广义似然比方法对模型设定展开实证检验，统计量 $LR = -2\ln[L(H_0)/L(H_1)] \sim \chi^2(q)$，其中，$L(H_0)$ 为受约束模型的对数似然值，$L(H_1)$ 为无约束模型的对数似然值，q 为受约束自由度。如表 4-4 所示，原假设 1 为不存在技术非效率，如无法拒绝原假设，则模型估计采用 OLS 估计；原假设 2 为不存在技术进步，如无法拒绝原假设，则模型估计不应包含时间相关变量；原假设 3 为技术进步为 Hicks 中性，如无法拒绝原假设，则模型估计不应包含资本、劳动力与时间的交互项；原假设 4 为技术效率为常数，如无法拒绝原假设，则模型估计技术效率是不变的。

表 4-4 不同随机前沿模型假设检验结果

原假设	LR 统计量	1%临界值	检验结果
原假设 1：不存在技术非效率	290.167	11.345	拒绝 H_0
原假设 2：不存在技术进步	38.861	11.345	拒绝 H_0
原假设 3：技术进步为 Hicks 中性	1297.121	9.210	拒绝 H_0
原假设 4：技术效率为常数	32.562	6.635	拒绝 H_0

由表 4-4 的检验结果可知，所有零假设均被拒绝，这表明技术效率是时变的，即呈现递增或递减变化趋势；同时，存在技术进步，而且技术进步随时间变化呈现时变走势。因此，我们应该采用包含无效率项和非 Hicks 中性的半超越 C-D 生产函数的随机前沿模型展开实证估计。

由表 4-5 随机前沿模型的估计结果可知，技术效率在 1%的显著水平上统计为正，平均技术效率为 84.6%，可见在同等技术和同样投入的条件下，平均利润要比理论最大可能利润低 15.4%，这同时也表明技术效率与全要素生产率显著正相关，可见模型估计结果是稳健的，采用随机前沿模型是合适的。此外，γ 为 0.829，接近于 1，表明无效率项是造成生产函数偏离的主要原因，而与随机误差项 v_i 无关，即 v_i 对全要素生产率的测算结果影响不大。

表 4-5　随机前沿模型估计结果

Gamma $\gamma = \sigma_u / (\sigma_u^2 + \sigma_v^2)$	0.829
Sigma-squared $\sigma_u = \sigma_u^2 + \sigma_v^2$	0.990
Log likelihood	42.643
平均技术效率	0.84621

二、随机前沿模型估计结果

在以上分析的基础上，本章采用合理的随机前沿模型对方程（4-3）展开实证估计。由表 4-6 可知，β_K 的估计系数为 0.947，接近于 1 且高度显著，可见资本对产出有着较大的积极影响（弹性高达 0.95）；而 β_L 的估计系数为 0.071，接近于 0，但依然在 1% 的显著性水平上拒绝为零的原假设，这表明劳动力对产出有贡献，但相对不是很明显。同时，β_{Kt} 和 β_{Lt} 一正一负的系数表明了随着时间的推移，需要投入更多的资本才可以有相同的产出；反之，较少的劳动力投入也可以维持同样的生产力水平。

表 4-6　随机前沿模型估计结果

$\ln(y_{it})$	估计系数	z 统计量	P 值	95% 的置信区间	
				下界	上界
Constant	1.782***	7.50	0.000	1.316	2.248
β_t	0.028*	1.78	0.076	−0.003	0.059
β_K	0.947***	52.49	0.000	0.912	0.982
β_L	0.071***	3.26	0.001	0.028	0.114
β_{Kt}	−0.003**	−2.48	0.013	−0.005	−0.001
β_{Lt}	0.003**	1.96	0.050	2.57e−06	0.006

续表

ln(y$_{it}$)	估计系数	z 统计量	P 值	95%的置信区间	
				下界	上界
方差估计					
λ	4.844***	38.46	0.000	4.597	5.091
σ$_u^2$	0.821***	6.59	0.000	0.609	1.104
σ$_v^2$	0.169***	16.67	0.000	0.151	0.191

注：*、** 和 *** 分别表示在 10%、5% 和 1% 的显著水平上通过检验。

三、分地区技术效率和全要素生产率估计结果

基于以上实证模型，我们估计得出全球 73 个国家和地区在 1991~2013 年的平均技术效率和全要素生产率。如果一个国家拥有充分的技术效率，那么它的值应当在 0~1 并且充分地接近于 1。结果显示，不论是技术效率还是全要素生产率，发达国家和地区远高于发展中国家和地区。其中，世界平均的技术效率水平为 0.853，发达国家和发展中国家分别为 0.903 和 0.803；而发达国家和发展中国家的全要素生产率分别为 1.052 和 0.954。从估计结果看，技术效率高的国家，全要素生产率也较高；而技术效率低的国家，则全要素生产率也相对较低。

从图 4-5 我们还进一步发现，1991~2013 年，发达国家的技术效率水平都维持在 0.9~0.93，变化并不是很大，其中，在 1994 年达到了顶峰；而发展中国家则在这 23 年间有着曲折的变化。1991~1998 年，发展中国家的技术效率呈一种波浪式的发展形态，在 1992 年到达顶峰，约为 0.84，而后在 1997 年下滑到最低点，约为 0.77。然而，在 1999 年达到另一个顶峰——约为 0.85 后，之后的七年均呈平稳下降趋势，在 2008 年跌落到 0.77。2008 年开始有所回升，此后依旧是呈波浪式发展形态。全球的技术效率水平受到发展中国家曲折发展的影响，也呈现出不稳定的发展形态。此外，我们还可以发现图 4-6 中无论是发展中国家还是发达国家的全要率生产率走势，都与图 4-5 中的技术效率走势有着一定的相似之处，而且技术效率对全要素生产率有着较大的影响，对经济增长的贡献有着较大的作用。

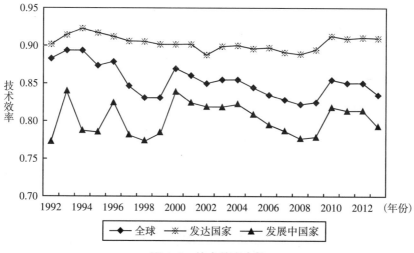

图 4-5　技术效率走势

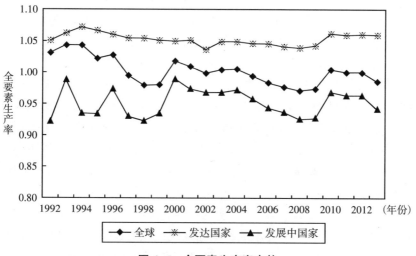

图 4-6　全要素生产率走势

第四节 技术效率和全要素生产率
影响因素分析

一、无效率效应分析

为了更好地理解效率外部性的决定因素，我们进一步对无效率效应模型的估计结果展开分析。由于模型中的解释变量是无效率的，若是解释变量的估计系数符号为负，就代表着解释变量所对应的指标降低了无效率，提高了效率。

从表4-7中的估计结果可知，FDI的估计系数是-0.610，检验结果不显著。而对外直接投资的估计系数为2.207，且高度显著，依据 $\partial u/\partial OFDI = 2.207 - 3.05C\bar{a}l = -0.523$，这意味着对外直接投资降低了生产的无效率，并提高了生产效率，其主要的原因可能在于OFDI的技术效率外部性取决于国家与世界平均技术效率水平之间的差距，具体来说，相同数量的对外直接投资可能会产生更高的效率和资本账户开放对经济的更深远影响。可见，对外直接投资对本国技术效率改进具有显著的逆向溢出效应。同理，证券投资流入和流出的估计系数都为负，其中证券投资流出的值为-12.479，检验结果也较为显著，说明对内和对外的证券投资都降低了无效率，提高了技术效率。而IPI和Cal以及OPI和Cal的交互项的结果分别为2.709和4.873，系数为正，为此，我们对表格中的交互项求一阶导 $\partial u/\partial IPI = -4.157 + 2.709C\bar{a}l = -1.732$ 以及 $\partial u/\partial IPI = -12.479 + 4.873C\bar{a}l = -8.118$，可以得出解释变量的估计系数的符号都为负。可见，证券投资流入对东道国技术效率改进具有正向溢出效应，而且证券投资流出对本国的技术效率改进也具有逆向溢出效应。此外，资本账户开放有助于降低模型估计的无效率项，并提高技术效率项，特别是，资本账户开放通过国际资本流动，如对外直接投资增加可以降低无效率，从而提高跨境技术效率；对外和对内证券投资增加可以降低无效率，从而提高跨境技术效率；同时，提高国内金融发展水平也可以降低无效率，从而增强跨境资本对东道国技术效率改进的溢出效应。

表 4-7 无效率效应模型：基于 SFA 模型的估计结果

	估计系数	标准差
国际资本流动指标		
FDI	−0.610	0.767
OFDI	2.207**	1.089
IPI	−4.157*	2.255
OPI	−12.479**	5.001
国内金融发展指标		
FMD	−0.008**	0.004
资本账户开放指标		
Cal	−1.816***	0.572
FDI × Cal	0.819**	0.393
OFDI × Cal	−3.050***	0.662
IPI × Cal	2.709**	1.095
OPI × Cal	4.873**	2.021

注：同表 4-6。

二、技术效率和全要素生产率影响因素的实证分析

在以上技术效率和全要素生产率估计的基础上，我们对它们的影响因素展开实证分析。现有研究表明，资本账户开放对金融市场存在短期和长期截然不同的影响效应，其中，短期内可能会造成金融泡沫和金融风险，但长期上则有利于优化东道国的金融市场结构和功能（Kaminsky 和 Schmukler，2002）。特别是对于金融市场越发达的国家和地区，资本账户开放对经济波动的影响较小；反之，对于金融市场发展程度相对较低的国家和地区，则可能引发较大的经济波动（Mukerji 和 Tallon，2003）。现有的研究更是表明，随着金融市场水平的不断提高，东道国资本账户开放的经济增长效应更加显著；但是，当金融发展水平（私人信贷规模/GDP）突破门槛值时，则资本账户开放的经济增长效应相对减弱。这同时说明资

本账户开放通过技术效率改进对经济增长的影响存在较为显著的非线性和门槛效应（Kose 等，2009）。

有鉴于此，在上述估计的基础上，本章采用动态面板回归模型，对技术效率和全要素生产率的影响因素展开实证检验。遵循先有的研究惯例（Kose、Prasad 和 Taylor，2009；陈创练等，2015），本章采用银行信贷/GDP 作为国内信贷规模的替代变量，而采用（M2/GDP + 股票市值/GDP）作为国内金融发展水平的替代变量，以实证检验资本账户开放对技术效率和全要素生产率影响的门槛效应。我们采用动态面板估计回归模型，即考虑技术效率和全要素生产率具有滞后一阶过程，但由此也可能导致自变量与随机扰动项相关以及横截面存在相依性。为了消除相依性对模型估计有效性的影响，我们采用工具变量法消除内生性问题，即采用水平因变量作为一阶差分方程的工具，而采用差分因变量作为水平方程的工具，并导出矩条件，对一阶差分方程的估计可以消除动态面板模型的固定效应，从而避免特定误差项的序列相关。此外，我们还采用 m_1 和 m_2 分别检验扰动项是否存在滞后一阶和滞后两阶的序列自相关性，其原假设均为不存在序列自相关；同时采用 Sargan 统计量检验工具变量选择的有效性，其原假设为工具变量的选取是恰当合理的，若无法拒绝原假设，则说明模型的估计是有效的。

针对技术效率改进影响因素，本章采用一步系统广义矩法和两步系统广义矩法进行动态面板数据模型估计。模型的参数估计是否有效依赖于工具变量的选择是否有效，我们从表 4-8 的估计结果可以发现，分别以国内信贷规模和金融发展水平为门限变量，在两部系统广义矩法中，差分后的残差项都不存在二阶序列相关，其中模型估计的 AR（2）的值分别为-1.00 和-1.10，其对应的 P 值为 0.319 和 0.271，因此无法拒绝原假设，即扰动项不存在序列自相关，模型的工具变量的选择有效。同时，在两部系统广义矩法中，Sargan 检验的 P 值为 1，也接受零假设，即过度识别检验是有效的，工具变量的设定是恰当的。[①]

另外，从表 4-8 的估计结果可知，以国内信贷规模和金融发展水平为门限变量，贸易开放程度和资本账户开放指数对技术效率改进都存在正效

---

① 我们选择所有解释变量的一阶差分项作为一阶差分方程的工具变量，而采用常数项作为水平方程的工具变量，Sargant 检验用于分析工具变量选取的合理性。

表 4–8　技术效率和全要素生产率影响因素的系统 GMM 估计结果①

	技术效率改进		全要素生产率增速	
	国内信贷规模	金融发展水平	国内信贷规模	金融发展水平
受教育水平	0.0012*** (6.48)	0.0014*** (8.19)	0.0045*** (12.22)	0.0054*** (15.60)
人口增长率	0.0047 (1.53)	0.0069** (2.40)	−0.0267*** (−3.34)	−0.0340** (−3.95)
人均 GDP	0.0002*** (4.22)	−0.0002*** (−7.58)	0.0001 (0.86)	0.0001 (0.89)
储蓄率	−0.0039*** (−21.40)	−0.0039*** (−17.30)	0.0028*** (4.81)	0.0031*** (6.18)
贸易开放程度	0.0002*** (7.35)	0.0002*** (6.46)	0.0013*** (8.76)	0.0007*** (7.12)
资本账户开放指数 (Cal_{it})	0.0512*** (16.02)	0.0320*** (12.43)	0.0455*** (4.07)	0.0572*** (15.50)
Cal_{it} × 国内信贷规模	0.0004*** (16.99)		0.0001*** (1.48)	
Cal_{it} × 金融发展水平		0.0001*** (7.74)		0.0001* (1.91)
截距项	0.7221*** (42.07)	0.7219*** (39.58)	0.1921*** (3.60)	0.1967*** (4.83)
Wald 检验	1958.41 [0.000]	2246.03 [0.000]	487.97 [0.000]	1537.29 [0.000]
m_1	−0.51 [0.609]	−0.69 [0.489]	−0.63 [0.527]	−0.22 [0.822]
m_2	−1.00 [0.319]	−1.10 [0.271]	−1.78 [0.075]	−1.80 [0.072]
Sargan 检验	67.70 [1.000]	65.85 [1.000]	69.71 [1.000]	70.62 [1.000]
国家和地区数	72	72	73	73
观察值	963	963	1279	1238

注：***、**、*分别表示在 1%、5%、10%的统计水平上显著，括号内为 t 值，中括号内为 P 值。

---

① 由于估计技术效率的过程中厄瓜多尔存在数据缺失，所以我们在表 4–8 中未包含该国。

应，且资本账户开放指数的系数贡献率比其他影响因素大，说明资本账户开放在一定程度上会较明显地提高技术效率。同时，我们发现资本账户开放指数分别与国内信贷规模和金融发展水平的交互项对技术效率的提高都存在正向影响，说明资本账户开放加剧了国际资本流动，降低了无效率，提高了技术效率。提高国内发展水平也可以降低无效率，从而提高了跨境技术效率。此外，在估计中，我们发现受教育水平对技术效率存在正向影响，而储蓄率对技术效率存在负向影响，说明提高劳动力的素质可以提高技术效率，而储蓄率的提高降低了技术效率。估计结果还表明，以国内信贷规模为门限变量，人口增长率对技术效率的影响不显著，人均 GDP 可以提高技术效率；而以金融发展水平为门限变量，人口增长率提高了技术效率，人均 GDP 则降低了技术效率。

同理，针对全要素生产率增速影响因素，我们也采用一步系统广义矩法和两步系统广义矩法进行动态面板数据模型估计。我们从表 4-8 中模型的参数估计结果可以发现，分别以国内信贷规模和金融发展水平为门限变量，在两步系统广义矩法中，差分后的残差项都不存在一阶序列相关，其中模型估计的 AR（1）的值分别为-0.63 和-0.22，其对应的 P 值为 0.527 和 0.822，而 AR（2）的值分别为-1.78 和-1.80，其对应的 P 值为 0.075 和 0.072，表明在 5%的显著性水平上，均无法拒绝原假设，即扰动项不存在序列自相关，模型的工具变量的选择有效。同时，在两部系统广义矩法中，Sargan 检验的 P 值为 1，也接受零假设，即过度识别检验是有效的，工具变量的设定是恰当的。

另外，从表 4-8 的估计结果可知，以国内信贷规模和金融发展水平为门限变量，贸易开放程度和资本账户开放指数对生产效率增长率改进都存在正效应，其中资本账户开放指数的系数贡献率比其他影响因素大，说明资本账户开放在一定程度上会较明显地提高生产效率增长率。同时，我们发现资本账户开放指数分别与国内信贷规模和金融发展水平的交互项对生产效率增长率的提高都存在正向影响，说明资本账户开放加剧了国际资本流动，扩展了国内资本来源的渠道，提高了资本的流动性，对生产效率增长率的提高有正效应。提高国内发展水平也可以降低无效率，从而提高了跨境技术效率，也提高了生产效率增长率。此外，在估计中，我们发现受教育水平对生产效率增长率存在正向影响，因为教育提高了劳动力的素质，在其他生产要素不变时，相同的劳动投入必然会提高全要素生产率；

储蓄率对生产效率增长率存在正向影响，因为储蓄率提高了人均资本存量。估计结果还表明，分别以国内信贷规模和金融发展水平作为门限变量，人口增长率降低了人均资本存量，对生产效率增长率的影响为负，而人均 GDP 对生产效率增长率的影响不显著。

第五节　本章小结

一、本章结论

本章以随机前沿函数和一个无效率效应模型为基础构造随机边界模型，并将相应的变量分为要素投入和无效率效应模型两类，其中要素投入包括经济增长模型中的重要因素，如资本、劳动和时间，而无效率效应模型则包含一组衡量经济外部效应的变量，如直接投资流出、直接投资流入、证券投资流出、证券投资流入、资本账户开放以及金融发展指标等，并对全球 73 个国家和地区 1991~2013 年的数据展开实证分析，研究结果表明：

第一，资本对产出有着较大的促进作用，同时劳动力对产出有贡献，但相对不明显，而且随着时间的推移，资本对产出的贡献呈减弱态势，但劳动力对产出的促进效应却不断增强。

第二，直接投资和证券投资降低了生产的无效率，提高了技术效率。其中，直接投资流入对东道国技术效率改进的影响并不显著，但直接投资流出则对本国的技术效率改进有逆向溢出效应；同时证券投资流入和流出分别对本国技术效率改进具有正向溢出效应和逆向溢出效应。特别是，资本账户开放不仅有利于促进技术效率改进，而且通过跨境资本流动更进一步增强该效应。

第三，资本账户开放在一定程度上会较明显地提高技术效率和全要素生产率。同时，我们发现资本账户开放指数分别与国内信贷规模和金融发展水平的交互项对技术效率和生产效率的提高都存在正向影响，说明资本账户开放加剧了国际资本流动，降低了无效率，提高了技术效率。提高国内金融发展水平也可以降低无效率，从而提高了跨境技术效率和全要素生产率。

第四，我们的研究还发现，受教育水平对技术效率和全要素生产率均存在正效应；储蓄率对技术效率改进存在负效应，但对全要素生产率具有正效应。此外，人均 GDP 即初始禀赋对技术效率和全要素生产率都存在正效应；人口增长率对技术效率具有促进作用，但高人口增长率对全要素生产率具有负面的影响效应。可见，初始禀赋和人力资本积累对于提升技术效率具有重要的意义。

二、本章启示

在上述研究结论基础上，本章提出如下两点对策建议：

第一，证券投资和直接投资都有利于改进东道国或本国的技术效率，因此，逐步开放资本账户有助于提升我国的技术效率和全要素生产率。由此可见，跨境资本流动对东道国经济增长的影响不仅具有暂时效应（对技术效率改进有正效应），同时也具有长期影响效应（对全要素生产率有正面促进作用）。

第二，采用国内信贷规模和金融发展水平作为门限变量的估计结果也显示，一国或地区的金融发展水平能够有效提升资本账户开放对技术效率和全要素生产率的正面促进作用。可见，资本账户开放有助于改进东道国的技术效率和全要素生产率，也即对经济增长均具有显著的短期和长期影响效应。因此，逐步开放我国资本账户，并在此过程中不断提升我国的金融发展水平，以促进资本账户开放的经济增长效应，不仅能够促进我国融入全球经济体和提高参与国际竞争的能力，而且也能够发挥其通过跨境资本流动来带动本国技术进步和技术效率改进的作用。

第五章 资本账户开放、东道国市场潜力与跨境资本流出动机研究

第一节 引 言

一、中国对外直接投资现状

随着经济全球化的进程加快，中国企业的跨国经营实力日益增强，中国的对外直接投资（OFDI）在近几年快速增长，根据联合国贸易和发展会议（2016）报告，中国将在 2015 年成为继美国之后的世界第二大外资来源国。

截至 2013 年中国对外直接投资统计的数据，中国政府积极推动对外投资便利化，2013 年中国对外直接投资首次突破千亿美元。根据联合国贸发会议《2014 世界投资报告》的统计结果，2013 年全球外国直接投资的年末存量为 26.31 万亿美元，流出流量为 1.41 万亿美元，将此作为基数来统计，2013 年中国对外直接投资分别占全球当年存量和流量的 2.5% 和 7.6%，连续两年位列世界第三大对外投资国。

根据中国对外直接投资统计公报 2003~2013 年的数据绘制得到的图 5-1 中，我们可以看出这 11 年来我国对外直接投资的流量和存量都逐年增长，存量从 2003~2013 年翻了近 20 倍，尤其是 2007~2008 年涨幅非常明显，之后则一直呈现出井喷式的增长趋势，其中中国对外直接投资存量由最初占全球比重的不到 0.5% 增长到 2013 年的超过 2.5%，由此可以看出中国对外直接投资在全球对外直接投资中的地位已经越来越不可忽视。同时，

由图 5-2 也可以看出中国对外直接投资总体上呈快速增长的趋势，分布在每个洲的投资存量都逐年增加（除了 2006~2007 年对拉丁美洲的投资存量减少之外），其中对亚洲的直接投资的增长速度最快最明显，拉丁美洲和欧洲的涨幅也较明显，这得益于中国政府近几年来与欧盟更加密切深入的多元化合作。

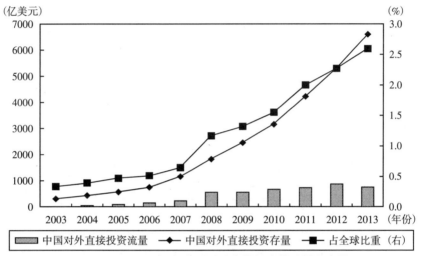

图 5-1　2003~2013 年中国对外直接投资的流量和存量

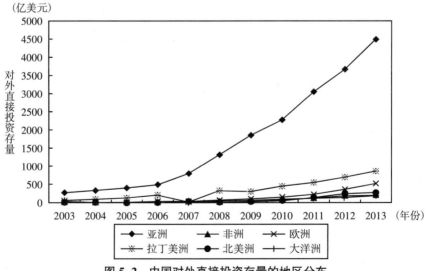

图 5-2　中国对外直接投资存量的地区分布

二、中国对外直接投资的六大洲区域分布

图 5-3 可以看出，中国对外直接投资相当大的比重都在亚洲，比重在 60%~80%，其次是拉丁美洲（但是近几年比重有所下降），由此也可以看出中国对外直接投资的区位分布大多数是在发展中国家，在亚洲的大比重投资则是考虑到了交易成本（空间距离）。随着中国"走出去"战略的不断深入发展，中国对外直接投资的区位决定因素不再单一，对欧洲的投资占比有了明显的增加，并且由目前趋势来看会持续增长。对于北美洲、大洋洲和非洲的投资比重有小幅增加，总体趋于平稳。同时，随着亚洲基础设施投资银行（简称亚投行）的建立（主要成员国为部分亚洲和欧洲国家），以及"丝绸之路经济带"的建设等，中国对亚洲和欧洲的直接投资比重会持续增加。

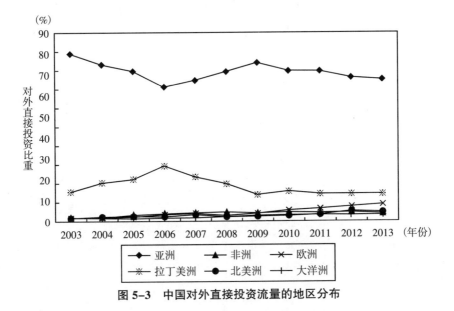

图 5-3　中国对外直接投资流量的地区分布

那么，中国这样的发展中国家对外投资的空间布局动机是什么呢？是东道国廉价的生产要素、广阔的市场资源，还是以东道国为中心的整个周边地区的市场潜力或者资源？以往的 OFDI 区位分布研究大多是以双边框架为基础，假设各个国家或地区之间相互独立，没有很实际地考虑它们之

间在吸收中国的 OFDI 方面的相互作用。Baltagi 等（2005）指出，在当前世界市场不断开放的现实情况下，作为替代进出口贸易的水平型 OFDI 不仅没有减少，反而大额增加了，那么这种双边框架就无法很好地解释这种现象了。

除此之外，Fujita 等（1999）也曾提出，如果空间集聚效应是存在的，那么其他跨国公司的空间分布就不能被视为外生因素。从计量角度来讲，忽略空间效应或第三方效应会使估计结果有偏、不一致（Anselin，1988）。因此，本章基于第三国理论，运用空间滞后（SAR）和空间误差（SEM）计量模型，同时在模型中引入市场潜力（Market Potential）变量，实证分析我国对 149 个国家或地区的 OFDI 的空间布局动机。本章使用的权值矩阵采用具体数值度量，以更精确地研究各地区的布局情况。

表 5-1 为中国建立《对外直接投资统计制度》以来各年份的统计结果。

表 5-1　中国建立《对外直接投资统计制度》以来各年份的统计结果

单位：亿美元

年份	流量		存量
	金额	同比（%）	
2002	27.0	—	299
2003	28.5	5.6	332
2004	55.0	93	448.0
2005	122.6	122.9	572.0
2006	211.6	43.8	906.3
2007	265.1	25.3	1179.1
2008	559.1	110.9	1839.7
2009	565.3	1.1	2457.5
2010	688.1	21.7	3172.1
2011	746.5	8.5	4247.8
2012	878.0	17.6	5319.4
2013	1078.4	22.8	6604.8

注：2002~2005 年数据为中国非金融类对外直接投资数据，2006~2013 年数据为全行业对外直接投资数据。

第二节　理论文献分析

一、传统跨国公司理论

在 OFDI 空间布局动机的研究方面，传统的理论研究往往与对跨国公司的空间投资区位研究是紧密相连的，跨国公司对外直接投资的区位选择一直是经济地理学的研究课题，国际上主流的 OFDI 区位选择理论有两个，即 Buckley 和 Casson（1976）的内部化理论和邓宁（1977）的折衷理论。英国学者 Buckley 和 Casson（1976）提出的内部化理论，在海默（1960）提出的垄断优势理论（海默认为，一个企业之所以要对外直接投资，是因为它有比东道国同类企业有利的垄断优势，从而在国外进行生产可以赚取更多的利润，对外直接投资是具有某种优势的寡头垄断企业为追求控制不完全市场而采取的一种行为方式）基础上试图进一步阐明跨国公司对外直接投资的利益所在，以"内生性"不完全竞争市场假说为理论前提，强调厂商以较低成本在组织体系内部转移该优势的能力，并把这种能力作为 OFDI 的根本原因。

内部化理论关注的是市场交易成本所引致的不完全竞争形态，尤其是中间产品（主要是专利、商誉和管理技能等知识产品）市场的缺陷。内部化理论的概念实质是基于所有权之上的企业管理与控制权的扩张，而不是资本的转移。其结果是用企业内部的管理机制代替外部市场机制，以便降低交易成本，拥有跨国经营的内部化优势。1977 年，学者邓宁将企业优势、内部化优势和区位优势相结合，提出了折衷理论，该理论认为影响 OFDI 区位选择的因素主要是东道国的区位优势，包括东道国的市场因素、生产要素、成本因素、基础设施的完善程度、语言和文化等的差异、投资环境、投资刺激和投资障碍等（Dunning，1977，1988，1998）。邓宁认为，当企业拥有所有权优势并可以通过内部化优势获得更大的利益时，企业就会在全球范围内比较各国的投资条件，若国外投资更有利可图，跨国投资就会发生。邓宁的理论比较全面地解释了对外直接投资的动机，其理论核心是企业跨国经营是该企业具有的所有权特定优势（垄断优势）、内部化优势和区位优势综合作用的结果。

国际上除以上两个主流的传统理论之外，比较有影响力的理论还有哈佛大学教授维农（1966）提出的国际产品生命周期理论。该理论把垄断优势与区位选择相结合进行综合分析，较好地阐释了跨国直接投资的动机、时机与区位选择之间的动态关系，并把产品生命周期划分为创新、成熟和标准化三个阶段，将企业的区位选择与海外生产及出口结合起来进行系统的动态分析。而 Lageman 等（1987）提出对外投资的根本原因是通过市场内部化来克服自由贸易壁垒和知识分散风险。Nick Berg（1969）通过研究美国跨国公司的国际投资行为，提出了寡占反应论，将 OFDI 分为进攻性投资和防御性投资，指出了维持寡占企业间的均衡是 OFDI 的动因。在由少数几家大企业构成的行业中，由于每家企业的任何行动都会影响到其他几家企业，任何一家大企业都对其他几家企业的行动很敏感，并针对某一企业率先采取的行动而随后纷纷采取类似的行动，这种防御性的国际直接投资通常会选择在相同的市场上建立子公司，从而可以分享要素市场，导致国际直接投资在空间上集聚。

二、类型理论

总体来看，现有研究大多集中在受资的东道国的区位特征上。在以上理论研究的基础上，目前研究者们大致按跨国公司的投资动机将 OFDI 分为两大类：水平型跨国公司（市场型外资）与垂直型跨国公司（外向出口型外资）（Caves，1996；Zhang，2000b）。跨国公司理论的早期代表 Markusen（1984）建立的一般均衡模型中提到水平型 OFDI（Horizontal OFDI）时，认为跨国公司进行对外直接投资的动机是降低交易成本，争夺更大的市场份额，该理论认为，水平型 OFDI 所针对的目标市场要么是向其出口成本很高的地区，要么是在当地建厂成本较低的地区，而且当地的目标市场越大，其取代出口的可能性也越大（Shatz 和 Venables，2000），并且水平型 OFDI 追求的目标市场一般具有很强的贸易壁垒，目标市场越大，越容易吸引 OFDI。

Horstmann 和 Markusen（1992）提到水平型的 OFDI 是在东道国设立同类产品的生产企业，这么做的目的主要是规避贸易管制，同时拓展当地市场。Helpman（1984）建立的一般均衡模型中分析了垂直型 OFDI（Vertical OFDI），其认为跨国公司进行国外直接投资的动机在于获得受资国较低的生产要素成本，把总部设在熟练劳动充裕的母国，把非熟练劳动密集的生产部门设在非熟练劳动充裕的受资国，并把生产的产品从东道国出口回国服务母国市场。因为垂直型 OFDI 生产的中间或最终产品通常运回母国，所以对东道国来说往往是出口导向的，一般不受东道国市场规模的影响。Helpman 和 Grugman（1985）指出，垂直型的 OFDI 将生产过程分布到不同国家以利用廉价的要素价格，尤其是廉价劳动力（组装与包装）。Yeaple（2003）指出，OFDI 理论一般认为 OFDI 有两种动机，利用不同国家的要素价格差别称为垂直型，它们将生产的各个环节分配到不同国家；将某个特定的生产流程在不同国家复制生产则称为水平型。该研究将两种动机纳入一个静态一般均衡模型中，通过分析指出，低的运输成本和东道国相对工资促进了垂直型跨国公司产生，高的运输成本与东道国相对工资促进了水平型跨国公司产生。

　　由于生产过程一系列的联系，水平型和垂直型的 OFDI 都可能在某个区域集中，即产生集聚效应。Wheeler 和 Mody（1992）将集聚经济定义为基础设施质量、工业化水平和外资存量等的函数，并发现集聚经济和市场规模决定了美国公司在发展中国家的区位选择。

　　上述关于 OFDI 的研究仅限于两国框架内，母国向东道国的 OFDI 活动只由这两个国家的区位特征来决定，与东道国的周边国家没有关联。最近几年的部分文献逐步改变了以往 OFDI 行为研究中的两国假定，在这个方面做出了更多的完善，OFDI 行为中关于第三国效应的研究逐渐展开。OFDI 行为不仅取决于东道国和投资国的特征，还存在第三国效应。例如，Ekholm 等（2003）和 Yeaple（2003）分析了出口平台型 OFDI（Export-Platform OFDI），强调母国投资于一个特定国家的意图在于把在这个国家生产的产品出口到第三个国家。

　　Baltagi 等（2005）提出了复合垂直型 OFDI（Complex Vertical OFDI），即跨国公司将自己的垂直产品链分散在多个国家，以利用各个地方的比较优势，并将最终产品运回国内，同时该文通过实证研究发现第三国效应显著，由此也证实了复合垂直型 OFDI 的存在。上述两种 OFDI 类型涉及多个东道国之间 OFDI 行为的空间依赖性，为 OFDI 区位分布的实证研究开辟了更广阔的思路。本章建立在第三国效应理论基础之上，运用空间滞后

（SAR）模型和空间误差（SEM）模型，同时在模型中引入市场潜力（Market Potential）变量，实证分析我国对 149 个国家或地区的 OFDI 的空间布局动机，并将实证结果与以上阐述的 OFDI 相关分类理论紧密结合，给予更科学的解释。

第三节　理论与方法

一、理论模型构建

本章运用空间计量的方法来分析我国对外 OFDI 的分布动机，以检验周边地区的 GDP 及 OFDI 对特定地区 OFDI 的影响，在变量设置上分为空间变量和传统变量，空间变量分别是市场潜力变量（Market Potential，W × GDP）和空间滞后变量（W × OFDI）。

市场潜力变量是一个国家或地区周围其他城市的 GDP 加权和（Blonigen 等，2004，2005；Garretsen 和 Peeters，2007），权值矩阵 W 为两两国家或地区间的里程函数（下面讨论实证模型时会进一步说明），通过考察该变量的系数来检验一个国家的市场潜力，即周边国家的 GDP 空间距离加权和（W × GDP）对 OFDI 的吸引能力，同时也可以验证邻近的第三方需求大的市场对于增加该国的 OFDI 的影响（Head 和 Mayer，2004；Blonigen 等，2004，2005；Garretsen 和 Peeters，2007）；空间滞后变量的系数 ρ 度量了中国对空间距离上与东道国邻近的其他国家的 OFDI 加权和对某一特定东道国吸引 OFDI 的影响程度，即度量了一种 OFDI 的集聚效应。之所以设置这两个空间变量，是因为空间滞后模型（SAR）与 OFDI 理论存在较密切的关系，而空间误差模型（SEM）与 OFDI 理论的联系甚微（Blonigen 等，2004）。这里的空间集聚效应与 Wheeler 和 Mody（1992）所定义的集聚经济有所不同，集聚经济定义的集聚是基于一个地区内的集聚，而空间集聚效应则是与周边地区相联系的一种区域集聚。

市场潜力变量和空间滞后变量的符号相对应的具体 OFDI 类型如表 5-2 所示：

表 5-2　各种类型 OFDI 所对应的空间变量的预期影响

	水平型	出口平台型	垂直型	复合垂直型
W × OFDI	0	−	−	+
W × GDP	0	+	0	+

资料来源：Blonigen 等（2007）。

水平型 OFDI 是市场导向的，只针对特定地区的市场，因此该国家的 OFDI 与周围国家的 GDP 和 OFDI 无关，市场潜力变量和空间滞后变量的符号是 0，即没有影响；垂直型 OFDI 是资源或成本导向的，跨国公司选定东道国进行直接投资生产，之后将产品运回母国，对于跨国公司在一个地区投资，在周围地区的投资必然减少其在其他地区的 OFDI，那么预期 ρ 就为负，同时因为与市场潜力变量无关，所以 W × GDP 的系数为 0；出口平台型 OFDI 主要是选定一个地区建立分公司，以辐射周围市场潜力较大的地区，故预期市场潜力变量的符号为正，但对特定地区的选择是基于劳动力等生产要素成本考虑，近似于垂直型，所以预期 ρ 的符号为负；复合垂直型 OFDI 是最为复杂的一种，兼有垂直和水平的特点，跨国公司将其垂直生产链分散在不同地区，以利用各个地区的比较优势。对于这种类型的 OFDI 及其生产，周边市场廉价生产要素或者供应商的存在可以增加特定市场的 OFDI，除供应链网络之外的其他跨区域作用力也可能增加特定地区的 OFDI。其中，预期空间滞后系数 ρ 为正，代表跨国公司的（垂直）供应商网络对 OFDI 空间集聚（溢出）效应的贡献，本质上市场潜力变量对此种类型 OFDI 没有影响，但此变量与工业生产高度相关，而周围地区的工业生产水平与生产链上的供应商网络相关，因此市场潜力变量可能既代表了市场潜力，又代表了东道国或地区周围本土供应链等因素的集聚，预期为正（Blonigen 等，2004）。本章后面将把实证估计的结果与表 5-2 相联系，对我国对外直接投资的动因主要为垂直复合型做进一步的分析。

二、面板空间计量模型构建

本章我们使用的计量经济模型是：

$$\text{OFDI}_{it} = \alpha_0 + \alpha_1 \text{HostVariables}_{it} + \alpha_2 \text{MarketPotential}_{it} + \varepsilon_{it} \qquad (5\text{-}1)$$

在这里，t（（1，T），T = 11（2003）2013），i（（1，N），N = 149），其中，

HostVariables 是指传统变量，如 OFDI、实际 GDP、资本账户对外开放程度、人口、贸易开放程度、汇率、两两之间是否有共同语言、两两之间以往是否是同一个国家、两国是否相邻。MarketPotential 是替代变量，即市场潜力，通过权重矩阵 W 乘以各国 GDP 来衡量。然后我们利用空间滞后（SAR）模型和空间误差模型（SEM）来估计方程（5-1）。

通过在方程（5-1）中引入空间滞后因变量，该模型就变成了 SAR 模型：

$$OFDI_{it} = \alpha_0 + \alpha_1 HostVariables_{it} + \alpha_2 MarketPotential_{it} + \rho \cdot W \cdot OFDI_{it} + \varepsilon_{it}$$

$$(5-2)$$

其中，$\rho(-1，1)$ 是空间滞后系数，体现的是一个地区的 OFDI 与另一个邻近空间地理位置地区的 OFDI 的相关程度，采用面板 SAR 模型，并将面板数据和空间数据结合起来，权重矩阵 W 的推导如下：

$$W = \begin{bmatrix} W_{2003} & 0 & 0 \\ 0 & \ddots & 0 \\ 0 & 0 & W_{2013} \end{bmatrix}$$

$$(5-3)$$

在这个矩阵中，除了对角线上的元素外都是 0，W_{2003} 表示的是 2003 年各国家之间的空间权重矩阵，即对角线上的每一个元素都表示的是 149×149 的矩阵：

$$w(D_{ij}) = \begin{bmatrix} D_{11} & \cdots & D_{1j} \\ \vdots & \ddots & \vdots \\ D_{i1} & \cdots & D_{ij} \end{bmatrix}^{149 \times 149}$$

在这里，我们选择一个简单的距离函数，即 $w_1(D_{ij}) = \begin{cases} 0, & i=j \\ D^{-2}, & i \neq j \end{cases}$，

$w_2(D_{ij}) = \begin{cases} 0, & i=j \\ \exp(-2D), & i \neq j \end{cases}$。其中，$D_{ij}$ 指的是 i 城市和 j 城市之间的空间距离，同时又因为距离是恒定的，所以 $W_{2003} = W_{2004} = \cdots = W_{2013}$。在这里，矩阵 $w(D_{ij})$ 对角线上的元素都为 0，表示的是任何一个国家或地区与自身的距离为 0。同时该矩阵的数据经过了标准化处理，所以每一行的和都等于 1，表示每个国家或地区的空间影响力所占的比重。

在此基础上，通过引入空间滞后误差变量方程（5-1），该模型变成了 SEM 模型：

$$OFDI_{it} = \alpha_0 + \alpha_1 HostVariables_{it} + \alpha_2 MarketPotential_{it} + \varepsilon_{it}, \quad \varepsilon_{it} = \lambda W \varepsilon_{it-1} + \mu_{it}$$

$$(5-4)$$

其中，$\lambda(-1,1)$ 是空间误差系数，用来衡量由于不可测因素带来的一个地区的 OFDI 与周边地区的 OFDI 的相互关联，这里的权值矩阵 W 与上面的一样。

最后，我们用最大似然估计法（ML）估计方程式（5-2）和式（5-4）。采用的计量软件是 MATLAB。在此基础上根据样本数据做适当改动，利用程序对固定效应的空间面板模型进行回归。

第四节　数据来源与说明

一、对外直接投资的 149 个国家分布

为了考察中国对外直接投资的空间布局动机，本章在第三国理论的框架下采用空间面板模型，实证分析中国对包括美国、日本、英国、澳大利亚、巴西等在内的 149 个国家和地区（见表 5-3）对外直接投资的动机。样本时间跨度为 2003~2013 年，样本国家和地区以及时间跨度基于数据的可获得性。

表 5-3　样本国家和地区的分布

国家和地区	国家和地区	国家和地区	国家和地区	国家和地区	国家和地区	国家和地区
亚洲	柬埔寨	日本	乌兹别克斯坦	约旦	贝宁	几内亚
阿联酋	卡塔尔	塞浦路斯	新加坡	越南	博茨瓦纳	几内亚（比绍）
阿曼	科威特	沙特阿拉伯	叙利亚	中国澳门	布隆迪	加纳
巴基斯坦	老挝	斯里兰卡	也门	中国香港	多哥	加蓬
巴林	黎巴嫩	塔吉克斯坦	伊拉克	非洲	厄立特里亚	津巴布韦
菲律宾	马来西亚	泰国	伊朗	阿尔及利亚	佛得角	额麦隆
哈萨克斯坦	蒙古	土耳其	以色列	埃及	冈比亚	科摩罗
韩国	孟加拉国	土库曼斯坦	印度	埃塞俄比亚	刚果（布）	肯尼亚
吉尔吉斯斯坦	尼泊尔	文莱	印度尼西亚	安哥拉	吉布提	利比里亚

续表

国家和地区	国家和地区	国家和地区	国家和地区	国家和地区	国家和地区	国家和地区
利比亚	苏丹	白俄罗斯	克罗地亚	希腊	伯利兹	苏里南
卢旺达	突尼斯	保加利亚	拉脱维亚	匈牙利	多米尼加	乌拉圭
马达加斯加	乌干达	比利时	立陶宛	亚美尼亚	多米尼克	牙买加
马拉维	赞比亚	冰岛	卢森堡	意大利	厄瓜多尔	智利
毛里求斯	乍得	波兰	马耳他	英国	哥伦比亚	加拿大
毛里塔尼亚	坦桑尼亚	波斯尼亚	挪威	美洲	哥斯达黎加	美国
摩洛哥	中非	丹麦	葡萄牙	阿根廷	格林纳达	大洋洲
莫桑比克	欧洲	德国	瑞典	巴巴多斯	古巴	澳大利亚
尼日尔	阿尔巴尼亚	俄罗斯	瑞士	巴哈马	圭亚那	巴布亚新几内亚
尼日利亚	阿塞拜疆	法国	斯洛伐克	巴拉圭	洪都拉斯	斐济
塞拉利昂	爱尔兰	苏兰	斯洛文尼亚	巴拿马	秘鲁	汤加
塞内加尔	爱沙尼亚	格鲁吉亚	乌克兰	巴西	墨西哥	瓦诺阿图
塞舌尔	奥地利	荷兰	西班牙	玻利维亚	圣文森特和格林纳丁斯	新西兰

二、数据的描述性统计

考虑数据的可比性，本章所采用的中国对外直接投资 FID 存量、资本开放程度 Cal、各国空间距离 Dis、人口 Population、贸易开放度 Open（即贸易总额与 GDP 的比率）、人均实际 GDP（USD）、实际汇率 Beer 等变量均来自于《世界发展指标》、国际金融统计数据库（IFS）、世界银行和 CEIC 数据库。变量的描述性统计如表 5-4 所示。

表 5-4　各变量的描述性统计

变量	均值	极大值	极小值	标准差	观察值
OFDI	7.741	17.445	−0.371	3.227	1639
Wy	1099.459	1553.905	278.376	345.678	1639
Cal	0.466	2.422	−1.875	1.594	1639
Open	91.955	458.332	−26.203	55.776	1639

续表

变量	均值	极大值	极小值	标准差	观察值
Population	15.628	20.948	0.000	2.717	1639
Beer	93.196	3378.669	0.000	336.447	1639
Comlang	0.027	1.000	0.000	0.162	1639
Smctry	0.020	1.000	0.000	0.141	1639
Contig	0.087	1.000	0.000	0.282	1639

第五节　实证估计结果及分析

一、基于 SAR 模型的实证分析

在利用空间面板模型进行估计之前，本章通过 LM 统计量检验了空间滞后模型（SAR）的适用性，检验结果显示 W_1 和 W_2 的 LM 值分别为 569.8301（P 值为 0.0000）和 3636.0807（P 值为 0.0000），同时还进行了 Robust LM 统计量检验，结果显示两者都统计显著，因此使用空间滞后模型进行相应的估计是适用的。

我们对 2003~2013 年（149 个国家和地区）的数据做面板回归模型、空间滞后模型（SAR）的回归分析，估计结果列于表 5-5 中。从估计结果来看，首先可以看出我国对外直接投资的主导类型为复合垂直型，我国跨国公司的 OFDI 更倾向于投资在周边国家（地区）OFDI 增量大、市场潜力大的国家（地区）。在表 5-5 的空间滞后模型的估计结果中，空间滞后参数 ρ 和市场潜力参数 MP 均在 1% 的水平上显著为正，由此，根据前文理论基础，我国对外直接投资的主导类型为复合垂直型。其中，空间滞后系数 ρ 显著为正，说明跨国公司在进行对外投资时，倾向于将其生产链分布在多个地区，从而便于利用各个地区的比较优势，降低生产要素成本，那么周边地区的 OFDI 增量就可以增加某一地区的 OFDI 流入量。面板回归模型和空间滞后模型中市场潜力变量的系数 MP 均在 1% 的水平上显著为正，这表示周边国家（地区）的市场规模潜力越大，某一特定国家（地区）的 OFDI 流入量就会越多。这也表明了第三国效应的存在，即空间相邻国家对东道国地区 OFDI 流入存在空间溢出效应。

表 5-5　2003~2013 年中国 OFDI 区位分布的 SAR/SEM 估计结果

Variable	面板回归模型	空间滞后模型（W_1）	空间滞后模型（W_2）	空间误差模型（W_1）	空间误差模型（W_2）
MP	0.0015*** (2.96)	0.0010*** (4.6772)	0.0009*** (5.1055)	0.0013*** (4.0476)	0.0015*** (5.1815)
Cal	0.0797 (0.89)	0.1177*** (2.5049)	0.1327*** (3.3112)	0.0938* (1.8795)	0.1395*** (2.9531)
Open	0.0090*** (3.12)	0.0016 (0.9912)	0.0002 (0.1521)	0.0015 (0.9528)	0.0009 (0.5436)
ln Dist	−0.9546** (−2.23)	−0.3748* (−1.9585)	−0.1183 (−0.7254)	−0.6262** (−2.4455)	−0.4422* (−1.886)
Population	0.0229 (0.63)	0.2917*** (10.31)	0.33451*** (13.8557)	0.2481*** (8.6544)	0.3114*** (11.1246)
Beer	0.0004 (1.15)	0.0002 (0.9207)	0.0001 (0.8762)	0.0002 (0.9767)	0.0002 (0.9131)
Comlang	0.7312 (0.52)	1.7011*** (2.6462)	2.3539*** (4.3404)	2.1338*** (2.6162)	2.3337*** (3.6598)
Smctry	0.9093 (0.58)	1.2299* (1.8397)	1.8474*** (3.2387)	2.1338*** (2.6161)	1.5986*** (2.3720)
Contig	1.3810** (1.87)	1.2007*** (3.7603)	1.5058*** (5.5230)	1.1604*** (3.1709)	1.4100*** (4.3778)
ρ	—	0.2449*** (6.8053)	0.7239*** (13.7090)		
λ				0.4779*** (15.7749)	0.8399*** (25.8011)
obs.	1639	1639	1639	1639	1639
N	149	149	149	149	149
R^2	0.1264	0.1941	0.4136	0.1486	0.1955
Log–likelihood	—	−4183.3515	−4135.4791	−4149.8549	−4080.0133
LM test	—	569.8301 [0.0000]	3636.0807 [0.0000]	571.8447 [0.0000]	7628.9911 [0.0000]
Robust LM	—	30.7895 [0.0000]	17.8180 [0.0000]	32.8042 [0.0000]	4010.7284 [0.0000]

注：面板回归模型的括号内为 Z 统计量；空间自回归模型 W_1 和 W_2 的括号内为 t 统计量；* 表示在 10%的水平上显著，** 表示在 5%的水平上显著，*** 表示在 1%的水平上显著。

二、基于 SEM 模型的实证分析

利用空间面板模型进行估计之前，使用 LM 统计量来检验空间误差模型（SEM）的适用性，检验结果显示 W_1 和 W_2 的 LM 值分别为 571.8447（P 值为 0.0000）和 7628.9911（P 值为 0.0000），同时也进行了 Robust LM 检验，结果显示两者都统计显著，故对空间误差模型进行的估计都是具有适用性的。

对全样本数据进行空间误差模型估计的结果列于表 5-5 中。结果显示，在此模型分析下，各国家（地区）的 OFDI 流入量受到周边国家（地区）OFDI 不可测因素的影响。在空间误差模型的估计结果中，空间误差系数 λ 都在 1% 的水平上显著为正，这表示各国家（地区）的 OFDI 流入量也受到周边地区 OFDI 不可测因素的影响。估计结果意味着我国对外直接投资的空间布局战略不仅会考虑东道国的自身因素，还应该考虑整个宏观经济的形势以及周围国家的不可测因素。

从估计结果来看，除了市场潜力 MP 都统计显著外，在传统解释因素方面，在面板回归模型中，资本账户对外开放程度 Cal 统计不显著，但是在 SAR 模型和 SEM 模型中，Cal 都统计显著并且与预期的相同，对中国对外 OFDI 空间布局的影响是正向的，说明加入空间效应和不可测因素后，Cal 的解释力提高了；从国家贸易开放程度 Open 的估计来看，在面板回归模型中显著，但是在 SAR 模型和 SEM 模型中则不显著，说明加入空间效应后，国家贸易开放程度对 OFDI 的解释力降低了；空间距离 Dist 的符号和显著性在几个模型中基本相同（除 W_2 模型的解释力相对较弱以外，这与选择的空间矩阵公式有关），即空间距离对 OFDI 的影响是反向的，距离越远，由于成本增加则投资会减少；人口 Population 的结果则是面板回归模型不显著，SAR 模型和 SEM 模型都显著为正，说明当考虑空间因素后，周围地区人口的增加会使 OFDI 增加，这应该与人口数量大代表的是更大的市场潜力和需求有关，同时也可以代表更大数量的劳动力；实际汇率 Beer 的估计结果则与预期不符，在三个模型下都不显著，这说明汇率对 OFDI 没有明显的解释力；与中国是否具有共同语言 Comlang 和与中国是否为共同国家 Smctry 的估计在面板回归模型中都不显著，在 SAR 模型和 SEM 模型中则显著为正，说明空间效应增加了两者的解释力，两两之间有共同语言和两两之间以前是同一个国家的这些国家（地区）间对 OFDI 的影响是正向的，这说明与我国有更多文化相似性的国家（地区）会吸引我国对其进行更多的投资；最后一个解释变量 Contig 为与中国是否相邻，在三个模型下都显著为正，与预期相符，这也说明与我国有更短的距离和更多的交流的国家（地区）更能吸引我国进行投资。综上可见，考虑了空间滞后效应和空间不可测因素之后，传统各变量的解释力会有所不同。由此可见，随着亚投行的建立和"走出去"战略的不断深化，预计未来中国在亚洲地区的投资将会有井喷式增长。

以上研究结论与 Bruce A. Blonigen（2006）以及 Uwaoma George Nwaogu（2012）等的结论相一致，他们都认为对外直接投资存在明显的空间溢出效应和空间依赖性，第三国影响也是显著的。不同于非空间模型，空间计量模型的优势在于它能够计量出跨国之间的相互依赖性以及解释变量的溢出效应。

第六节　本章小结

一、本章结论

本章研究基于近几年新发展起来的第三国效应理论，应用了较新的空间滞后计量模型和空间误差计量模型，使用了 2003~2013 年我国对外直接投资的 149 个国家和地区的经济数据，研究了我国 OFDI 区位分布的空间效应。本章中权值矩阵 W 和以往不一样的是使用了两两国家或地区间的空间距离函数，而不是传统的二元邻接矩阵，并对国家内部及国家之间的空间集聚效应进行了比较多元化的估计。由此本章的主要结论总结如下：

第一，我国对外直接投资（OFDI）的主导类型是复合垂直型，即 OFDI 类型中最为复杂的一种，说明在我国投资的过程中，周围地区的 OFDI 增量可以增加某东道国（地区）的 OFDI 流入量，周边国家（地区）的市场规模越大，某东道国（地区）的 OFDI 流入量也会越多。在这种模式下，我国的跨国公司在对外投资时将其垂直生产链布局在不同的国家（地区），借此来利用各个国家（地区）的比较优势，而非利用东道国的绝对优势，周边市场廉价生产要素或者供应商的存在可以增加某特定市场的 OFDI，除供应链网络之外的其他跨区作用力也可能增加特定地区的 OFDI。在实证模型的结果中，预期空间滞后系数 ρ 为正，说明对外投资的垂直供应链网络对 OFDI 具有空间集聚效应，周边地区市场潜力也对 OFDI 产生了空间效应，成为我国对外投资的布局动机。这个结果也表明，从整体数据来看，我国对外直接投资已经逐渐形成良好的产业关联，各地区空间集聚效应显著。

第二，从 SEM 模型的估计结果来看，中国对各国家（地区）的 OFDI 也受到周边国家（地区）OFDI 流入的不可测因素的影响。这意味着我国在对世界各国（地区）进行投资战略策划时不仅要考虑东道国（地区）的基本经济情况，还需要综合考虑其宏观经济的整体形势，以及周边国家的宏观经济政策和它们的区域经济发展战略，不能脱离受资国整体的周围环境孤立地仅考虑其自身的区位因素。

第三，本章研究估计的关于 OFDI 的传统区位选择变量中，引入空间效应后，在 SAR 模型和 SEM 模型估计下，除了国家贸易开放程度 Open 和实际汇率 Beer 的统计不显著以外，其余的传统变量都基本统计显著并且与预期相符。综上所述，市场潜力大、资本对外开放程度高、空间距离短、人口多、有共同语言的、相邻的国家（地区）吸引了我国更多的 OFDI 投资。

二、本章启示

基于以上研究结论，本章得到两点启示：

第一，未来中国政府将继续大力推行"走出去"发展战略，中国企业应抓住这一历史机遇，在全球范围内寻找优质的市场和资源，同时发展全球贸易和跨国投资。在选择投资国家时除了考虑东道国的区域特征外，也要考虑区域内第三国的影响，实现对外投资的战略性布局。

第二，在对外投资的区位选择中，将继续推行垂直生产链布局，以此利用东道国的比较优势，而非绝对优势，即周边市场廉价生产要素或者供应商的存在可以增加某特定市场的 OFDI，而且除供应链网络之外的其他跨区作用力也是一个需要考虑的重要因素。特别地，在对外投资的产业分布上，要逐渐形成良好的产业关联，以便使我国对外直接投资能够形成较强的地区空间集聚效应。

第六章 资本账户开放、央行干预与汇率波动关系研究

第一节 引 言

一、问题提出

在开放经济中汇率、货币政策规则、通胀目标均为一国政府和央行制定货币政策考虑的重要经济指标,而它们之间的内在联系也是学术界和政策当局长期关注的重要问题。近年来的研究相继表明,汇率是货币政策传导的一个重要渠道,它通过国际资本流动的"非抵补利率平价"和进出口的"价格传递效应"影响利率与通胀预期。然而,货币政策在汇率传导中是否有效以及是否应将汇率作为货币政策调控的目标之一,仍是学术界长期争论的问题。

许多研究表明,在货币政策、资本流动和浮动汇率体系中存在一种矛盾关系。根据克鲁格曼提出的"三元悖论"理论,货币政策的独立性、稳定的外汇汇率以及资本的自由流动这三者不能同时实现,政府只能在这三者中选择两种作为目标。从 2012 年 4 月开始,中国中央银行已经把银行间即期外汇市场人民币对美元交易价浮动幅度放宽至 1%,并且从 2014 年 3 月起,银行间即期外汇市场人民币对美元交易价浮动幅度由 1% 扩大至 2%,即每日银行间即期外汇市场人民币对美元的交易价可在中国外汇交易中心对外公布的当日人民币对美元中间价上下 2% 的幅度内浮动。更重要的是,2015 年 8 月,中国央行决定通过促进中间汇率报价系统的完善来提高人民币对美元汇率的市场化程度。事实上,中国的外汇汇率体制从

1985 年到 2015 年被市场见证了两次大的改变以及几次小的调整。两次大的改变都被称作两次不同的制度，一种是从 1985 年到 2005 年实行的钉住美元的固定汇率制，另一种是从 2005 年开始实行的浮动汇率制。根据"三元悖论"理论，中国货币政策的独立性和外汇制度的形成机制只能在国际资本不能自由流动的情况下被满足。资本管制只是一个暂时的政策，中国的资本市场有望在未来逐渐开放。

事实上，许多现存的文献都使用泰勒规则去探讨在资本管制和外汇干预的条件下人民币汇率的决定因素。因此，我们选择三种货币对美元的汇率，分别是人民币、日元和英镑，来检验不同的货币政策对各国的汇率有什么不同的影响。在中国，外汇政策包括资本管制、外汇干预以及管理外汇汇率的浮动。在日本，外汇政策包括管理资本的流动、外汇干预以及管理外汇汇率的浮动。在英国，政府并不会控制资本的流动并且实行汇率自由浮动制度。所以研究资本流动管制对汇率波动的影响是非常有必要的，不仅仅是对中国，对其他国家也是十分有必要的。因为自 1994 年以来中国的货币政策与汇率政策出现了三次明显的冲突，外汇储备、外汇占款以及国内利率、通胀或紧缩压力之间的矛盾使得货币政策的独立性受到了限制（孙建平，2002）。如果实行浮动汇率制度能够有效消除货币政策与汇率政策之间的冲突，增强货币政策的独立性，则浮动汇率制度的改革方向应该引起相关重视，并成为此后多数发展中国家经济制度改革的经验借鉴。因此，在现阶段，考察我国"有管理的浮动汇率制"与货币政策泰勒规则的关系显得十分必要，对该问题的研究也将为中国实行渐进式改革，避免过快推进资本自由流动而导致宏观经济失衡和金融动荡提供新的思路，并进一步丰富浮动汇率制度研究的政策内涵。

因此，为了找出汇率制度、货币政策和资本管制之间的关系，我们选择三种主要货币，即人民币、日元和英镑兑换美元汇率，建立一个在资本控制和央行干预与泰勒规则条件下的动态汇率决定模型，并采用 BQ-SVAR 方法实证检验 1985~2015 年汇率波动的成因。结果表明，对于汇率波动，相比于供应冲击，需求冲击似乎是更重要的影响因素，而对于人民币对美元汇率和日元对美元汇率来说，货币冲击与实际汇率动态是不相关的。风险溢价冲击占日元对美元和英镑对美元汇率波动的不到 10%，但它能够解释人民币实际汇率波动的 16%，这意味着资本管制和中央银行干预是人民币汇率波动的重要影响因素。

本章的其余部分组织如下。第二节结合资本管制和外汇干预下的泰勒规则介绍了理论模型。第三节介绍了研究方法论。第四节为数据来源及说明。第五节为资本账户开放、央行干预与汇率波动实证分析。第六节为政策模拟分析。第七节为本章小结。

二、文献理论分析

传统的汇率决定货币模型试图通过"一价定律"（Law of One Price，LOP）解释货币因素在汇率决定和预测中的作用，而且以购买力平价理论为前提的"一价定律"通常被看作是一个"有待检验的恒等关系式"。然而，由于现实中汇率制度选择、交易成本、关税、资本流动非完美性等因素的影响，使得购买力平价难以成立，并导致传统货币模型在实证分析中无法获得经验支持（Baillie，1987；Flood 等，1995）。随着汇率理论研究的进一步发展，Bacchetta 等（2006）、Engel 等（2005、2007）的最新研究相继表明，传统货币模型因忽略宏观基本面未来价值的市场预期而使得理论基础存在较大的局限性，因此，在构建汇率决定模型中考虑货币政策的内生化问题显得尤其重要。[①] 与此同时，Kempa 和 Wilde（2011）通过构建一个以利率为政策工具的泰勒规则以实现货币政策的内生化，并考察了利率对通胀、产出缺口和汇率所做出的反应。分析结果表明，是否考虑泰勒规则对汇率形成机制的影响将导致结论出现显著差异，其中在标准的弹性价格货币模型中，物价上涨将导致汇率贬值；而在泰勒规则模型中，物价上涨却因未来从紧的货币政策预期而引发汇率升值（Clarida 等，2007）。另外，相比传统货币模型，开放经济中的泰勒规则模型正在得到更为广泛的应用和认可，其中，Engel 和 West（2006）首次在对美元与加拿大元、法郎、马克、意大利币、日元、英镑 6 种兑换汇率波动状况的研究中引入了泰勒规则，并成功拟合了实际汇率在 1978~2001 年的波动走势。Mark（2009）在干中学模型中检验了泰勒规则对汇率波动的影响，并成功刻画了 1973~2005 年美元对马克汇率的六次大波动。Engel、Mark 和 West（2007），Mark（2009）以及 Wilde（2012）相继采用类似的方法对相关发达国家和

---

① 虽然当期经济基本面因素的变化可能对汇率没有直接影响，但却可能通过改变经济主体对货币政策反应的预期，进而影响汇率行为。

拉丁美洲国家自布雷顿森林体系成立以来的实际汇率做了样本外预测，结果均表明泰勒规则对汇率具有更强的解释能力。此外，Molodtsova 和 Papell（2009）采用泰勒规则检验了美元与欧元之间的波动关系，研究结果表明不论是样本内预测还是样本外预测，泰勒规则模型对汇率的预测能力均明显优于货币模型。最近，Wang 和 Wu（2012）采用半参区间预测方法，对 12 个 OECD 国家汇率的实证分析更是进一步表明，在预测汇率波动走势上，泰勒规则模型明显优于随机游走模型、传统货币模型以及购买力平价模型。Jaqueson 和 Marcelo（2013）构建了泰勒规则下汇率决定因素与内生货币政策之间关系的理论模型，并采用面板数据对 15 个新兴经济体的数据展开实证分析，他们发现一个现值前瞻性规范显示了更好的汇率的可预测性。目前，很少有文献对在资本管制下和外汇干预下的泰勒规则进行研究，但这不仅对中国是相关的和重要的，对其他国家也是有意义的，因为这样的研究可以为大多数其他国家在如何开放资本账户上提供一些建设性的想法和见解。

自 2005 年 7 月中国实施有管理的浮动汇率制度之后，我国汇率的形成机制相对更具弹性，并在一定程度上促进了国际收支项目平衡，然而更具弹性的汇率制度也给我国外汇市场主体和政策当局在理解与把握人民币汇率决定上提出新的挑战。正因为如此，近年来我国学者从不同的角度对汇率的形成机制问题展开了深入的研究，其中，李扬和余维彬（2005）以及王曦和才国伟（2006）率先对汇率改制次序进行了很好的阐述，认为机制改革优先、重视汇率稳定、废除结售汇制、开放资本账户、人民币走向完全自由兑换，是人民币市场化的最终方向。张斌（2003）、施建淮和余海丰（2005）以及金雪军和王义中（2008）等国内研究者则分别从"制造业劳动生产率"、"国外直接投资的持续流入"、"经常项目盈余"以及"供给冲击和货币供给冲击"等不同角度论证了均衡汇率的影响因素。此外，陈平和李凯（2010）通过区分模型可预测性和模型预测能力两个指标，考察了汇改后人民币对美元汇率与经济基本面的关系，研究发现在预测人民币走势上，货币模型、非抛补套利模型以及购买力平价模型的预测能力并不强于随机游走模型，而泰勒模型却明显优于随机游走模型。与此同时，在有关货币政策和汇率政策的搭配与协调组合关系研究的问题上，我国很多学者也从不同角度对其进行了很好的分析与阐述，其中有代表性的包括金雪军和王安安（1999）、邓乐平等（2002）、孙建平（2002）、范志勇（2005）

以及张华妤（2007）等的研究。综观该领域的研究，现有的文献大多停留在定性的理论分析或者简单的计量实证上，真正以中国转轨经济条件，在国际资本流动监管框架下，考察货币政策和汇率政策之间内在动态关系的定量研究依然相对较少，因此，对此问题的研究不仅对我国，而且对其他国家而言，同样具有重要的学术价值和现实借鉴意义。

第二节　理论模型

一、理论模型构建

我们采用 Besancenot 和 Vranceanu（2003）的设定并结合中国实际，假定在开放经济条件下，本国汇率存在升值压力，因此，总需求方程可表示为：[1]

IS curve：$y_t = \phi s_t - b r_t + \varepsilon_{yt}$　$\phi < 0,\ b > 0$　　　　　　（6-1）

其中，y_t 表示产出缺口水平。由相对购买力平价 $E_t = S_t P_t^f / P_t$，可知实际汇率的对数形式为 $e_t = s_t + p_t^f - p_t$，其中 s_t 为直接标价法下名义汇率的对数形式，p_t^f 为外国价格水平的对数形式，p_t 为国内价格水平的对数形式。$\phi < 0$ 意味着汇率贬值，产出增加；相反，意味着汇率升值，产出下降。r_t 表示由名义利率和预期通货膨胀率之差决定（$r_t = i_t - E_t \pi_{t+1}$）的实际利率。根据传统凯恩斯理论，利率提高引起投资减少，从而降低实际产出水平，反之则导致实际产出增加，因此，假定 $b > 0$。此外，ε_{yt} 表示来自商品市场的供给冲击因素。

新凯恩斯菲利普斯曲线（NKPC）来自交错价格调整模型。向前的菲利普斯曲线为 $\pi_t = \beta E_t \pi_{t+1} + \lambda m c_t$，其中，$\beta$ 为主观贴现因子，$\lambda = (1-\theta)(1-\theta\beta)/\theta$ 度量实际边际成本对通胀率的影响。Galí 和 Monacelli（2005）的研究表明，边际成本与产出缺口存在线性关系，由此可得拓展开放经济条件

---

[1] 事实上，采用支出法 GDP 核算方程，投资是利率的函数，贸易收支是汇率的函数，通过相关推导可得该式。

下的新凯恩斯菲利普斯曲线（NKPC）为：

NKPC：$\pi_t = \beta E_t \pi_{t+1} + \kappa y_t - \varphi \Delta e_t$　$\kappa > 0$，$\varphi > 0$　　　　　(6-2)

其中，$\kappa = \lambda(\sigma_\alpha + \varphi)$。当产出缺口为正时，通货膨胀率上升；反之，通货膨胀率下降。$\varphi > 0$ 表明，汇率升值（贬值）会导致国内通货膨胀率上升（下降）。

许多实证研究表明，利率平价（UIP）条件比较薄弱（McCallum，1994；Lewis，1995；Engel，1996），由于大多数经济体实施资本管制，因此 UIP 需要被修改为方程（6-3）：

Modified UIP：$i_t - i_t^f = \tau E_t(\Delta e_{t+1}) + \varepsilon_{\alpha}$　　　　　　　(6-3)

其中，i_t 和 i_t^f 分别表示国内外名义利率。ε_{α} 表示在随时间变化的风险溢价冲击下风险补偿的预期汇率变动。$E_t(\Delta e_{t+1}) > 0$ 表示预期的汇率贬值；$E\Delta e_t < 0$ 表示预期的汇率升值。τ 表示资本流动税率，用来衡量资本管制程度。$\tau = 1$ 表示该国没有资本管制；$\tau = 0$ 表示完全管制。在后一种情况下，UIP 就可以写成 $i_t - i_t^f = \varepsilon_{\alpha}$，它表示利率仅与风险溢价有关，与汇率无关。

考虑到有管制的浮动汇率制度，我们假设汇率预期的变化取决于汇率变动和央行干预的方程（6-4）：

$E\Delta e_{t+1} = e_t - e_{t-1} + \gamma f_t + \varepsilon_{lt}$　　　　　　　　　(6-4)

其中，f_t 表示外汇市场干预指数。ε_{lt} 表示货币当局的干预冲击。如果 $\gamma = 0$，则该模型退化成一个没有政府干预的自由浮动的汇率制度。用方程（6-4）替换为方程（6-3），并使用费氏定理得到方程（6-5）：

$i_t - i_t^f = \tau(s_t - s_{t-1}) + \gamma \tau f_t + \tau(\pi_t - \pi_t^f) + \tau \varepsilon_{lt} + \varepsilon_{\alpha}$　　(6-5)

汇率升值（贬值）的预期会导致利率和外国资本流入（流出）的较大（较小）的扩散，最终导致外汇供应增加（减少）和实际汇率升值（贬值）。汇率升值和贬值的幅度取决于资本控制的程度。该效应表明，较高的利率会导致通货膨胀和国内货币贬值。要分析货币政策对汇率波动的传导机制，我们需要对货币政策的目标损失函数进行定义。损失最小化函数的定义为产出缺口平方和通胀缺口平方累计之和：

$$L = \text{Min } E_t \sum_{i=0}^{\infty} \left[\alpha y_{t+i}^2 + (\pi_{t+i} - \pi^*)^2 \right]　　　　(6-6)$$

其中，α 表示货币政策的偏好与央行的终极目标，保持通胀稳定在它的目标 π^* 水平以及实际产生处于潜在水平；$\alpha = 0$ 意味着货币当局更倾向于限制通胀目标。

使用费雪定理，然后结合方程（6-1）和方程（6-5），得到：

$$y_t = \left(\frac{\phi}{\tau} - b \right) i_t + \phi e_{t-1} - \frac{\phi}{\tau} i_t^f - \phi \gamma f_t + (b - \phi) \pi_t + \phi \pi_t^f - \frac{\phi}{\tau} \varepsilon_{Ct} + \varepsilon_{yt} - \phi \varepsilon_{It}$$

(6-7)

把方程（6-5）代入方程（6-2），得到：

$$\pi_t = \beta E_t \pi_{t+1} + \kappa y_t - \varphi \left[\frac{1}{\tau} (i_t - i_t^f) - \gamma f_t - \frac{1}{\tau} \varepsilon_{Ct} - \varepsilon_{It} \right]$$

(6-8)

结合方程（6-7）和方程（6-8），并求解最小化 L，可得：

$$i_t - i_t^f = \bar{r}_t + E_t \pi_{t+1} + \rho y_t + \theta (\pi_t - \pi^*) + \vartheta s_{t-1} + \upsilon \gamma f_t + \varepsilon_{Mt}$$

(6-9)

其中，$\bar{r}_t = \alpha b \sigma \left(\frac{\phi}{\tau} - b \right) i_t^f + \left[\theta - \frac{\varphi \sigma}{\tau} \right] \pi^* + \vartheta \pi_{t-1} - \alpha \sigma \left(\frac{\phi}{\tau} - b \right) \phi \pi_t^f$，其中

的参数满足 $\frac{\beta \varphi \sigma}{\tau} = 1$，$\sigma = \left[\alpha \left(\frac{\phi}{\tau} - b \right)^2 + \frac{\varphi^2}{\tau^2} \right]^{-1}$，$\rho = \frac{\kappa \varphi \sigma}{\tau}$，$\vartheta = \alpha \phi \sigma \left(b - \frac{\phi}{\tau} \right)$，$\theta = \alpha \sigma \left(b - \frac{\phi}{\tau} \right) (b - \phi)$，$\upsilon = \alpha \phi \sigma \left(\frac{\phi}{\tau} - b \right) - \frac{\varphi^2 \sigma}{\tau}$，表示实际利率

的长期均衡。ε_{Mt} 表示货币政策冲击，我们把它定义为 $\left[1 + \alpha b \sigma \left(\frac{\phi}{\tau} - b \right) + \right]$

$\varepsilon_{Ct} - \alpha \sigma \left(\frac{\phi}{\tau} - b \right) \varepsilon_{yt} + \left[\left(\frac{\phi}{\tau} - b \right) \alpha \phi + \frac{\varphi^2}{\tau} \right] \sigma \varepsilon_{It}$。

方程（6-9）表示对泰勒的货币政策的修正。对于传统的泰勒规则，利率只对产出缺口和通货膨胀目标做出反应。然而，在开放经济中，泰勒规则不能把所有的货币政策的核心变量结合起来。因此，忽视汇率目标无法描述货币政策的规则。在我们的模型中，除了产出缺口和通货膨胀目标以外，利率不仅对滞后一期汇率做出反应，而且受央行干预外汇市场的影响。

此外，利率对通货膨胀和产出缺口的反应取决于 ρ 和 θ。如果 ρ 和 θ 为正数，则对通货膨胀和产出缺口会有一种周期性的利率调整；如果 ρ 和 θ 为负数，则对通货膨胀和产出缺口会有一种反周期性的利率调整。泰勒规则的含义是，如果实际利率等于长期均衡利率以及实际产出等于潜在产出，那么整个经济将是可持续发展的。

二、研究假说

为了描述实际汇率和通货膨胀的动态系统，我们首先构建并推导出以下两个方程。结合方程（6-1）、方程（6-5）、方程（6-9），则推导出实际汇率的动态变化方程（6-10）：

$$\Delta s_t = [\theta - \tau(1 + \rho b)]k_1(\pi_t - \pi^*) + \tau k_1(1 + \rho b)(\pi_t^f - \pi^*) + (\vartheta + \rho\phi)k_1 s_{t-1} +$$
$$[\upsilon\gamma - \gamma\tau(1 + \rho b)]k_1 f_t + [k_1 \bar{r}_t - k_1(1 + \rho b)r_t^f] + k_1 \varepsilon_{Mt} + \rho k_1 \varepsilon_{yt} -$$
$$\tau k_1(1 + \rho b)\varepsilon_{It} - k_1(1 + \rho b)\varepsilon_{Ct} \qquad (6-10)$$

其中，$k_1 = [\tau(1 + \rho b) - \rho\phi]^{-1}$。我们将方程（6-1）、方程（6-2）代入方程（6-9），并结合方程（6-10），得到通货膨胀差异的动态性方程（6-11）：

$$\Delta\pi_t = [k_1 l_2(\theta - \tau - \tau\rho b) - \theta l_1]l_3(\pi_t - \pi^*) + \tau k_1 l_2 l_3(1 + \rho b)(\pi_t^f - \pi^*) -$$
$$[\rho\phi l_1 - \kappa\phi + \vartheta l_1 - (\vartheta + \rho\phi)k_1 l_2]l_3 s_{t-1} + [(\upsilon\gamma - \gamma\tau - \gamma\tau\rho b)k_1 l_2 - \upsilon\gamma l_1]l_3 f_t +$$
$$\{[k_1 \bar{r}_t - k_1(1 + \rho b)r_t^f]l_2 - l_1 \bar{r}_t + \beta E_t \pi_{t+1} - \pi_{t-1}\}l_3 - (l_1 - k_1 l_2)l_3 \varepsilon_{Mt} +$$
$$(\rho k_1 l_2 - \rho l_1 + \kappa)l_3 \varepsilon_{yt} - \tau k_1 l_2(1 + \rho b)l_3 \varepsilon_{It} - k_1 l_2(1 + \rho b)l_3 \varepsilon_{Ct} \qquad (6-11)$$

其中，$l_1 = \kappa b(1 + \rho b)^{-1}$，$l_2 = \kappa\phi - \rho\phi l_1 - \phi$，$l_3 = (\phi + 1)^{-1}$。我们将方程（6-10）和方程（6-11）设置为 $\Delta s_t = 0$，$\Delta\pi_t = 0$，并且联立两个方程，提出以下命题。

命题 1：在有资本管制的浮动汇率制度中，货币冲击，如泰勒规则冲击，只有短期效应，但对实际汇率波动的影响不具有持久性。

命题 2：在有资本管制的浮动汇率制度中，无论是供应冲击还是需求冲击，都会产生一个短期和长期的对实际汇率波动的影响。每一单位负的供应冲击或每一单位正的需求冲击将导致实际汇率贬值$|1/\phi|$个单位。

命题 3：在有资本管制的浮动汇率制度中，风险溢价会对实际汇率波动产生短期和长期的影响。每一单位正的风险溢价会导致实际汇率波动$|b/\phi|$个单位。

命题 4：在有资本管制的浮动汇率制度中，央行干预对实际汇率波动会有一个短期和长期的影响。每一单位正的干预会导致实际汇率波动$|\tau b/\phi|$个单位。

第三节 研究方法论

一、BQ-SVAR 介绍

方程（6-10）和方程（6-11）可以看作是一个动态的经济系统，其中有一个稳定的路径，使方程中的 $\Delta s = 0$，$\Delta \pi = 0$，此时是一个稳定的平衡，可以得出这是系统稳定的时候。在这个系统中，五种不同的冲击对内生变量的影响可以在方程（6-12）中表现出来。

$$\begin{bmatrix} d\bar{y} \\ df \\ dr \\ ds \\ d(\pi_t - \pi^*) \end{bmatrix} = B \begin{bmatrix} d\varepsilon_S \\ d\varepsilon_I \\ d\varepsilon_C \\ d\varepsilon_D \\ d\varepsilon_M \end{bmatrix} \tag{6-12}$$

产出缺口为 $y_t = x_t - \bar{y}_t$，其中 x_t 是实际需求，$\bar{y}_t$ 是实际供给。产出缺口可以分解为需求冲击和供应冲击。根据上述模型，供给冲击来自相对产出，央行干预冲击被分解为中央银行的干预指数和风险溢价冲击，需求冲击和货币冲击分别来自相对利率、实际汇率和相对通货膨胀因素。

根据 BQ-SVAR 模型，令向量 $X_t = (\bar{y}_t,\ f_t,\ r_t,\ \Delta s_t,\ \pi_t - \pi^*)'$。

考虑 p 结构 VAR 模型在方程（6-13）中：

$$X_t = \Gamma_0 X_t + \Gamma_1 X_{t-1} + \Gamma_2 X_{t-2} + \cdots + \Gamma_p X_{t-p} + \xi_t \tag{6-13}$$

其中，p 是滞后的顺序；Γ_i 表示一个系数向量；ξ_t 表示结构的冲击。方程（6-13）可以被改写为一个向量移动平均表示方程（6-14）：

$$X_t = C(L)u_t \tag{6-14}$$

为了恢复参数结构，我们估计 SVAR 模型的简化形式为式（6-15）：

$$X_t = A(j)\varepsilon_t \tag{6-15}$$

联合方程（6-14）和方程（6-15），假设存在一个矩阵 $B(0)$，对于任何的 $L(L = 0,\ 1,\ 2,\ \cdots)$ 都满足 $u = B(0)\varepsilon$，那么有 $A(L) = C(L)B(0)$。我们需要找到这样一个矩阵 $B(0)$，然后从每一时期 u_t 分解结构的冲击 ε_t。根

据 BQ 理论，对于包含 5 个内生变量的 SVAR 模型，需要 25 个约束条件。当 $\Omega = B(0)B(0)'$，我们可以得到 15 个限制条件，那么我们还需要获得 10 个长期约束条件。根据方程（6-10）和方程（6-11）以及上述四个命题，我们可以得到对于人民币对美元汇率作为解释变量模型系统的长期约束条件为：

$$LTC = \begin{bmatrix} 1 & 0 & 0 & 0 & 0 \\ 0 & 1 & 0 & 0 & 0 \\ 0 & \tau & 1 & 0 & 1 \\ -\dfrac{1}{\phi} & \dfrac{\tau b}{\phi} & -\dfrac{b}{\phi} & \dfrac{1}{\phi} & 0 \\ \dfrac{\vartheta}{\theta\phi} & -\dfrac{[l_1(\vartheta+\rho\phi)-\kappa\phi]\tau(1+\rho b)}{\kappa\phi\theta} & -\dfrac{[l_1(\vartheta+\rho\phi)-\kappa\phi](1+\rho b)}{\kappa\phi\theta} & -\dfrac{\vartheta}{\theta\phi} & -\dfrac{1}{\theta} \end{bmatrix}$$

$$(6-16)$$

在一个稳定的经济体系中，货币冲击对实际利率和实际汇率都没有长期的影响。需求冲击只具有短期效应，但对实际利率没有长期效应。央行干预仅受干预冲击。根据 Blanchard 和 Quah（1989）以及上述长期限制条件 LTC，我们知道产出的动态变化只取决于供应冲击，而不是任何其他冲击。

二、过度识别检验设定

如方程（6-16）所示，经济理论表明模型的约束条件通过 10（即 $n(n-1)/2 = 5 \times 4/2$），还由此可能导致模型估计出现过度识别。第一，长期的限制不影响变量系数的估计。因此，我们选择了最优的无限制的模型。第二，得到无限制的方差/协方差矩阵 Σ 和对数似然函数 $L_U = -0.5T\ln|\Sigma| - 0.5\sum_{t=1}^{T}(\hat{\xi}_t'\Sigma^{-1}\hat{\xi}_t)$，其中 T 是样本的时间长度。第三，限制了长期的限制条件 B，并且获得了受限制的方差/协方差矩阵 Σ_R 和对数似然函数 $L_R = -0.5T\ln|B^{-1}\Sigma_R(B')^{-1}| - 0.5\sum_{t=1}^{T}(\hat{\xi}_t'B'\Sigma_R^{-1}B\hat{\xi}_t)$。第四，如果限制是没有约束力的，那么 Σ 和 Σ_R 将是相等的。令 R 表示过度识别限制个数，然后 LR 的检验统计量为 $LR = -2(L_R - L_U) \sim \chi^2(R)$。如果 LR 值超过临界值，在不同

的显著性水平上，限制可以被拒绝。第五，令 R_2 和 R_1 均表示过度识别的两个约束条件（$R_2 \geqslant R_1 \geqslant n(n-1)/2$），然后可以通过如下 $LR = -2(L_{R_2} - L_{R_1}) \sim \chi^2 (R_2 - R_1)$ 检验，选择最佳的约束条件（R_1 或 R_2）。类似地，如果 LR 值超过临界值时，则限制可以被拒绝。因此，我们可采用 LR 统计量检验模型估计的过度识别问题。

第四节　数据来源及说明

一、国内生产总值增长率和名义利率

本章将选取中国、日本、英国和美国的产出增长率、汇率、利率、通胀率和央行干预指数五个指标的季度数据对理论模型进行建模，样本时间跨度为 1985 年第一季度至 2015 年第二季度。各指标的选取、测度和处理及数据来源描述如下：

国内生产总值（GDP）是指一段时期内一个国家或地区所生产商品和劳务的总价值，而且 GDP 一般采用总产值和百分比增长率两种测度方式。另外，GDP 通常采用总产量乘以"货币价格"来表示总产值，因此，即使总产量保持不变，在"货币价格"上涨的情况下，名义国内生产总值依然增加。由此可见，在通胀时期，名义国内生产总值增长只是一种幻觉和假象。有鉴于此，我们采用实际国内生产总值增长率作为实际产出供给的代表变量，它等于名义国内生产总值增长率与通胀率之差。其中，当实际国内生产总值增长率为正数时，则表示该国家或地区处于经济扩张阶段；反之，如果为负数，则表示该国家或地区处于经济衰退阶段。

中国官方统计仅给出 1992 年以来的季度现价 GDP，此前仅有年度数据。Abeysinghe 和 Rajaguru（2004）采用 Chow-Lin 相关系列技术对改革开放以来中国的年度 GDP 进行了季度分解，因此，在本章应用分析中，1985~1992 年季度 GDP 数据来自 Abeysinghe 和 Rajaguru（2004），而 1992~2011 年中国季度名义产出同比增长率数据则根据国家统计局网站（http：//www.stats.gov.cn）整理获得。此外，美国季度名义产出同比增长率数据来源于国际货币基金组织（http：//www.imf.org）。日本、英国和美国的季度名义国内生产总值增长率都来自国际货币基金组织。然后，我们估计该季度 GDP 名义值，并使用 Seats-Tramo 方法对 GDP 数据进行季度性的调整。最后，我们通过 $y_t = 100 \times logGDP_t$ 计算出真正的国内生产总值。我们还使用 HP filter de-trended 法估计产出缺口 $\bar{y}$。

市场利率是衡量市场上资金借贷成本的主要经济指标，是整个利率体系形成的基础，也是央行制定基准利率的价格信号和参照系数（赵进文和高辉，2004）。在美国，尽管同业拆借利率和再贴现率都是美联储货币供需的政策工具，但相比较而言，同业拆借利率反映了银行之间的资金短缺状况，而对再贴现率的调节只能影响那些符合再贴现资格的商业银行，并通过超额准备金余额影响同业拆借利率，由于再贴现资金的商业银行相对较少，这也阻断了再贴现率的政策效应。因此，美联储通过瞄准并调节同业拆借利率来影响商业银行的资金成本，并作为货币供需调节的首选政策工具。在我国，相比较其他利率指标如债券回购利率或银行借贷利率，同业拆借利率更能体现资金的真实价格走势，并能够较为迅速地反映货币市场的资金供需状况，因此国内相关研究均选取同业拆借利率作为货币政策的工具变量。Taylor（1993）就曾采用美国联邦基金利率（Federal Funds Rate）即同业拆借市场利率作为泰勒规则的货币市场基准利率。赵进文和高辉（2004）以及郑挺国和刘金全（2010）等国内研究一般也选择同业拆借利率作为货币市场利率的代理变量。

我国同业拆借市场从 1984 年建立以后得到了长足发展[1]，尽管 1993 年前后全国金融机构之间存在混乱的拆借行为，但上海同业拆借利率还是能够很好地反映 1996 年联网前全国同业拆借市场的状况（谢平和罗雄，2002）。因此，1996 年之前的指标选取上海融资中心提供的同业拆借利率，数据来自上海融资中心；而 1996~2011 年的指标则选取 7 天同业拆借利率，数据来自《中国人民银行统计季报》各期。[2] 美国联邦基金利率和英国的利率则采用伦敦银行提供的 7 天同业拆借利率（Libor）中的美元利率

---

[1] 标志性发展阶段如 1996 年统一全国同业拆借市场，而随后于 1996 年 6 月取消同业拆借利率上限管理。

[2] 由于受数据来源限制，1996 年以前上海融资中心的加权利率为所有期限的利率加权；而 1996~2011 年选取了 7 天同业拆借利率。虽然利率期限在两个时段上不匹配，但上海融资中心的各期限利差不大，对建模影响较小（谢平和罗雄，2002；赵进文和高辉，2004）。

进行衡量，并采用三月度移动平均求出季度同业拆借利率。日本的名义利率由国债利率代替，同时根据费雪恒等式，名义利率（i）减去通胀率可得实际利率（r）。日本、英国和美国的名义利率都来自国际货币基金组织。图6-1为中国、日本和英国对美国相对国内生产总值和利率。

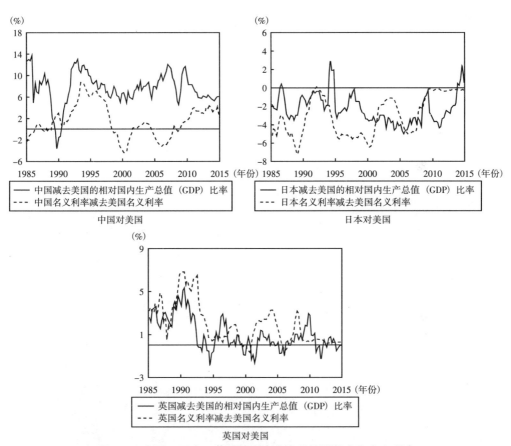

图6-1　中国、日本、英国的国内生产总值增长率和名义利率

二、通货膨胀率和实际汇率

双边实际汇率（RER）是由 $S = E \times CPI^*/CPI$ 计算得出的，其中，S表示双边名义汇率，CPI 代表消费者物价指数（以 2010 为基准年），CPI^* 表示美国的消费物价指数（以 2010 为基准年）。

由于中国尚未公布基于一年的季度消费物价指数，本章采用当前季度的消费物价指数和季节性调整指数构建季度消费物价指数（以 2010 年为基准年）。三个月度的移动平均计算得到每个季度的消费物价指数。其他国家的季度消费物价指数来自国际货币基金组织。人民币对美元、日元对美元和英镑对美元的名义汇率也从国际货币基金组织的数据中得到。我们用三个时期移动平均法从月度数据中计算每季度物价消费指数，所有的这些数据都来自《中国经济报告》和《中国统计年鉴》的月度报告。美国的季度物价消费指数来自国际货币基金组织。我们使用 HP 滤波估计通货膨胀缺口（$\pi_t - \pi^*$）。日本、英国和美国的通胀率都来自国际货币基金组织。图 6-2 显示了中国、日本和英国对美国的相对通胀率和实际汇率。

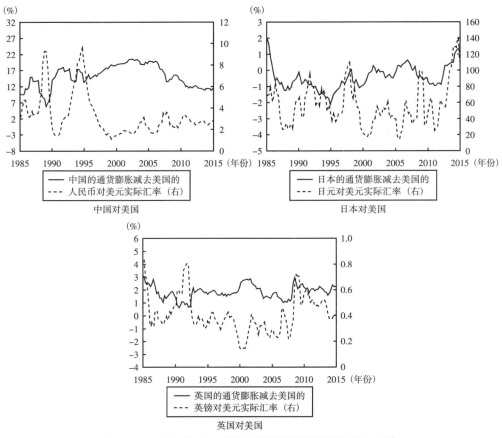

图 6-2　中国、日本、英国的相对通货膨胀率和实际汇率

三、外汇干预指数

　　货币当局通过买卖外汇来干预外汇市场。根据 Weymark（1997），我们定义外汇干预指数为 $\varpi_t = \eta\Delta R_t/(\Delta e_t + \eta\Delta R_t)$，其中 ΔR_t 是外汇储备的变化，$\eta = -\partial\Delta e_t/\partial\Delta R_t$。我们可以看到，当 $\varpi_t = 1$ 时，$\Delta e_t = 0$，此时表明政策当局使用的是固定汇率。相比之下，当 $\varpi_t = 0$ 时，表明允许汇率自由浮动。ϖ_t 在 0~1 的取值变化代表了货币当局通过汇率和外汇储备变化相结合的汇率机制来消除汇率对货币的过度需求，进而实现有管理的浮动汇率制度。

　　我们可以把外汇干预指数方程改写为 $\Delta e_t = \eta\Delta R_t/\varpi_t - \eta\Delta R_t$，其中右边的第一项表示存在外汇市场干预的汇率变动情况，第二项表示在国外市场压力下被缓解的汇率的波动情况。因此，我们假设 $f_t = \eta\Delta R_t/\varpi_t$，用此来考察外汇干预对汇率变动的影响。

　　根据 Weymark（1997）、Fiess 和 Shankar（2009），我们设定 η 为汇率变动的标准差除以外汇储备的标准差（$\eta = \sigma_{\Delta e}/\sigma_{\Delta R}$）。然后，外汇汇率干预指数变为 $\varpi_t = (\Delta R_t \sigma_{\Delta e}/\sigma_{\Delta R})/(\Delta e_t + \Delta R_t \sigma_{\Delta e}/\sigma_{\Delta R})$。外汇储备数据来自《中国金融年鉴》和中国银行，而其他国家的外汇储备是从国际货币基金组织的数据中得到的。图 6-3 为中国和日本的外汇干预指数。

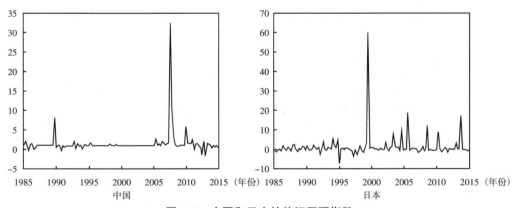

图 6-3　中国和日本的外汇干预指数

第五节　资本账户开放、央行干预与汇率波动实证分析

一、单位根检验

表 6-1 显示了单位根检验的估计结果。ADF 和 PP 单位根检验的临界值可以从 MacKinnon（1996）的研究中得到，基于广义最小二乘法（GLS）的退势数据来源于 Ng 和 Perron（2001）的研究。传统的 ADF 和 PP 检验法多存在样本偏差，所以有缺陷。为了克服这些缺陷，Ng 和 Perron（2001）基于最小二乘法的退势函数构造了新的单位根检验方法。在 ADF 检验法中，最优滞后阶数是根据 SC 的信息准则选择，对于 PP 测试的带宽由 Newey 和 West（1994）确定，而 GLS 方法下根检验的滞后阶数由修正的信息标准（MIC）决定。

检验结果表明，一个单位根的零假设不能在 5% 的置信水平上被拒绝。传统的测试和 GLS 法的测试结果表明，当 s 为 I(1) 时，$\bar{y}$、f、r 和 $\pi - \pi^*$ 为 I(0)。

表 6-1　单位根检验

变量		传统单位根检验		退势修正的单位根检验			
		ADF	PP^{GLS}	MZ$_\alpha^{\text{GLS}}$	MZ$_t^{\text{GLS}}$	MSB^{GLS}	MP$_T^{\text{GLS}}$
中国	$\bar{y}$	−4.305***	−4.762***	−31.664***	−3.979***	0.126***	2.880***
	f	−10.343***	−10.360***	−34.206***	−4.127***	0.121***	2.712***
	r	−4.566***	−4.575***	−40.019***	−4.473***	0.112***	2.278***
	$\pi - \pi^*$	−4.691***	−11.577***	−258.143***	−11.361***	0.044***	0.353***
	s	−2.522	−2.526	−8.724	−1.986	0.228	10.823
	Δs	−8.277***	−8.285***	−55.486***	−5.266***	0.095***	0.445***

续表

变量	传统单位根检验		退势修正的单位根检验			
	ADF	PP^{GLS}	MZ_{α}^{GLS}	MZ_{t}^{GLS}	MSB^{GLS}	MP_{T}^{GLS}
日本						
$\bar{y}$	−3.390*	−3.256*	−26.628***	−3.646***	0.137***	0.929***
f	−4.825***	−8.481***	−50.233***	−5.011***	0.099***	0.490***
r	−3.361*	−2.657*	−6.524*	−1.772*	0.272*	3.873*
$\pi - \pi^*$	−5.981***	−4.074***	−22.294***	−3.314***	0.149***	1.185***
s	−3.228*	−3.409*	−7.287	−1.796	0.247	12.719
Δs	−4.783***	−8.935***	−53.664***	−5.174***	0.096***	0.472***
英国						
$\bar{y}$	−5.353***	−4.590***	−9.012**	−2.114**	0.235*	2.752**
r	−4.286***	−4.313***	−7.323*	−1.911*	0.261*	3.355*
$\pi - \pi^*$	−3.398*	−4.306***	−3.317	−1.722*	0.273*	4.067*
s	−3.760**	−3.541**	−12.195	−2.435	0.199	7.662
Δs	−8.518***	−9.142***	−9.494**	−2.158**	0.227**	2.662**
5%临界值	−3.448	−3.447	−17.300	−2.910	0.168	5.480
5%临界值第一差	−2.889	−2.890	−8.100	−1.980	0.233	3.170

注：Δ 表示第一的变量差异显著；* 表示在10%的显著水平上拒绝有单位根的零假设，** 表示在5%的显著水平上拒绝有单位根的零假设，*** 表示在1%的显著水平上拒绝有单位根的零假设。

二、协整检验

协整检验的目的是确定是否有一个线性协整关系的 2 个或 2 个以上的非平稳时间序列，它代表了一个长期的平衡关系。表 6-2 中对于中国和日本的测试结果显示，变量$\bar{y}$、f、r、$\pi - \pi^*$、Δs 之间存在五个协整关系，中国和英国的$\bar{y}$、r、$\pi - \pi^*$ 和 Δs 这四个变量之间存在协整关系。然后我们可以使用平稳序列（$\bar{y}_t$，f_t，r_t，Δs_t，$\pi_t - \pi^*$）′构建基于理论模型的 SVAR 模型。

表 6-2　约翰森协整检验

特征值	H_0	H_1	跟踪检验	5%的置信水平	概率
0.4602 (0.4254) [0.4506]	r = 0	r = 1	183.974 (152.889) [121.739]	69.818 (69.818) [47.856]	0.0000 (0.0000) [0.0000]
0.4003 (0.2456) [0.1944]	r≤1	r = 2	116.753 (86.936) [50.445]	47.856 (47.856) [29.797]	0.0000 (0.0000) [0.0001]
0.2641 (0.2014) [0.1591]	r≤2	r = 3	61.010 (53.391) [24.710]	29.797 (29.797) [15.494]	0.0000 (0.0000) [0.0016]
0.1953 (0.1688) [0.0337]	r≤3	r = 4	27.5718 (26.625) [4.089]	15.495 (15.494) [3.841]	0.0005 (0.0007) [0.0431]
0.0349 (0.0381)	r≤4	r = 5	3.8759 (4.617)	3.841 (3.841)	0.0490 (0.0317)

注：①测试的确定性趋势假设是允许拦截的。②最优的无风险模型基于前一年的准则。③无括号、括号及方括号分别表示中国、日本、英国。④MacKinnon-Haug-Michelis（1999）p-values。

在单位根检验和约翰森协整检验的基础上，我们使用了五个平稳向量 $(\bar{y}_t, \ f_t, \ r_t, \ \Delta s_t, \ \pi_t - \pi^*)'$，然后构建了 10 个长期收缩条件方程（6-16），用 BQ-SVAR 模型去估计人民币对美元汇率的矩阵 B(0)，对于日元对美元和英镑对美元汇率动态估计模型的约束条件在附录 6-2 中给出。双阶滞后算子矩阵特征值的逆矩阵位于单位圆内，这表明 SVAR 模型的估计结果是稳定的。

三、脉冲响应分析

在方程（6-16）中限制长期限制 B，我们可以得到 L_{R_2}。然后让矩阵 B 成为一个上三角矩阵，我们可以得到 L_{R_1}。从 LR 测试（见表 6-3）中我们发现，基于矩阵 B 在方程（6-16）中对于中国、日本和英国均存在过度识别，但基于 R^2 约束条件的估计是可行的，然后我们把矩阵 B 变为一个上三角矩阵。最后，$\varepsilon_t = B(0)^{-1}u_t$ 用来推导出结构冲击的五种类型。图 6-4 显示实际汇率波动对一个单位结构冲击五种不同类型的累积冲击响应。实证结果表明，一个单位的供给冲击、干预冲击、风险溢价冲击和需求冲击对实际汇率波动都有着长期的影响，并在 12 个季度后收敛，然而货币政策冲击只对实际汇率波动有短期效应，这支持了命题 1 的表述。

表 6-3　过度识别检验

	中国	日本	英国
对数似然函数 L_{R_1}	19.5716	605.0513	−234.9036
对数似然函数 L_{R_2}	−124.2521	560.2113	−312.2960
LR	287.6473 [0.0000]	96.90869 [0.0000]	154.7848 [0.0000]

注：方括号中的值代表 P 值。

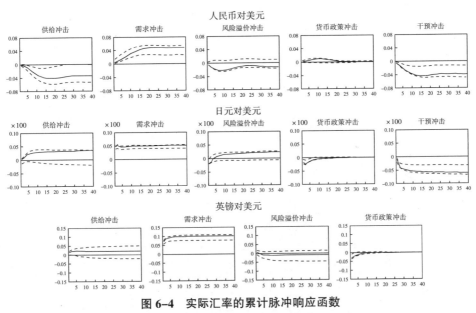

图 6-4　实际汇率的累计脉冲响应函数

注：实线是累积脉冲响应函数，虚线是使用 10000 次自主法模拟得到累计脉冲响应的 90% 置信区间。

为了确认货币政策冲击对汇率波动的动态影响，我们基于理论模型的结果在图 6-5 至图 6-8 中构建了双曲线 $\Delta s = 0$（汇率变动）、$\Delta \pi = 0$（利率变动）。由图 6-5 以及方程（6-5）可以得到，一个单位的积极的货币政策冲击导致的短期名义利率上升，由非抛补利率平价（UIP）可知，名义汇率将贬值，其中贬值幅度取决于资本控制。实际汇率将由于短期通胀率而保持不变。

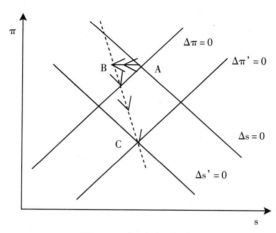

图 6-5　货币流通冲击

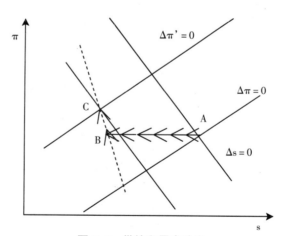

图 6-6　供给和需求冲击

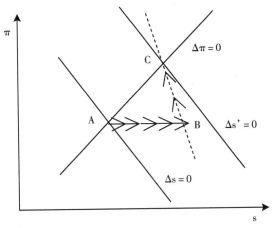

图 6-7　风险溢价冲击

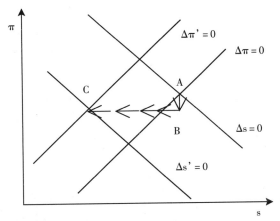

图 6-8　外汇干预冲击

将方程（6-10）取偏导数，我们可以看到一个单位（正）货币政策泰勒规则冲击会导致 $\Delta\pi = 0$ 曲线右移 $b/(b\gamma - \phi)$ 单位，即从 A 点移至 B 点。但从长期来看，货币政策泰勒规则降低了国内通胀率水平，并迫使实际汇率缓慢升值，最终回归到期初均衡水平（C 点），其中，一个单位（正）货币政策泰勒规则冲击会导致 $\Delta\pi = 0$ 曲线下移 $(l_1 - k_1 l_2)/[\rho\phi l_1 - \kappa\phi + \vartheta l_1 - (\vartheta + \rho\phi)k_1 l_2]$ 个单位。

脉冲响应结果还显示，（正）需求冲击不论短期还是长期，均导致实际汇率永久性升值，长期来看需求冲击可稳定拉动汇率升值，12 个季度后，人民币对美元汇率、日元对美元汇率、英镑对美元汇率分别升值0.626%、0.051%和10.009%，这说明需求扩张对于催生汇率升值具有明显的影响效应。这些实证结果与IS-LM理论的结论是一致的，同时（正）供给冲击在短期导致实际汇率贬值，随着时间推移，在12个季度之后，人民币对美元汇率升值0.0401%，然而日元对美元汇率和英镑对美元汇率分别贬值0.0017%和2.049%。

然而，供应冲击对实际汇率的影响是微不足道的，如日元对美元和英镑对美元的累积脉冲响应的90%置信区间所示。关于三种货币的需求冲击和日元对美元汇率以及英镑对美元汇率的供应冲击的结论可以支持命题2。

从图6-6（π＝通胀率，s＝实际汇率）中我们可以看到，一个正的需求冲击或一个负的供给冲击会导致产出缺口增加，在开放的经济环境下，通货膨胀率上升，最后使得国内的物价水平上涨。为了保持真正的货币供应量不变以及货币市场的均衡，名义货币供应量应在相同的增长率下增加，导致基础货币投放和货币供应量通过乘数效应相应增加（从点A到点C）。根据方程（6-10）和方程（6-11），一个单位正的需求冲击或负的供应冲击将带来实际汇率贬值$|1/\phi|$的幅度。

脉冲响应结果还显示，（正）风险溢价冲击短期将导致实际汇率贬值，随着时间的推移，在12个季度以后，人民币对美元汇率和英镑对美元汇率将分别贬值0.264%和0.922%。这说明风险溢价程度对维持汇率的长期稳定具有重要的作用。如图6-7所示，由修正非抵补平价恒等式可知，在货币市场上，风险溢价冲击导致名义利率增加，由于短期通胀率保持不变，因此实际利率增加，实际货币需求下降。如果市场上名义货币供给保持不变，则为了维持货币市场均衡，国内价格水平将上升以降低实际货币供给水平，在此过程中，实际汇率出现缓慢升值，根据方程（6-10）和方程（6-11），一个单位（正）风险溢价冲击催生实际汇率升值的幅度为$|b/\phi|$，这支持了命题3。

脉冲响应结果还显示，（正）央行干预冲击不论短期还是长期，均导致实际汇率永久性贬值，在12个季度之后，长期来看，一个单位央行干预冲击导致人民币对美元和日元对美元的汇率分别贬值0.724%和0.049%，并且两者都在90%的置信水平下，这说明央行干预是政策当局维持汇率稳定的重要力量。从图6-8中可以看到，在商品市场上，贸易顺差导致外汇储备不断增加，汇率升值压力增大；为了维持汇率稳定，政策当局在货币

市场上采用购买和销售外汇的方式直接干预外汇市场，从而导致基础货币投放和货币供应增加，最终引致名义价格上涨和实际汇率贬值。由方程（6-10）和方程（6-11）可求出一个单位（正）央行干预冲击导致实际汇率贬值的幅度为 $|\tau b/\phi|$，这支持了命题4。

四、预测方差分解分析

我们采用预测方差分解分析来探讨实际汇率波动的成因，而且预测方差分解是基于 BQ-SVAR 模型估计得到的（见表6-4）。

表6-4　基于 BQ-SVAR 模型的预测方差分解

预期（季度）	供给冲击	货币政策冲击	风险溢价冲击	需求冲击	央行干预冲击
人民币对美元汇率					
1	0.0076	4.6671	13.1252	20.4243	61.7759
2	0.8741	5.3763	12.3072	22.7752	58.6672
8	1.1705	6.2541	15.0116	22.2035	55.3603
20	2.3644	6.4511	16.0917	21.5306	53.5623
40	2.4008	6.4713	16.2496	21.4745	53.4039
日元对美元汇率					
1	0.4150	10.2238	7.6358	77.4571	4.2683
2	0.5441	9.7159	7.4638	69.4766	12.7996
8	0.8725	10.3128	9.4816	64.9384	14.3948
20	0.9788	10.3663	9.5063	64.7466	14.4020
40	1.0276	10.3593	9.5205	64.6978	14.3948
英镑对美元汇率					
1	3.8687	14.9386	0.6361	80.5565	—
2	3.9257	14.7962	0.9251	80.3530	—
8	3.8541	15.9343	1.3679	78.8437	—
20	3.8548	15.9555	1.3698	78.8199	—
40	3.8548	15.9555	1.3698	78.8199	—

方差分解分析结果显示，在 20 个季度中，需求冲击对人民币对美元、日元对美元和英镑对美元的实际汇率波动的相对贡献分别为 22%、65% 和 79%。供给冲击与实际汇率变化几乎无关，这也解释了 1%~4% 的汇率的长期变化。结果表明，需求冲击对汇率波动是更为重要的因素，这也与累积脉冲响应的结果相一致（Enders 和 Lee，1997）。干预冲击对人民币对美元和日元对美元汇率的影响分别为 54% 和 14%，说明央行干预依然是政策当局调节汇率波动的重要手段之一。

对于中国和日本来说，通货膨胀的 27%~68% 可以用货币冲击来解释，这意味着近年来央行钉住通胀率目标的利率政策是有效的，即 $\varepsilon_M \Rightarrow \pi$。与此同时，中国和日本利率波动的 16%~19% 可以用货币冲击来解释，这说明传导机制 $\varepsilon_M \Rightarrow r$ 也较为顺畅。结合前面的分析可知，货币政策泰勒规则冲击虽然在短期内通过非抵补平价实现实际利率增加和实际汇率贬值，但是长期内国内通胀率的下降迫使实际汇率缓慢升值，最终回归到期初均衡水平，这也表明汇率波动（人民币对美元实际汇率以及日元对美元实际汇率）与货币政策泰勒规则之间具有外生独立性。

然而，英镑对美元实际汇率波动成因的 16% 可归因于货币冲击。一个可能的原因是，虽然通货膨胀波动成因的 51% 可以用货币冲击解释，但是货币冲击仅仅解释了 9% 的英国利率波动成因，这表明货币政策对通货膨胀没有显著的影响。货币冲击会在短期内使汇率贬值，但是通货膨胀率不会同时下降，这会造成货币政策对英镑对美元实际汇率波动具有显著的作用。它还可能与英国实行自由资本流动、无外汇干预和自由浮动汇率制度有关。方差分解分析结果还显示，资本流动管制引致的风险溢价因素解释了 16% 的人民币对美元实际汇率波动成因，但解释日元对美元汇率和英镑对美元汇率波动成因不足 10%。这主要是由于中国实行资本管制，而日本和英国实行自由资本流动（见图 6-9），研究结果表明，资本管制在汇率波动中起着重要的作用。货币政策和资本管制对实际汇率影响巨大的外生性表明，利率调整对汇率波动的影响并不显著。

由于许多发达国家实行自由浮动汇率制度，如美国、英国和日本，汇率是利率的一种内生变量。汇率通过产出和通货膨胀对利率的影响更大。近年来，中国政府已经出台了一系列政策来放宽外汇和利率市场，包括 1994 年的汇率制度改革、1996 开始的银行同业拆借市场网络的完善以及 2005 年开始实施的取消利率上限以及有管理的浮动汇率制度。但从政策

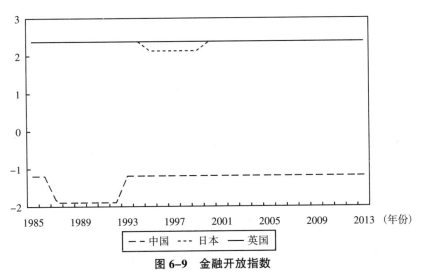

图 6-9 金融开放指数

资料来源：http://web.pdx.edu/~ito/Chinn-Ito_website.htm.

执行效果看，由于人民币汇率的日波动幅度相对较小，从而使得汇率并非利率的内生变量，即 $e \neq i$，而只存在利率影响汇率相对较为顺畅的单向关系，而且由于存在国际资本流动管制，从而体现为以利率为中介工具对产出缺口和通胀率目标进行调控的货币政策对汇率决定的影响十分有限。[①]不过，由于资本管制是一项临时政策，而中国的资本市场预计将逐步开放，我们可以预测，风险溢价对未来人民币实际汇率波动的影响会越来越小。

五、递归预测方差分解分析

我们使用递归预测方差分解，以检验研究结果的稳健性。与滚动分析不同，窗口长度增加一个向前的递归分析。回归过程如下：我们使用83 个初始阶段样本，并在初始样本的基础上进行了第一次方差分解，然后在 84 个周期样本的基础上进行二次方差分解，同时增加一个样本的方差分解，直到包括所有的样本，并最终在图 6-10 中（第 20 个预测期）

[①] 由于发达国家基本实行自由浮动汇率制度，此时汇率是影响利率的内生变量，则在顺畅传导机制下，汇率更多地通过总需求（产出）与通货膨胀渠道影响利率。

列出所有方差分解的估计结果。递归预测方差分解也是基于 BQ-SVAR 模型的。

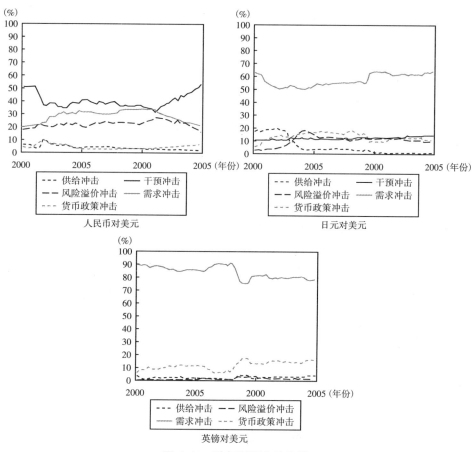

图 6-10 递归预测方差分解

在图 6-10 中，当我们使用人民币对美元实际汇率波动的递归预测方差分解时，估计结果表明，政府干预、需求冲击和风险溢价冲击可以解释 20%~50% 的汇率波动成因，而供给冲击和货币冲击几乎与汇率波动无关。对于日元对美元汇率的动态递归预测方差分解，需求冲击和干预冲击分别解释了近 60% 和 10% 的汇率波动成因，而其他三个冲击对日元对美元汇率的动态变化的影响较小。

英镑对美元汇率递归预测方差分解表明，需求冲击仍然是决定汇率变动的最重要因素，但不同于其他两个双边汇率。货币冲击在英镑兑美元汇率的波动中起着重要的作用（10%~18%）。递归分析表明，不同样本期间的方差分解的估计结果是一致的，表明上述结论是稳健的。

第六节　政策模拟分析

一、滤波方法介绍

为了评估中国、日本和英国由货币政策引起的社会福利损失，我们使用三种方法，即 HP 滤波法、CF 滤波法和 BK 滤波法，衡量产出和通货膨胀缺口，然后计算出三个国家不同通货膨胀目标下的损失函数。

HP 滤波法是一种高通线性滤波器，用来计算平滑序列（τ_t）y_t 方差最小化，一个惩罚约束的二阶差的平滑系列（Hodrick 和 Prescott，1980）。HP 滤波法通过选择一个最佳 τ_t 使方差最小化。

$$\text{Min} \sum_{t=1}^{T} (y_t - \tau_t)^2 + \lambda \sum_{t=2}^{T-1} \left[(\tau_{t+1} - \tau_t) - (\tau_t - \tau_{t-1}) \right]^2 \tag{6-17}$$

当 $\lambda > 0$ 时是平滑参数。λ 越大，则 τ_t 越平滑。对于 $\lambda = \infty$，τ_t 接近线性趋势。一般来说，λ 是被设为 1600 的季度数据。然而许多研究表明，BK 滤波法相比 HP 滤波法在处理季度或更高频率的数据方面具有更大的优势。BK 滤波法是1999 年 Baxter 和 King 提出的，目的是得到一个基于带通滤波器的对称的移动平均。我们可以从季节性调整的系列中分离出平滑的、周期性的、不规则的系列，其中，平滑和不规则分别表示频带的下确界和上确界。然后我们就可以得到相应的经济周期的中间频率。

$$b_t = \sum_{i=1}^{T} \varpi_i y_{t-i} \tag{6-18}$$

其中，ϖ_i 是通过傅立叶变换的频率响应函数计算的。一般来说，T 等于12 季度的数据。为了计算平滑趋势平稳和非平稳序列，Christiano 和 Fitzgerald（2003）提出了一个可以看作是一个非对称的带通滤波器的随机游走滤波器。滤波权重随时间发生变化，而且是不对称的。相比之下，

BK 滤波法就是 CF 滤波法的一种特殊情况。此外，CF 滤波法不仅使用各种不同的时间序列滤波公式，而且在同一时间序列的不同点选择不同的截断和权重。为了更加准确，我们使用以上三种滤波器来计算方程（6-6）中的社会福利损失。

二、政策模拟的福利分析

计算结果如表 6-5 所示。通过上述三种方法计算出的结果表明，中国的社会福利损失是最大的，而日本的则最小，表明日本货币政策的实施在三个国家中是最好的。

表 6-5　各国福利比较

国家	方法	$\alpha = 0$	$\alpha = 0.2$	$\alpha = 0.5$	$\alpha = 0.8$	$\alpha = 1$
中国	HP	2386.702	2905.65	3684.073	4462.496	4981.444
	CF	2477.827	3028.33	3854.084	4679.838	5230.34
	BK	2177.886	2660.378	3384.115	4107.853	4590.345
日本	HP	113.4833	130.5509	156.1522	181.7536	198.8212
	CF	110.3428	126.0002	149.4863	172.9724	188.6299
	BK	113.7846	130.8014	156.3266	181.8518	198.8686
英国	HP	129.9186	161.684	209.3321	256.9803	288.7457
	CF	120.2908	144.5622	180.9693	217.3764	241.6478
	BK	123.3194	155.4926	203.7523	252.0121	284.1853

原因如下：

第一，为了应对长期的经济衰退，日本银行实行零利率和定量宽松政策，而英国在 1980~2007 年已经实施了大缓和经济周期策略，使货币政策对产出缺口和通货膨胀目标的影响很小，社会福利损失小。近年来，我国已经进行了经济结构和政策的改革，导致了经济增长和通货膨胀的波动，以及更大的社会福利损失。

第二，由于中国实行资本管制，外汇资金的流入必然会增加货币供应量，造成高通货膨胀和社会福利损失。

第三，在管理汇率制度下，为了保持汇率稳定，货币政策的独立性将被削弱，并出现相应的福利损失。因此，我国资本市场的逐步对外开放应与自由浮动汇率制度相适应，以提高货币政策的有效性和降低福利损失。

第七节　本章小结

一、本章结论

货币政策和汇率政策是实现内外经济均衡的重要工具。2005 年 7 月，中国政府放弃了固定汇率制，取而代之的是有管理的浮动汇率制度。2014 年，央行进一步放宽了 2% 的人民币对美元即期汇率波动区间。根据"三元悖论"，如果允许国际资本自由流动，那么我国货币政策的独立性和汇率形成机制将被有效改进。

资本管制是一项临时政策，中国资本市场将逐步开放。基于经济理论，汇率干预和资本管制对汇率具有重要的学术研究价值。我们选择三种汇率，分别是人民币对美元汇率、日元对美元汇率和英镑对美元汇率以做比较。相比于中国，英国和日本实施了不同的资本管制和汇率政策，所以我们可以实证检验不同的政策对汇率影响的持久性和对社会福利损失的影响效应。

本章构建了一个以泰勒规则为基础的资本管制和外汇干预的动态汇率决定模型，并对汇率和通货膨胀方程的变动进行了推导。在理论模型的基础上，采用 BQ-SVAR 方法实证检验 1985~2015 年的人民币对美元、日元对美元和英镑对美元的汇率波动成因。

研究结果表明，相比于供应冲击，需求冲击似乎是更重要的影响汇率波动的因素。此外，在短期内，货币冲击通过修正的利率平价（UIP）会使利率上升以及实际汇率贬值。然而，国内通胀率将下降，使实际汇率在长期内缓慢升值，并恢复到初始平衡点。这些实证结果表明，对于人民币对美元和日元对美元汇率来说，货币冲击与实际汇率波动几乎是不相关的。递归分析也支持上述结论。

英国和日本已经开放了资本账户，这样对于日元对美元和英镑对美元汇率而言，风险溢价仅解释了小于10%的汇率持续性。相比之下，由于中国已经实施了资本管制，风险溢价的冲击解释了16%的人民币实际汇率波动成因。

货币政策的外生性和资本管制对实际汇率波动的巨大影响表明利率调整对汇率决定的影响并不显著。这主要是因为中国的货币利率不是一个内生变量。利率与汇率之间存在单一的关系，因为汇率波动幅度相对较小。此外，由于中国仍实行资本管制，因此货币政策与汇率决定不相关。

央行干预性冲击分别解释了人民币对美元和日元对美元汇率波动53%和14%的动态变化，这表明央行干预仍是保持汇率持续性的重要政策工具。然而，外汇干预程度越高，内外均衡的冲突越大，中央银行货币政策的独立性将越弱。相比之下，外汇干预程度越低，内外均衡的冲突越小，货币政策的独立性越强。

因此，减少中央银行的外汇干预，有助于实现货币政策的独立性。此外，检验结果表明，中国的社会福利损失是最大的，而日本的损失最小，这表明三个国家之间日本货币政策的实施是最好的、最有效的。总而言之，中国央行应逐步放开资本账户，调整人民币汇率制度，减少央行外汇干预，提高货币政策和社会福利的有效性。

二、本章启示

基于以上研究结论，本章得到以下两点启示：

第一，需求冲击会增加对本国商品的需求，短期内提升本国商品价格，并实现本币升值和产出增加，而长期内产出将恢复到均衡水平，因此，在货币市场上，为了维系货币市场均衡，名义货币供给必须同比增加，以降低实际货币供给水平，而且由于短期价格黏性的存在，使得本币依然处于升值中。因此，长期实际汇率的波动主要来自商品市场，而短期汇率波动则取决于货币市场的冲击因素，同时，长期汇率波动是经济结构调整和实际经济增长趋于均衡的自然体现，而且需求冲击对波动的影响较大。另外，随着我国经济平稳增长以及政府实施了包括4万亿元支出在内的"一揽子"刺激方案，未来人民币汇率将受需求冲击的影响而进一步呈升值态势。

第二，在现阶段国内依然存在通胀风险的情形下，央行可继续采取从紧的货币和利率政策进行应对，同时并不必担心由此可能对汇率波动产生不必要的冲击。就长期汇率波动而言，人民币汇率的升值方式在很大程度上依赖于我国的资本监管水平。事实上，人民币市场汇率的改制和构建过程也是我国外汇制度逐步放松的过程，随着改制的进行以及人民币国际化的推进，放松乃至取消资本账户监管是必不可少的一项重要举措。此外，随着近年来人民币汇率波动空间的进一步放宽以及汇率浮动制度改革的稳步推进，中央银行应当逐步放松资本流动管制以适应有管理的人民币浮动汇率制度，并适当减少央行干预力度，这不仅有利于提高我国货币政策的独立性，同时也有助于政府扩大政策操作空间，如采取有效的货币政策和汇率政策组合来调控内部经济过热，并应对外部冲击对宏观经济的影响。

附录 6-1　鞍点路径证明

使用矩阵形式，方程（6-10）和方程（6-11）可以表示为以下经济公式：

$$\begin{bmatrix}\Delta s_t \\ \Delta \pi_t\end{bmatrix} = A\begin{bmatrix}s_{t-1} \\ \pi_t - \pi^*\end{bmatrix} + \begin{bmatrix}\begin{Bmatrix}\tau k_1(1+\rho b)(\pi_{t-1}-\pi^*)+[\upsilon\gamma-\gamma\tau(1+\rho b)]k_1 f_t+[k_1\bar{r}_t-k_1(1+\rho b)r_t^*] \\ +k_1\varepsilon_{Mt}+\rho k_1\varepsilon_{yt}-\tau k_1(1+\rho b)\varepsilon_{It}-k_1(1+\rho b)\varepsilon_{Ct}\end{Bmatrix} \\ \begin{Bmatrix}\tau k_1 l_2 l_3(1+\rho b)(\pi_{t-1}-\pi^*)+[\upsilon\gamma-\gamma\tau-\gamma\tau\rho b)k_1 l_2-\upsilon\gamma l_1]l_3 f_t \\ +\{[k_1\bar{r}_t-k_1(1+\rho b)r_t^*]l_2-l_1\bar{r}_t+\beta E_t\pi_{t+1}-\pi_{t-1}\}l_3-(l_1-k_1 l_2)l_3\varepsilon_{Mt} \\ +(\rho k_1 l_2-\rho l_1+\kappa)l_3\varepsilon_{yt}-\tau k_1 l_2(1+\rho b)l_3\varepsilon_{It}-k_1 l_2(1+\rho b)l_3\varepsilon_{Ct}\end{Bmatrix}\end{bmatrix}$$

其中，$A = \begin{bmatrix}[\theta-\tau(1+\rho b)]k_1 & (\vartheta+\rho\phi)k_1 \\ [k_1 l_2(\theta-\tau-\tau\rho b)-\theta l_1]l_3 & -[\rho\phi l_1-\kappa\phi+\vartheta l_1-(\vartheta+\rho\phi)k_1 l_2]l_3\end{bmatrix}$。

根据最优动力理论，该模型满足以下条件：

$\det(A) < 0$

$D(A) = \mathrm{tr}(A)^2 - 4\det(A) > 0$

因此，矩阵有两个实特征根，一个是正的，另一个是负的。所以，在经济体系中有一个稳定的均衡点。在这个点上满足 $\Delta s = 0$ 以及 $\Delta \pi = 0$，这时是一个模型的稳点状态，也叫稳定的均衡点。

附录6-2 日本和英国模型设定的长期
约束条件证明

第一，根据方程（6-10）和方程（6-11）以及四个命题，考虑到日本实行资本自由流动、外汇干预和汇率自由浮动制度，又 $\tau = 1$，我们可以得到日元对美元汇率的长期限制条件（LTC）如下：

$$LTC = \begin{bmatrix} 1 & 0 & 0 & 0 & 0 \\ 0 & 1 & 0 & 0 & 0 \\ 0 & 1 & 1 & 0 & 0 \\ -\dfrac{1}{\phi} & \dfrac{b}{\phi} & -\dfrac{b}{\phi} & \dfrac{1}{\phi} & 0 \\ \dfrac{\vartheta}{\theta\phi} & -\dfrac{[l_1(\vartheta+\rho\phi)-\kappa\phi]\tau(1+\rho b)}{\kappa\phi\theta} & -\dfrac{[l_1(\vartheta+\rho\phi)-\kappa\phi](1+\rho b)}{\kappa\phi\theta} & -\dfrac{\vartheta}{\theta\phi} & -\dfrac{1}{\theta} \end{bmatrix}$$

第二，根据方程（6-10）和方程（6-11）以及四个命题，考虑到英国实行自由资本流动、无外汇干预和汇率自由浮动制度，又 $\tau = 1$、$f_t = 0$ 以及 $\gamma = 0$，我们可以得到英镑对美元汇率的长期限制条件（LTC）如下：

$$LTC = \begin{bmatrix} 1 & 0 & 0 & 0 \\ 0 & 1 & 0 & 0 \\ -\dfrac{1}{\phi} & -\dfrac{b}{\phi} & \dfrac{1}{\phi} & 0 \\ \dfrac{\vartheta}{\theta\phi} & -\dfrac{[l_1(\vartheta+\rho\phi)-\kappa\phi](1+\rho b)}{\kappa\phi\theta} & -\dfrac{\vartheta}{\theta\phi} & -\dfrac{1}{\theta} \end{bmatrix}$$

附录6-3 没有长期约束条件的实际汇率累积脉冲响应函数

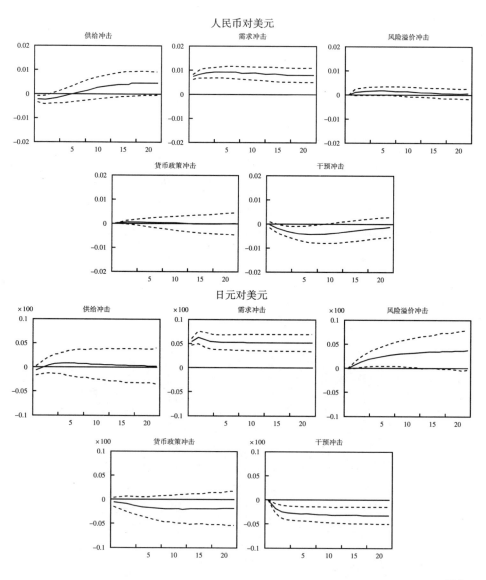

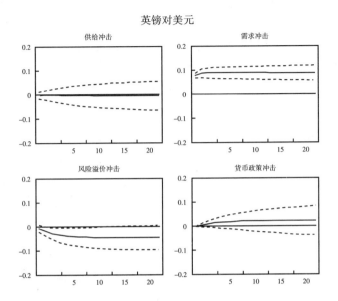

从以上图中可以得到，货币冲击对实际汇率变动的影响是微不足道的，这也意味着货币政策冲击对实际汇率波动的影响仅为短期效应，在长期条件下货币政策冲击对实际汇率波动的影响不大，这也支持了命题1。

第七章　资本账户开放、汇率制度抉择与货币危机关系研究

第一节　引　言

一、问题提出

实现资本账户开放是一国参与经济全球化、加入世界合作与竞争所面临的重要问题，也是一国实现金融自由化的关键一步。据国际货币基金组织统计，从 1975 年到 1990 年，实现资本账户自由化的国家由 23 个增加到 30 个。截至 1994 年底，几乎所有的发达国家都实现了资本账户的开放。伴随着经济金融全球化的进展，一些发展中国家也加快了资本账户开放进程。从拉丁美洲、亚洲到中欧地区，许多发展中国家相继放松甚至取消了对资本流入、流出的限制。到 1997 年，资本账户开放的国家和地区数量达到了 53 个。

从全球宏观角度来考虑，资本账户开放使得资本在全球范围内自由流动，重新分配储蓄。储蓄会自发地流向经济效益高、资金利用效率高的项目，从而提高全球的资源配置效率，增加分散风险的投资机会，以及提高金融发展水平。一般来说，资金由发达国家流向发展中国家。对发展中国家来说，资本账户开放吸引了大量的国际资本，带来了经济发展的机会；对发达国家来说，资金寻找到了回报率更高的投资项目。

然而，风险和收益总是并存的，许多实行资本账户开放的发展中国家相继遭受严重的经济失衡或动荡的困扰。从 1994 年的墨西哥货币危机，

资本账户开放的金融风险及管理研究

到 1997 年的亚洲金融危机，再到 1998 年的巴西和俄罗斯金融动荡，无不体现出危机的突发性、普遍性、严重性和综合性，其影响远超出金融领域，而且更重要的是，这些国家实行了不同类型的汇率制度，同时，许多研究表明，资本账户开放依然是导致金融危机爆发的一个主要原因。有鉴于此，为了考察何种汇率制度有助于抵制资本账户开放引发的危机风险，最重要的是选择合适的对照样本（我们采用 Reinhart 和 Rogoff（2004）的界定划分汇率制度），剔除干扰因素，遵循这个领域研究的惯例（如 Hong 和 Tornell，2005；Esaka，2010），采用外汇市场压力指数（EMPI）来界定货币危机，以 Chinn 和 Ito（2008）提供的指标测度各国资本开放程度，同时应用面板 Probit 模型对全球 182 个发达国家和发展中国家的经验数据进行实证检验，重点研究不同汇率制度下资本账户与货币危机之间的内在关系，并进一步对结果进行对比检验分析，以期分析资本账户开放时什么样的汇率制度有助于抵制金融风险和货币危机的发生。

二、货币危机定义及机理分析

国际货币基金组织（IMF，1998）把金融危机分为四种类型：货币危机（Currency Crisis）、银行危机（Banking Crisis）、系统性危机（Systemic Financial Crisis）与债务危机（Foreign Debt Crisis）。货币危机和银行危机是金融危机的主要表现形式，也是后两种危机爆发的基础。其中，对于货币危机的研究主要集中在 1997 年亚洲金融危机前后，如 Eichengreen 和 Mussa（1998）、Cooper（1998）、Bhagwati（1998）以及 Jones（2000）认为，资本市场的自由化将会进一步扩大现实中存在的大量非有效现象，从而引发危机。Radelet 和 Sachs（1998）以及 Sun（2002）对亚洲金融危机前后的分析表明，资本账户开放（跨境资本流动频繁）使得国内金融风险陡增，并引发区域性金融危机。Calvo（1998）从资本流动角度考虑，认为资本账户开放会促进资本流动速度加快、规模过大，从而降低经济的稳定性。而在宏观经济基本面出现问题的情况下，外部投机性冲击就容易导致货币危机。曾做过世界银行副行长的斯蒂格利茨（1998）不止一次强调过，如果一国在基本经济条件未达到一定要求时进行金融自由化改革，则该国整个金融体系风险增加，直接导致危机发生的可能性增大。Eichengreen（2001）的研究更是体现了资本管制是影响金融危机发生的重要因素。

那么，资本账户开放是不是导致货币危机的主要原因呢？这是对资本账户开放和跨境资本流动监管进行价值判断的前提。已有的文献研究表明，资本账户开放（跨境资本流动频繁）使得国内金融风险陡增，并引发区域性金融危机（Radelet 和 Sachs，1998；Eichengreen，2001；Sun，2002）。一些经济学家从实证角度给出了答案，如 Kaminsky 等（1997）在对 20 个国家 1970~1995 年的 102 次金融危机进行研究后发现，随着一国资本账户开放的发展和金融监管方面的放松，金融危机发生的概率增大，危害程度也加深。而且，如果资本账户开放时，国内收益率低于国外，那么资本将流入境外以套利，从而使现货市场汇率贬值。此时本国投资者会考虑将本国货币兑换成外国货币进行投资，同时投资者为了规避可能出现的汇率风险，他会选择在外汇市场上卖出外国货币远期以对冲风险。如此一来，由于未来远期市场的力量，我们预期未来远期市场汇率将升值。即汇率现货贬值，但远期汇率却有升值预期。因此，套利力量会导致汇率波动，如资本账户开放将导致资本流入流出的逐利特征被进一步放大，从而增加货币危机爆发的可能性。那么，何种汇率制度有利于抵制资本账户开放引发的危机呢？关于这个问题，最重要的是选择合适的对照样本（我们采用 Reinhart 和 Rogoff（2004）的界定划分汇率制度），剔除干扰因素，遵循这个领域研究的惯例（如 Hong 和 Tornell，2005；Esaka，2010），采用 Frankel 和 Rose 关于货币崩溃的定义来界定货币危机，以 Chinn 和 Ito（2008）提供的指标测量各国资本开放程度，同时应用面板 Logistic 模型对全球 182 个国家的经验数据进行实证检验，着重研究不同汇率制度下资本账户与货币危机之间的内在关联，并对结果做进一步的对比分析，以期分析资本账户开放时什么样的汇率制度有利于抵制金融风险和货币危机。

20 世纪八九十年代，为了促进金融发展和经济增长，许多国家都不约而同地开放其资本账户（Tornell 等，2004；Bekaert 等，2005），它期望通过资本账户开放来激发经济效率，如提高资源配置效率、增加分散风险投资机会、提高金融发展水平等（Edison 等，2004）。然而，亚洲金融危机的爆发却使跨境资本自由流动溢出效应的神话受到挑战，一些经济学家认为资本账户开放会带来诸多成本，其中，最主要的就是资本账户开放会加剧跨境资本流动，从而导致宏观金融不稳定、金融危机和经济危机爆发频率陡增。事实上，许多研究表明，资本账户开放过后常常伴随着金融不稳定，并被认为是导致危机爆发的一个主要原因（Kaminsky 和 Reinhart，1999；Caprio 和 Klingebiel，1996）。

国内的文献没有系统地论述资本账户开放与货币危机之间的关系，但是学者们抓住了这个问题的某一方面来研究。例如，高海红（1999）指出，泰国在资本账户开放的过程中，监管不力导致了大规模的资本流动，在引发危机方面具有关键影响。李剑峰和蓝发钦（2007）采用 1985~1999 年印度、泰国、韩国、印度尼西亚、马来西亚和菲律宾的季度数据，对发展中国家资本账户开放与货币危机之间的关系进行了阐述，认为资本账户开放有可能引发金融危机，但这种可能性和基本经济条件相关。马勇和陈雨露（2010）通过对 55 个国家 1980~1999 年数据的 Probit 回归，实证分析了资本账户开放和系统性金融危机之间的相关关系。但是，多数研究只限于定性和实证分析，较少通过理论和实证研究阐述在不同汇率制度下两者之间的内在关系。然而，对这些问题的研究均具有重要的理论价值和现实意义。它不仅有助于我们理解资本账户开放与货币危机之间的动态关系，而且对于政策当局应对货币危机以及危机的蔓延均能提供重要的理论基础和决策依据。

第二节　模型设定与指标构建选取

一、货币危机测度

我们遵循这一领域的惯例（Kaminsky 和 Reinhart，1999；Glick 和 Hutchison，2005；Bubula 和 Ötker-Robe，2003；Hong 和 Tornell，2005；Esaka，2010），采用外汇市场压力指标（EMP）来衡量一国有无发生货币危机，主要的测度方法如下：

首先，定义 $EMP = \%E_{it}/std1_{it} + \%R_{it}/std2_{it}$。

其中，$std1_{it}$ 和 $std2_{it}$ 分别表示国家 i 在第 t 时期汇率（E）百分比和外汇储备（R）百分比变化的标准差。

其次，定义货币危机（当 $y_{it} = 1$ 表示发生货币危机，否则表示没有发生货币危机）：

$$y_{it} = \text{Crisis}_{it} = \begin{cases} 1, & \text{EMP}_{it} \geq \text{平均}（\text{EMP}_{it}）+2 \text{标准差}（\text{EMP}_{it}）\text{和 EMP}_{it} \geq 10\%\text{或 EMP}_{it} \geq 50\% \\ 0, & \text{其他} \end{cases}$$

二、汇率制度分类测度

在 1998 年以前，国际货币基金组织基于成员国对外汇灵活性程度的官方要求对汇率制度进行了系统分类。主要分为三大类：①固定汇率制度；②有限弹性的浮动汇率制度；③更大弹性的浮动汇率制度，它包括有管理的浮动汇率制度和独立浮动汇率制度。然而在实际中，很多国家的实际汇率制度与它们的官方汇率制度不相符（Calvo 和 Reinhart，2002；Reinhart 和 Rogoff，2004；Levy-Yeyati 和 Sturzenegger，2005）。在实际汇率制度的分类选择中，我们采用 Reinhart 和 Rogoff（2004）以及 Esaka（2010）的衡量方法，主要在于相比其他实际汇率制度（Husain et al.，2005），他们提供了一个相对长期的汇率制度，有利于我们检验相对长期的汇率制度对货币危机的影响。此外，Reinhart 和 Rogoff（2004）将高通货膨胀率的国家单独归为一类，这样可以使我们对高通货膨胀率更易于发生货币危机这一特殊情况进行单独考量。

根据 Reinhart 和 Rogoff（2004）的分类数据，我们把不同国家的汇率制度划分如下：①无独立法定货币的汇率制度；②预先公布钉住或者联合浮动的汇率制度；③预先公布的汇率波动幅度小于等于±2%的汇率制度；④实际钉住汇率制度；⑤预先公布的爬行钉住汇率制度；⑥预先公布的汇率波动幅度小于等于±2%的爬行钉住汇率制度；⑦实际爬行钉住汇率制度；⑧预先公布的汇率波动幅度大于等于±2%的爬行钉住汇率制度；⑨实际爬行且汇率波动幅度小于等于±2%的汇率制度；⑩汇率波动幅度小于等于±5%的实际爬行汇率制度；⑪汇率波动幅度小于等于±2%的汇率制度；⑫有管理的浮动汇率制度；⑬自由浮动汇率制度；⑭自由落体汇率制度。

我们借鉴 Esaka（2010）的设定方法，把上述 14 种汇率制度划分为以下四类：

第一，硬钉住汇率制度（如货币联盟汇率和货币局汇率制度），包括 Reinhart 和 Rogoff（2004）分类中的①~②，设为 1。

第二，中间汇率制度（如美元钉住、爬行钉住、一篮子钉住、联合浮

动和有管理的浮动汇率制度等），包括 Reinhart 和 Rogoff（2004）分类中的
③~⑫，设为 2。

第三，自由浮动汇率制度，即 Reinhart 和 Rogoff（2004）分类中的⑬，
设为 3。

第四，自由落体汇率制度，即 Reinhart 和 Rogoff（2004）分类中的⑭，
设为 4。

三、数据来源及说明

本章的数据主要取自世界银行数据库①和厦门大学电子图书馆②。考
虑到数据的可得性及数据的完整性，这里删除了一些数据不完全的国家，
选择了全球 182 个国家 1990~2013 年的经验数据，其中包括 16 个发达国
家和 166 个发展中国家，能够有效反映在不同的汇率制度下资本账户开放
和货币危机的关系。

本章所涉及的变量如下：

官方汇率：指的是由国家当局确定的汇率或由合法的外汇市场确定的
汇率。它是根据月平均值计算的年平均值（本币单位相对于美元的价值）。

GDP 增长率（年百分比）：市场价格 GDP 年增长率基于不变价本币计
算，总额计算基于 2005 年不变价美元。GDP 是一个经济体内所有居民生
产者创造的增加值的总和，加上任何产品税并减去不包括在产品价值中的
补贴。计算时未扣除资产折旧或自然资源损耗和退化。

货币和准货币（M2）（现价本币单位）：货币和准货币包括银行外的
通货、除中央政府外的活期存款，以及除中央政府外的居民定期储蓄和外
汇存款的总和。这个货币供应定义往往称作 M2，它与国际货币基金组织
（IMF）的《国际金融统计》（IFS）中的第 34 行和第 35 行相对应。数据按
当地货币不变价格计算。

货物和服务出口（占 GDP 的百分比）：货物和服务出口是指向世界其
他国家供应的所有货物和其他市场服务的价值，包括商品、货运、保险、
运输、旅游、版税、特许权费，以及通信、建筑、金融、信息、商务、个

---

① 世界银行数据库：http：//data.worldbank.org.cn/。
② 厦门大学电子图书馆：http：//library.xmu.edu.cn/。

人和政府服务等其他服务,雇员薪酬和投资收入(以前称为要素服务)及转移支付不包括在内。

货物和服务进口(占 GDP 的百分比):货物和服务进口是指从世界其他国家获得的所有货物和其他市场服务的价值,包括商品、货运、保险、运输、旅游、版税、特许权费,以及通信、建筑、金融、信息、商务、个人和政府服务等其他服务,雇员薪酬和投资收入(以前称为要素服务)及转移支付不包括在内。

外国直接投资净流入(BoP,现价美元):外国直接投资是指投资者为获得在另一经济体中运作的企业的永久性管理权益(10%以上表决权)所做的投资的净流入。它是股权资本、收益再投资、其他长期资本以及国际收支平衡表中显示的短期资本之和,反映经济体来自外国投资者的净流入(新投资流入减去撤资),数据按现价美元计算。

银行部门提供的国内信贷(占 GDP 的百分比):银行部门提供的国内信贷包括以总额计算的对各部门的所有信贷,除中央政府信贷外,以净额计算。银行部门包括货币当局和存款银行,以及可获得数据的其他银行业金融机构(包括不接受可转移存款但确实承担类似定期和储蓄存款责任的机构)。其他银行业金融机构的例子还有储蓄和抵押贷款机构、建房贷款合作协会。

私营部门的国内信贷(占 GDP 的百分比):私营部门的国内信贷是指通过贷款、购买非股权证券、贸易信用以及其他应收账款等方式提供给私营部门并确立了偿还要求的金融资源。对于某些国家,此类债权包括对国有企业的信贷。

证券组合股权净流入(BoP,现价美元):股票投资组合包括除记录为直接投资以外的股权证券净流入,包括股份、股票、存款收据(美国或全球的)以及外国投资者在当地股票市场中直接购买的股票,数据按现价美元计算。

第三节　实证结果及其分析

一、不同汇率制度下货币危机发生的概率

在我们考察资本账户开放与货币危机发生概率之间的关系之前，我们先来看看各国实际汇率制度分布与货币危机发生的频率。

从表 7-1 我们可以看出，在本研究选取的全球 182 个国家的经验数据中，实行中间汇率制度的国家最多，占 56.34%，其次是实行硬钉住汇率制度的国家，占 32.46%，实行这两种类型汇率制度的国家占据了研究的大部分，而实行自由浮动汇率制度和自由落体汇率制度的国家很少。但是，自由落体汇率制度的国家发生货币危机的概率最大，为 51.16%，意味着实行自由落体汇率制度的国家最容易发生货币危机。硬钉住汇率制度下货币危机的发生率为 1.97%，中间汇率制度下为 5.16%，自由浮动制度下为 7.98%，表明硬钉住汇率制度比中间汇率制度和自由浮动汇率制度更不易发生货币危机。

表 7-1　汇率制度与货币危机（1990~2013 年）

体制	汇率制度		货币危机		份额（%）
	数量	份额（%）	数量	概率（%）	
世界					
硬钉住	1418	32.46	28	1.97	8.64
中间汇率	2461	56.34	127	5.16	39.20
自由浮动	188	4.30	15	7.98	4.63
自由落体	301	6.89	154	51.16	47.53
总共	4368	100	324	7.42	100
发展中国家					
硬钉住	1201	33.61	28	2.33	8.92
中间汇率	1974	55.25	122	6.18	38.85

体制	汇率制度		货币危机		份额（%）
	数量	份额（%）	数量	概率（%）	
发展中国家					
自由浮动	107	2.99	15	14.02	4.78
自由落体	291	8.14	149	51.20	47.45
总共	3573	100	314	8.79	100

资料来源：IFS 和 CEIC 数据库。

以上结论对发展中国家同样适用。同样是实行中间汇率制度和硬钉住汇率制度的国家占绝大部分，实行自由落体汇率制度的国家最容易发生货币危机，概率为 51.20%。不过在发展中国家中实行自由浮动汇率制度发生货币危机的概率比在世界范围的概率显著提高。

在表 7-2 中，我们可以观察到在资本账户开放程度较低的情况下，实行自由落体汇率制度发生货币危机的概率最高，为 53.21%。其次是自由浮动汇率制度，发生货币危机的概率为 16.46%。而实行硬钉住汇率制度和中间汇率制度发生货币危机的概率都较低。当资本账户开放程度较高时，实行自由落体汇率制度发生货币危机的概率还是最高，但是概率大幅度下降，为 36.11%。类似地，自由浮动汇率制度发生货币危机的概率也大幅度下降，为 1.83%。表明资本账户自由开放后，资金的自由流动避免了关联资本由于波幅过大导致危机。

单单就发展中国家来看，以上结论也同样适用。在资本账户开放程度较低的情况下，实行自由落体汇率制度和自由浮动汇率制度发生货币危机的概率分别为 52.92% 和 16.46%。但是当资本账户开放程度较高时，实行自由落体汇率制度发生货币危机的概率下降到 38.24%，实行自由浮动汇率制度发生货币危机的概率下降到 7.14%。此外，我们还发现相比其他汇率制度，自由资本账户下的硬钉住汇率制度最不易于发生货币危机。

二、汇率制度与货币危机关系的实证分析

表 7-3 介绍了估计货币危机可能概率的模型结果，报告解释变量平均

表 7-2　汇率制度、资本账户开放与货币危机（1990~2013 年）

		汇率制度		货币危机		份额（%）
		数量	份额（%）	数量	概率（%）	
世界						
资本账户开放程度较低组	硬钉住	807	30.17	28	3.47	9.56
	中间汇率	1524	56.97	111	7.28	37.88
	自由浮动	79	2.95	13	16.46	4.44
	自由落体	265	9.91	141	53.21	48.12
	总共	2675	100	293	10.95	100
资本账户开放程度较高组	硬钉住	611	36.09	0	0	0
	中间汇率	937	55.35	16	1.71	51.61
	自由浮动	109	6.44	2	1.83	6.45
	自由落体	36	2.13	13	36.11	41.94
	总共	1693	100	31	1.83	100
发展中国家						
资本账户开放程度较低组	硬钉住	783	31.13	28	3.58	9.86
	中间汇率	1396	55.51	107	7.66	37.68
	自由浮动	79	3.14	13	16.46	4.58
	自由落体	257	10.22	136	52.92	47.89
	总共	2515	100	284	11.29	100
资本账户开放程度较高组	硬钉住	418	39.51	0	0	0
	中间汇率	578	54.3	15	2.60	50
	自由浮动	28	2.65	2	7.14	6.67
	自由落体	34	3.21	13	38.24	43.33
	总共	1058	100	30	2.84	100

注：资本账户开放程度较低组为指标 Cal 值低于 1，资本账户开放程度较高组为指标 Cal 值低于 2。

值评估的边际效应（可能性）。这里，硬钉住汇率制度作为基类，由虚拟变量的系数推出的边际可能性与中间汇率制度下货币危机的发生率有关。括号里的数字是 Z 统计量，是用异方差—稳健标准误差控制来计算的。

在表 7-3 中，首先，对于基准模型，中间汇率制度的系数为负，但统计上不显著。其次，我们注意到对于基准利率，自由浮动汇率制度的系数为正，但在统计上不显著。再次，我们不能反驳硬钉住汇率制度的系数加上自由浮动汇率制度的系数是零这个原假设。最后，我们用排除了自由落体汇率制度观察值的数据得到的拓展模型估计，实质上得到的是同一个结果。从这些结果中，我们可以合理地推断出汇率制度的两级观点不成立，因为中间汇率制度与硬钉住汇率制度和自由浮动汇率制度相比不会大大增加货币危机的发生概率。

为了研究硬钉住汇率制度与中间汇率制度及自由浮动汇率制度相比是否大大地增加或减少了货币危机发生的可能性，我们把硬钉住汇率制度设为基类，然后估计概念模型。从表 7-3 中，第一，我们注意到在所有国家的基准模型中，中间汇率制度和自由浮动汇率制度的系数为正，但统计上不显著。第二，我们注意到发展中国家的基准模型在 1% 的显著性水平上自由浮动汇率制度的系数是正的。然而，当使用不含自由落体观察值的数据库时，这种显著性就消失了。第三，我们注意到，当使用不含 EMPI 50% 门限值的国家数据库时，在 10% 的显著性水平上中间汇率制度的系数为正。从这些结果中我们可以发现有力的证据证明，硬钉住汇率制度相对于中间汇率制度和自由浮动汇率制度，减少了货币危机发生的可能性，但其效果在统计上不显著。

表 7-3　汇率制度与货币危机

	基准模型	拓展模型	发展中国家 [1]	发展中国家 [2]
中间汇率制度	−0.006 (−0.72)	0.006 (0.61)	0.007 (0.69)	0.017 (1.51)
自由浮动汇率制度	0.018 (0.90)	0.026 (1.14)	0.108*** (2.95)	0.109*** (2.71)
自由落体汇率制度	0.586*** (17.51)	0.676*** (15.63)	0.586*** (16.92)	0.676*** (15.12)
净出口增长率		0.00008 (0.15)		0.00001 (0.01)
银行部门信贷增长率		−0.011*** (−2.44)		−0.012** (−2.21)
私营部门信贷增长率		−0.055* (−2.97)		−0.058*** (−2.68)

	基准模型	拓展模型	发展中国家 [1]	发展中国家 [2]
M2 增长率		0.007 (0.27)		0.002 (0.05)
FDI 净流入增长率		0.0001* (1.82)		0.0002* (1.78)
观察值	3840	2761	3161	2261
对数似然值	−781.09	−502.659	−723.155	−467.026
Pseudo R^2	0.297	0.353	0.299	0.3547
LM 统计量	0.26 [0.613]	1.40 [0.236]	2.12 [0.145]	0.53 [0.467]
年度虚拟变量	Yes	Yes	Yes	Yes

注：*、**、*** 分别表示在 10%、5%、1%的显著性水平上拒绝原假设，括号内为对应统计量的 Z 统计量，中括号内为对应统计量的 P 值。

三、资本账户开放与货币危机关系的实证分析

为了进一步实证检验资本账户开放与货币危机的关系，我们在 Probit 模型中控制了银行部门国内信贷增长率、净出口增长率、私营部门国内信贷增长率、M2 增长率以及 FDI 净流入增长率等因素对货币危机的影响，检验结果表明，不论是对于基准模型还是拓展模型以及分样本的发展中国家和地区而言，资本账户开放均能够有效降低货币危机发生的概率。主要原因可能在于，资本账户开放能够使国际资本自由流动，同时也能够使汇率的贬值或升值压力适时有效地释放，从而在一定程度上降低货币危机发生的概率。这也与 Esaka（2010）等的实证研究结论相一致。

四、资本账户开放、汇率制度与货币危机的实证分析

在任何开放经济体中，决策者在选择他们的汇率制度时都会面临宏观经济政策三难选择（Obstfeld 和 Taylor，2004）。Shambaugh（2004）和 Obstfeld 等（2005）的经验证明，经济政策三难选择拥有长期历史数据。从这个三难选择推断，当选择汇率制度时，决策者需要考虑对资本流动政

策立场的选择。Glick 和 Hutchison（2005）及 Glick 等（2006）使用 1975~
1997 年 69 个发展中国家的面板数据对资本流动的合法限制是否影响货币
危机的发生率进行了实证研究。他们发现实行资金管制的国家发生货币危
机的可能性高于没有资金管制的国家，预示着资本流动自由化的国家不易
发生货币危机。

　　为了证实他们的结果，我们使用 1990~2013 年 182 个国家的面板数据
估计资本管制对货币危机发生可能性的影响（见表 7–4）。我们发现资金
流动的限制大大增加了货币危机发生的可能性，意味着我们的结果与
Glick 和 Hutchison（2005）及 Glick 等（2006）的结果一致。因此，通过考
虑资金控制的存在来检查汇率制度和货币危机的关系是非常重要的。

表 7–4　资本账户开放与货币危机

	基准模型	拓展模型	发展中国家 [1]	发展中国家 [2]
资本账户开放	−0.027*** (−10.34)	−0.025*** (−7.92)	−0.029*** (−7.83)	−0.025*** (−5.76)
净出口增长率		−0.0001 (−0.24)		−5e−06 (−0.43)
银行部门国内信贷增长率		−0.011*** (−2.60)		−0.0001 (−2.48)
私营部门国内信贷增长率		−0.057*** (−2.96)		−0.0006 (−2.58)
M2 增长率		0.033 (1.19)		0.0003 (0.94)
FDI 净流入增长率		0.0001* (1.79)		2e−06 (1.74)
观察值	3353	2513	2736	2052
对数似然值	−788.812	−584.457	−746.557	−553.590
Pseudo R²	0.173	0.177	0.1573	0.161
年度虚拟变量	Yes	Yes	Yes	Yes

注：*、*** 分别表示在 10%、1% 的显著性水平上拒绝原假设，括号内为对应统计量的 Z 统计量，中
　　括号内为对应统计量的 P 值。

根据宏观经济政策三难选择，在没有资本管制的情况下，硬钉住汇率制度就没有了货币政策自主权，然而自由浮动汇率制度有货币政策自主权。在不同制度下货币政策自主权的程度显示在表7-2中。在相同的汇率制度下，有资本管制的国家比没有资本管制的国家具有更多的货币政策自主权。在有资本管制或是在没有资本管制的国家，货币政策自主权的程度由小到大分别对应：①硬钉住汇率制度；②中间汇率制度；③自由浮动汇率制度。因此，人们可能会认为没有资本管制的硬钉住汇率制度有最少的货币自主权（有最严格的规定）；另外，资本管制下的自由浮动汇率制度相比其他制度具有最大的货币自主权。

据此，我们对没有货币自主权的无资本管制硬钉住汇率制度相比其他制度是否大大地增加或减少了货币危机发生的可能性进行实证检验。通过这种方式，我们可以间接地讨论货币自主权的程度与货币危机发生的关系。此外，在此分析中，我们对两级观点讨论的拥有自由资本账户的硬钉住汇率制度较少受到投机性攻击和货币危机的影响这一观点进行实证性论证。

表7-5显示了估计货币危机的可能性的概率Probit模型的结果。我们使用资本账户开放—汇率制度的虚拟变量作为概率Probit模型的解释变量，来解释有（无）资本账户开放的汇率制度与货币危机的关系。因此，我们把无资本管制的硬钉住汇率制度作为基类，拓展模型是用不含自由落体汇率制度观察值的数据估计出来的。

表7-5 资本账户开放、汇率制度与货币危机

	基准模型	拓展模型	发展中国家 [1]	发展中国家 [2]
中间汇率制度	0.013 (1.60)	0.025 (2.42)	0.029 (2.62)	0.048 (3.12)
自由浮动汇率制度	0.051 (2.18)	0.078 (2.64)	0.125 (3.15)	0.169 (3.42)
自由落体汇率制度	0.650 (13.72)	0.076 (12.54)	0.678 (13.39)	0.786 (12.11)
资本账户开放	−0.029*** (−5.77)	−0.032*** (−4.23)	−0.039 (−5.53)	−0.046 (−4.17)
中间汇率制度×资本账户开放	0.014 (2.37)	0.019 (2.39)	0.027 (3.24)	0.037 (3.06)

续表

	基准模型	拓展模型	发展中国家 [1]	发展中国家 [2]
自由浮动汇率制度× 资本账户开放	0.002 (0.16)	0.011 (0.90)	0.029 (1.66)	0.038 (2.08)
自由落体汇率制度× 资本账户开放	0.034 (2.70)	0.033 (3.06)	0.045 (3.72)	0.048 (3.20)
净出口增长率		0.00005 (0.13)		−0.0001 (−0.06)
银行部门国内信贷 增长率		−0.008 (−2.43)		−0.010 (−2.29)
私营部门国内信贷 增长率		−0.045 (−3.17)		−0.052 (−2.78)
M2 增长率		0.015 (0.76)		0.016 (0.59)
FDI 净流入增长率		0.0001 (1.95)		0.0001 (1.95)
观察值	3353	2513	2736	2052
对数似然值	−630.784	−436.916	−596.776	−413.55
Pseudo R²	0.3385	0.385	0.3264	0.3734
年度虚拟变量	Yes	Yes	Yes	Yes

注：*** 表示在1%的显著性水平上拒绝原假设，括号内为对应统计量的 Z 统计量，中括号内为对应
　　统计量的 P 值。

　　表 7-5 的主要结论如下：第一，我们观察到所有制度虚拟变量的系数为正。第二，我们注意到在所有国家的基准模型中，汇率制度的估计系数均显著为正，同时由估计系数大小比较可知，自由落体汇率制度更倾向于爆发危机。而且，在控制宏观经济因素后，到自由浮动汇率制度更倾向于爆发危机，且比固定汇率制度下爆发汇率危机的概率提高了 8.7%，自由落体汇率制度和中间汇率制度到分别比固定汇率制度爆发汇率危机的概率高出 7.6% 和 2.5%。第三，发展中国家得到的结论与全样本估计结果基本一致。

　　因此，我们找到了有力的证据证明，对于所有的国家而言，有资本管制的中间汇率制度和有资本管制的自由浮动汇率制度相比无资本管制的硬钉住汇率制度更易于发生货币危机。也就是说，无资本管制的硬钉住汇率制度相比有资本管制的中间汇率制度和有资本管制的自由浮动汇率制度，

货币危机的发生率显著减小。

从宏观经济政策的三难选择观点来看，相比其他汇率制度，无资本管制的硬钉住汇率制度没有货币自主权，并且对宏观经济政策有最严格的规定。因此，可以推测出无资本管制的硬钉住汇率制度相比其他汇率制度能够显著减少货币危机的发生，因为它能够维持货币和汇率政策严格与清晰的规定。进一步地，货币政策自主权和货币危机发生之间有着间接的关系，因为有更大货币政策自主权的国家，货币危机的发生率增大。

第四节　本章小结

一、本章结论

本章运用概率 Probit 模型，采用全球 182 个国家 1990~2013 年的经验数据，详细分析在资本账户开放下，汇率制度等各种因素诱发货币危机的可能性。同时我们还分析了国内经济金融条件和制度因素，如出口增长率、国内信贷增长率、M2 增长率、FDI 净流入增长率以及汇率制度等条件对货币危机的影响效应。

第一，我们考察了汇率制度与货币危机的关系，发现自由落体汇率制度最容易发生货币危机，而硬钉住汇率制度最不易发生货币危机。第二，根据概率 Probit 模型的回归分析，我们可以看出资本账户开放会显著降低货币危机发生的可能性。第三，FDI 净流入增长会增加货币危机发生的可能性，而银行部门国内信贷增长和私营部门国内信贷增长会降低货币危机发生的可能性，净出口增长率、M2 增长率与货币危机没有显著的关系。

二、本章启示

根据以上研究结论，并且结合中国国情，我们可以得出以下启示：

第一，由于在资本账户开放情况下硬钉住汇率制度对宏观政策有严格规定，不易受投机性攻击的影响，所以最不容易发生货币危机。而我国属于中间汇率制度，具有较大的货币政策自主权，因此要密切关注汇率的变化并适时进行宏观政策的调整。

第二，从全球经济的发展状况来看，资本账户开放是一个长期的发展方向，在贸易自由化和金融工具不断创新的过程中，我们要注意资本账户开放的循序渐进，稳步推进。在市场、开放对象、金融产品类型等的选择上逐步深入推进。

第三，统筹规划宏观经济政策。实施稳健的财政政策，尽可能减少财政赤字，避免通货膨胀；采取灵活的货币政策，控制国内信贷供给和货币总量，避免过度扩张的货币政策；同时保持合理的外汇储备，增强人民币汇率的弹性；建立现代企业制度，提高国际竞争力和市场应变能力。

第八章 资本账户开放、外汇储备变动与货币政策传导机制研究

第一节 引　言

一、问题提出

在固定汇率制度和有管理的浮动汇率制度下，资本账户开放后，国内基础货币的调节就不完全取决于中央银行，国际收支的变化，特别是资本流动在很大程度上对基础货币投放产生较大影响（Broz，1998）。由此在固定汇率制度下，货币政策的独立性受到挑战，原有货币政策传导机制的有效性将减弱，如利率传导渠道失效（取决于世界利率）、信贷渠道部分作用失效（投资者可向国际筹资，降低银行信贷渠道的作用）以及资产价格传导机制受到干扰（如跨境资本流动导致国内股市和房地产价格波动），因此资本账户开放国往往会转向实行浮动汇率制度，以增强货币政策的独立性。

Taylor（1995）、Broz（1998）、Faust 和 Rogers（2003）、Scholl 和 Uhlig（2008）以及 Heinlein 和 Krolzig（2012）认为资本账户开放后，汇率将成为货币政策传导的重要渠道。同时，也有研究表明，当前货币政策的泰勒规则对汇率波动的影响不具有持久性，而且由于我国存在资本流动管制，使得以利率为中介工具调整通胀目标和产出缺口的货币政策对汇率决定的影响十分有限（陈创练，2012；陈创练和杨子晖，2012），但是如果放宽资本账户开放，则货币政策对汇率波动影响的有效性需要重新考量。

基于此，本章将根据我国实际经济条件，在结合总需求和新菲利普斯曲线的商品市场中，考虑修正的泰勒规则货币政策，测算资本账户开放指数和修正非抵补利率平价，测度外汇冲销与央行干预等，以构建新开放经济条件下汇率决定的货币政策传导理论模型，以此分析资本账户开放、货币政策和央行干预等对长期汇率决定的影响，并重点评估资本账户开放后央行主要货币政策传导的有效性。

二、研究思路

泰勒规则是指一国货币政策根据实际经验而确定的一种短期利率调整规则，即在保持实际短期利率稳定和中性政策立场的前提下，当产出缺口为正（负）和通胀率超过（低于）目标值时，应提高（降低）名义短期利率。通过简单线性模型，该规则很好地描述了美国 1984~1992 年的货币政策操作（Taylor，1993）。后续许多研究倾向于改进泰勒规则，并考虑可能存在的非线性。例如，Judd 和 Rudebusch（1998）、Clarida 等（2000）以及 Orphanides（2004）等对分时段样本的实证分析发现，美国利率规则在 1979 年后发生了结构性转变。Cogley 和 Sargent（2001，2005）及 Boivin（2001）基于时变参数模型框架的研究表明，在不同宏观经济状态下货币政策调整具有明显的时变特征。Kim 和 Nelson（2006）发现，美国的货币政策规则在 20 世纪 70~90 年代均发生较大转变。Gerlach 和 Lewis（2014）同样发现，在金融危机期间，欧洲央行货币政策的反应参数变化较大。

可见，传统泰勒规则在估计短期名义利率对通胀和产出缺口的调整机制上存在一定缺陷。究其原因，传统的流动性陷阱和信贷约束模型以及非对称性工资指数化等均可能导致货币政策传导机制发生非线性转换（Morgan，1993；Kandil，1995），特别地，当财政政策逆周期调整时，为了消除预期通胀和产出波动，货币政策的适时调整和配合将导致钉住产出和通胀目标参数发生改变，从而使得货币政策在逆经济周期中不再遵循线性调整规则（Amano 等，1999）。而更为重要的是，宏观经济形势变化（如产出和通胀周期性变化）、个体行为偏好转变以及制度和政策改革（如央行政策取向）等都可能改变宏观变量之间的结构性参数关系，由此使得宏观变量之间的关系不再是一成不变的常系数关系。因此，运用非线性模型或者时变参数模型对泰勒规则展开时变参数估计和分析将显得十分必要。近年来，随着时变参数估计等现代计量方法的不断完善，涌现了一批有关货币政策时变泰勒规则估计的相关文献。但同时由于泰勒规则中包含利率、通胀和产出等内生变量，使得传统的卡尔曼滤波等方法在货币政策估计中并不再适用（Kim 和 Nelson，2006；Edilean 和 Gabriela，2015）。有鉴于此，Primiceri（2005）提出了时变参数向量自回归（TVP-VAR）模型。该方法不仅允许宏观经济结构参数发生持久性突变或渐进演变，而且同时能够有效消除模型系统的内生性问题，因此在近期有关货币政策传导机制的非线性研究中得以广泛应用，并取得显著成效。其中，代表性的研究包括 Primiceri（2005）、Boivin（2006）、Sims 和 Zha（2006）、Nakajima（2011）、Kagraoka 和 Moussa（2013）以及 Edilean 和 Gabriela（2015）等。但上述文献仍只停留在实证分析货币政策结构性冲击对宏观内生变量的影响效应，尚未发挥 TVP-VAR 在解决模型系统内生性方面的优势，如可用来获取时变参数泰勒规则的有效估计。事实上，对该方法和领域的拓展研究不仅具有重要的理论价值，而且对于货币政策的历史演进估计和未来政策制定均具有重要的启发意义。

在我国，现有研究也相继表明货币政策规则存在较强的非线性调整特征（赵进文和闵捷，2005），而且在不同区制下，我国货币政策名义利率对通胀和实际产出有不同的政策反应（郑挺国和刘金全，2010）。最近许多研究从不同角度对我国货币政策可能呈现的非线性特征和原因展开了深入研究。例如，赵进文和黄彦（2006）、张屹山和张代强（2008）、欧阳志刚和王世杰（2009）、中国人民银行营业管理部课题组（2009）、张小宇和刘金全（2013）、王去非等（2015）以及王晋斌和刘婧蓉（2015）等分别从"央行钉住产出缺口和通胀偏离的非对称性偏好"、"预期通胀率和经济增长率变化"、"货币增长高低速区制"、"通胀高低区制"、"经济扩张和收缩周期"、"经济周期和产业结构调整冲击"以及"非对称损失偏好"等不同角度论证了货币政策非线性调整的影响因素。

虽然上述文献讨论了各种形式的货币政策反应关系，得出了许多有益的结论，但是他们主要关注利率针对通货膨胀、实际产出做出的调整反应，在很大程度上忽略了这些宏观经济变量之间的影响关系和反馈关系（即内生性），如总需求曲线、菲利普斯曲线等，由此可能引起经验研究严重偏离宏观经济因素间内生关联的现实，并产生对时变参数泰勒规则的估计结果有偏。而且，由于宏观经济变量常常带有趋势和随机波动特征，采用带常系数波动的时变参数 VAR 模型对经济系统展开估计的结果仍不具可靠性 (Nakajima, 2011)。基于以上考虑，本章尝试在宏观经济系统结构下构建一种关于利率、M2、汇率、通胀、产出和外汇储备变动的时变参数结构向量自回归 (TVP-SVAR) 模型，并利用马尔可夫链蒙特卡洛 (Markov Chain Monte Carlo, MCMC) 方法估计简化式的时变向量自回归随机波动 (TVP-VAR-SV) 模型。在非线性和时变参数框架下，本章进一步考察了我国 1985 年第一季度至 2015 年第三季度样本期内的资本账户开放、货币政策和央行干预等对长期汇率决定的影响，重点评估时变参数泰勒规则和货币政策的传导效应，并探讨了我国货币政策在此期间的历史演变特征和政策取向。

第二节　资本管制和央行干预的时变参数泰勒规则理论模型

一、基本理论模型

第一，总需求曲线。参照 Clarida 等 (1999) 以及 Kontonikas 和 Montagnoli (2006) 的理论模型，设定经济体参数的总需求 (IS 曲线) 方程为：

$$y_t = a_0 + a_1 y_{t-1} + a_2(i_t - \pi_t) + a_3 e_t + a_4 m_t^s + \varepsilon_{yt} \quad a_1 > 0, \ a_2 < 0, \ a_3 < 0, \ a_4 > 0$$

$$(8-1)$$

其中，y_t 表示产出缺口水平；i_t 表示名义利率；π_t 表示通货膨胀。式 (8-1) 表明，产出缺口与前期产出缺口正相关 ($\alpha_1 > 0$)，而与滞后一期的实际利率 ($i_t - \pi_t$) 负相关，这主要是由于实际利率提高挤出了实际投资，从而导致实际产出水平下降；反之，实际利率下降则导致实际产出增加，因此，$\alpha_2 < 0$。同时，由相对购买力平价 $E_t = S_t P_t^f / P_t$ 可知，实际汇率的对数形式为 $e_t = s_t + p_t^f - p_t$，其中，s_t 为直接标价法下名义汇率的对数形式，p_t^f 为外国价格水平的对数形式，p_t 为国内价格水平的对数形式。$\alpha_3 < 0$ 意味

着汇率贬值，产出增加；相反，汇率升值，产出下降。① 此外，为简单起见，本章假设产出缺口与汇率存在线性关系。m_t^s 为货币供应，且 $\alpha_4 > 0$ 表示货币供给增长会导致产出增加。ε_{yt} 表示产出缺口的其他冲击影响因素。

第二，新凯恩斯菲利普斯曲线。借鉴 Calvo（1983）提出的交错价格调整模型，根据 Choudhri 和 Hakura（2006）以及 McCarthy（2007）强调汇率波动是影响通胀的主要因素之一，并借鉴 Scheibe 和 Vines（2005）以及 Galí 和 Monacelli（2005）等的理论模型，我们设定考虑价格黏性的新凯恩斯菲利普斯曲线（NKPC）为：

$$\pi_t + b_0 + b_1\pi_{t-1} + b_2 y_t + b_3 m_t^s + b_4 \Delta e_t + \varepsilon_\pi \quad b_2 > 0, \ b_4 > 0 \tag{8-2}$$

其中，b_1 表示通胀惯性（Inflation Inertia），即滞后通胀对当期通胀的影响效应。$b_2 > 0$ 表示当产出缺口为正时，通常伴随着总需求大于总供给，因而价格水平上涨（通货膨胀）；反之，产出缺口为负，则价格下跌（通货紧缩）。b_3 表示货币供给对通胀的影响效应。$b_4 > 0$ 表示汇率升值（贬值）导致国内通胀增加（下降）。ε_π 表示通胀的其他冲击影响因素。

第三，汇率波动方程。借鉴 Olivo（2003）的理论模型，假定在有管理的浮动汇率制度下，汇率取决于基本面均衡汇率、汇率惯性和央行干预，则有：②

$$e_t = c_0 + e_t^* + c_1 e_{t-1} + c_6 f_t + \varepsilon_{lt}, \quad e_t^* = c_3(i_t - \pi_t) + c_4 y_t + c_5 m_t^s \tag{8-3}$$

其中，基本面均衡汇率取决于产出缺口（GDP）、货币供应和实际利率等宏观变量。f_t 表示外汇市场的央行干预指数，ε_{lt} 表示央行干预冲击。当 $c_2 = \gamma c_6 = 0$ 时，则式（8-3）退化为无干预自由浮动汇率制度下的汇率决定模型。

第四，考虑在开放经济条件下，借鉴 Cavoli（2005）的理论模型，我们设定利率的结构方程式如下：

$$i_t^* = \omega i_t^{f^*} + (1 - \omega) i_t^d \quad 0 \leqslant \omega \leqslant 1 \tag{8-4}$$

其中，目标利率 i_t^* 等于国内利率（i_t^d）和国外利率（$i_t^{f^*}$）的加权平均，且 ω 表示资本账户开放程度。ω 越大，表示目标利率受国外利率的影响越

---

① 该假定基本符合中国的实际，其中魏巍贤（2006）采用 CGE 模型模拟发现，人民币实际汇率升值 2.5%、5%、10%、15% 和 20% 分别导致实际产出下降 0.08%、0.29%、0.73%、1.79% 和 2.18%，可见随着人民币升值幅度加大，其对实际产出的负效应也呈增长态势。

② 由第七章的设定，我们可得央行干预 $f_t = \gamma \Delta r_t$，且 $\gamma = \eta/\varpi_t$，其中，ϖ_t 表示基于 Weymark（1997）设定的央行干预指数。

大；否则，目标利率主要取决于国内市场利率。

许多实证研究表明，无平抛利率平价条件比较弱（McCallum，1994；Lewis，1995；Engel，1996），而且由于多数国家执行资本账户管制，因此，我们修正非平抛利率平价（Modified-UIP）为：

$$\text{Modified UIP}: i_t^{i*} = i_t^f + (1-\tau)\Delta e_t + \varepsilon_{i1} \tag{8-5}$$

其中，i_t^{i*}和i_t^f分别表示国内和国外名义利率。ε_{i1}为本国风险溢价冲击，表示投资者对汇率预期变化的风险补偿。$E\Delta e_t > 0$意味着预期汇率贬值；反之，$E\Delta e_t < 0$则表示预期汇率升值。τ表示本国对资本流动的征税税率[1]，其大小衡量资本流动管制程度。当$\tau = 1$时，资本完美自由流动，非抵补利率平价方程成立；当$\tau = 0$时，资本流动受到严格监管（无资本流动），非抵补利率平价方程可改写为$i_t = i_t^f = \varepsilon_{i1}$，此时利差只与本国风险溢价相关，而与名义汇率无关。为简单起见，本章在模型推导中不考虑上述两种极端情形，假定$0 < \tau < 1$，它表示本国对资本流动实行不完全流动的资本控制和监管。

国内利率由市场上的货币供给（m_t^s）和需求（m_t^d）共同决定：

$$i_t^d = \bar{i}_0 + d(m_t^d - m_t^s) \tag{8-6}$$

其中，$\bar{i}_0$表示在国内货币市场上货币供给等于货币需求时的长期名义利率；d表示调整参数。同时，考虑到利率平滑性（如Woodford，1999；Clarida等，2000；Kim和Nelson，2006），设定利率的动态调整过程如下：

$$i_t = (1-\rho)i_t^* + \rho i_{t-1} + \mu_t \tag{8-7}$$

其中，$\rho \in [0, 1]$表示名义利率的平滑参数，意味着央行并非将短期名义利率设定为目标利率值，而是根据目标利率和前期利率水平值进行部分调整，以消除与目标利率的偏差。由此，ρ也刻画出名义利率调整的时变平滑特征。μ_t为其他冲击影响的随机扰动项。

依据凯恩斯货币需求理论，同时结合货币存量调节模型，我们设定货币需求曲线为：

$$m_t^d = p_t + ky_t - hi_t + lm_{t-1}^s \quad k, h, l > 0 \tag{8-8}$$

结合式（8-4）至式（8-8），我们可得：

---

[1] 其他非税收管制措施也可采用一个与管制力度相当的税率来表示，因此式（8-5）的设定具有一般性。

$$i_t = \omega(1-\rho)i_t^f + (1-\rho)(1-\omega)\bar{i}_0 + \omega(1-\rho)(1-\tau)\Delta e_t + d(1-\rho)(1-\omega)\pi_t +$$
$$\rho i_{t-1} + d(1-\rho)(1-\omega)ky_t - d(1-\rho)(1-\omega)hi_t - d(1-\rho)(1-\omega)m_t^s +$$
$$dl(1-\rho)(1-\omega)m_{t-1}^s + \mu_t \qquad (8-9)$$

根据凯恩斯经济理论，货币供给是由央行货币政策决定的外生变量。然而，随着市场开放和外汇储备持续积累，外汇占款被动增长，则此时货币供给不能被视为外生给定的变量。因此，我们拓展了货币供给模型，考虑了外汇储备变化及央行货币冲销等因素对货币供给的内生影响效应。假定在开放经济条件下，国内货币供给由国内信贷（D_t）和外汇储备占款（R_t）组成（$M_t^s = D_t + R_t$），则：

$$\Delta M_t^s = \Delta D_t + \Delta R_t \qquad (8-10)$$

令 λ（$-1 \leq \lambda \leq 0$）表示央行的动态货币冲销指数，则国内信贷和外汇储备增加之间存在关系 $D_t = \lambda\Delta R_t$，其中，$\lambda = 0$ 表示央行没有冲销外汇占款，$\lambda = -1$ 表示完全冲销，$\lambda < -1$ 则表示过度冲销。那么，式（8-10）可以改写为：

$$\Delta M_t^s = (1+\lambda)\Delta R_t \qquad (8-11)$$

同时，我们还可以进一步得到：

$$\frac{\Delta M_t^s}{M_{t-1}^s} = (1+\lambda)\frac{\Delta R_t}{R_{t-1}}\frac{R_{t-1}}{M_{t-1}^s} \qquad (8-12)$$

由 $\frac{\Delta X_t}{X_{t-1}} \approx \ln(1+\frac{\Delta X_t}{X_{t-1}}) = \ln(\frac{X_t}{X_{t-1}}) = \ln(X_t) - \ln(X_{t-1})$，令 $\kappa = \frac{R_{t-1}}{M_{t-1}^s}$，并采用小写字母表示对数差分，则式（8-12）可进一步改写为：

$$m_t^s = (1+\lambda)\kappa\Delta r_t + m_{t-1}^s + \varepsilon_{Mt} \qquad (8-13)$$

其中，ε_M 表示其他货币政策冲击。

第五，依据现有的研究，我们假定外汇储备变动由外汇储备变动的基本面因素和汇率波动共同决定：

$$\Delta r_t = g_0 + \Delta r_t^* + g_1\Delta e_t + \varepsilon_{rt}, \quad \Delta r_t^* = g_2\Delta r_{t-1} + g_3(i_t - \pi_t) + g_4 y_t \qquad (8-14)$$

其中，外汇储备变动的基本面因素由产出缺口（GDP）、外汇储备变动惯性和实际利率等宏观因素共同决定。ε_{rt} 表示其他外汇储备变动冲击因素。

式（8-1）、式（8-2）、式（8-3）、式（8-9）、式（8-13）和式（8-14）构成的模型系统考虑了总需求、新菲利普斯曲线、汇率变动、货币政策和央行外汇储备变动之间存在的内生性，能够有效反映货币政策与产出、通胀之间、汇率波动和外汇储备变动的互动关系与反馈关系，我们将其记为常系数模型。实际上，该模型也是一种常系数的结构向量自回归（SVAR）模型。

二、时变参数 SVAR 模型

基于上述货币政策行为系统或常系数 SVAR 模型，通过引入时变参数、时变通胀目标、时变央行干预和时变长期均衡利率，我们考虑如下时变参数结构向量自回归（TVP-SVAR）模型：

$$y_t = a_{0,t} + a_{1,t}y_{t-1} + a_{2,t}(i_t - \pi_t) + a_{3,t}e_t + a_{4,t}m_t^s + \varepsilon_{yt} \qquad (8-15)$$

$$\pi_t = b_{0,t} + b_{1,t}\pi_{t-1} + b_{2,t}y_t + b_{3,t}m_t^s + b_{4,t}\Delta e_t + \varepsilon_{\pi t} \qquad (8-16)$$

$$e_t = c_{0,t} + c_{1,t}e_{t-1} + c_{2,t}\Delta r_t + c_{3,t}(i_t - \pi_t) + c_{4,t}y_t + c_{5,t}m_t^s + \varepsilon_{lt}, \quad c_{2,t} = \gamma c_{6,t} \qquad (8-17)$$

$$i_t = \omega_t(1 - \rho_t)i_t^f + (1 - \rho_t)(1 - \omega_t)\bar{i}_{0,t} + \omega_t(1 - \rho_t)(1 - \tau_t)\Delta e_t +$$
$$d_t(1 - \rho_t)(1 - \omega_t)\pi_t + \rho_t i_{t-1} + d_t(1 - \rho_t)(1 - \omega_t)k_t y_t - d_t(1 - \rho_t)(1 - \omega_t)h_t i_t -$$
$$d_t(1 - \rho_t)(1 - \omega_t)m_t^s + d_t l_t(1 - \rho_t)(1 - \omega_t)m_{t-1}^s + \mu_t \qquad (8-18)$$

$$m_t^s = (1 + \lambda_t)\kappa_t\Delta r_t + m_{t-1}^s + \varepsilon_{Mt} \qquad (8-19)$$

$$\Delta r_t = g_{0,t} + g_{1,t}\Delta e_t + g_{2,t}\Delta r_{t-1} + g_{3,t}(i_t - \pi_t) + g_{4,t}y_t + \varepsilon_{rt} \qquad (8-20)$$

其中，$a_{i,t}$、$b_{i,t}$、$c_{j,t}$、$g_{i,t}$、d_t、ρ_t、ω_t、h_t、k_t、l_t、λ_t 和 $\kappa_t(i = 0, 1, 2, 3, 4, j = 0, 1, 2, 3, 4, 5)$ 均表示时变参数，$\bar{i}_{0,t}$ 为时变长期均衡利率。定义向量：$Y_t = (i_t, m_t^s, y_t, \pi_t, e_t, \Delta r_t)'$，式（8-15）至式（8-20）组成的 TVP-SVAR 模型可重新表示为如下矩阵形式：

$$\Gamma_{0,t}Y_t = \Gamma_{1,t} + \Gamma_{2,t}Y_{t-1} + u_t \qquad (8-21)$$

其中，$\Gamma_{1,t} = ((1 - \rho_t)\omega_t i_t^f + (1 - \rho_t)(1 - \omega_t)\bar{i}_{0,t}, 0, a_{0,t}, b_{0,t}, c_{0,t}, g_{0,t})'$，$u_t = (\mu_t, \varepsilon_{mt}, \varepsilon_{yt}, \varepsilon_{\pi t}, \varepsilon_{lt}, \varepsilon_{rt})'$

$$\Gamma_{0,t} = \begin{bmatrix} 1+(1-\rho_t)(1-\omega_t)d_th_t & (1-\rho_t)(1-\omega_t)d_t & -(1-\rho_t)(1-\omega_t)d_tk_t & -(1-\rho_t)(1-\omega_t)d_t & -\omega_t(1-\rho_t)(1-\tau_t) & 0 \\ 0 & 1 & 0 & 0 & 0 & -(1+\lambda_t)\kappa_t \\ -a_{2,t} & -a_{4,t} & 1 & a_{2,t} & -a_{3,t} & 0 \\ 0 & -b_{3,t} & -b_{2,t} & 1 & -b_{4,t} & 0 \\ -c_{3,t} & -c_{5,t} & -c_{4,t} & c_{3,t} & 1 & -c_{2,t} \\ -g_{3,t} & 0 & -g_{4,t} & g_{3,t} & -g_{1,t} & 1 \end{bmatrix}$$

$$\Gamma_{2,t} = \begin{bmatrix} \rho_t & (1-\rho_t)(1-\omega_t)d_tl_t & 0 & 0 & -\omega_t(1-\rho_t)(1-\tau_t) & 0 \\ 0 & 1 & 0 & 0 & 0 & 0 \\ 0 & 0 & a_{1,t} & 0 & 0 & 0 \\ 0 & 0 & 0 & b_{1,t} & -b_{4,t} & 0 \\ 0 & 1 & 0 & 0 & c_{1,t} & 0 \\ 0 & 1 & 0 & 0 & -g_{1,t} & g_{2,t} \end{bmatrix}$$

基于上述定义，各变量的结构性关系取决于非单位矩阵 $\Gamma_{0,t}$。由于 $\Gamma_{0,t}$ 行列式非零或可逆，我们可将结构式 VAR 等价表示为如下简化式模型：

$$Y_t = C_t + B_t Y_{t-1} + v_t \tag{8-22}$$

其中，$C_t = \Phi_{0,t}^{-1}\Gamma_{1,t}$，$B_t = \Gamma_{0,t}^{-1}\Gamma_{2,t}$，$v_t = \Gamma_{0,t}^{-1}u_t$，且 C_t 为 6×1 的矩阵，B_t 为 6×6 的矩阵。由此可见，向量 $Y_t = (i_t, m_t^s, y_t, \pi_t, e_t, \Delta r_t)'$ 构成一阶自回归简化式的时变参数向量自回归（TVP-VAR）模型，其中名义利率 i_t、m_t^s、汇率 e_t、通胀率 π_t、产出缺口 y_t 和外汇储备变动 Δr_t 为内生变量。我们将其记为时变参数模型。

三、估计方法

为了对式（8-22）展开实证估计，我们可采用时变参数向量自回归模型（TVP-VAR）对利率、M2、汇率、通胀、产出和外汇储备变动之间的动态关系展开实证分析。考虑传统的 SVAR 模型为：

$$AY_t = G_0 + G_1 Y_{t-1} + \cdots + G_p Y_{t-p} + u_t \quad t = p+1, \cdots, n \tag{8-23}$$

其中，Y_t 为 $k \times 1$ 的向量矩阵，G_0 为 $k \times 1$ 的参数矩阵，A 和 $G_1, \cdots, G_p$ 均为 $k \times k$ 的参数矩阵，而 u_t 为 $k \times 1$ 的结构冲击，且假定 $u_t \sim N(0, \Sigma\Sigma)$，其中，主对角阵 $\Sigma = \text{diag}(\sigma_1, \cdots, \sigma_k)$。同时设定 A 为主对角线为 1 的下三角矩阵。

由此，式（8-23）可进一步改写为如下简化式 VAR 模型：

$$Y_t = B_0 + B_1 Y_{t-1} + \cdots + B_p Y_{t-p} = X_t\beta + A^{-1}\Sigma\varepsilon_t \quad \varepsilon_t \sim N(0, I_k) \tag{8-24}$$

其中，$B_i = A^{-1}G_i$，$i = 0, 1, \cdots, p$，$X_t = I_k \otimes (1, Y_{t-1}, \cdots, Y_{t-p})$，且 β 为将 B_i 矩阵中的元素重组成 $((k^2p + k) \times 1)$ 维的列向量。

参照 Cogley 和 Sargent（2005）、Primiceri（2005）以及 Nakajima（2011），我们将模型式（8-24）扩展为所有待估参数均随时间变化的 TVP-

VAR 模型:

$$Y_t = X_t \beta_t + A_t^{-1} \Sigma_t \varepsilon_t \quad \varepsilon_t \sim N(0, I_k) \tag{8-25}$$

同时假设 a_t 为下三角矩阵 A_t 中元素的堆积向量，即 $a_t = (a_{21,t}, a_{31,t}, a_{32,t}, a_{41,t}, \cdots, \alpha_{kk-1,t})'$; $\Sigma_t = \mathrm{diag}\{\sigma_{1t}^2, \cdots, \sigma_{kt}^2\}$ 为对角矩阵，其随机波动率向量 $h_t = (h_{1t}, \cdots, h_{kt})'$，且满足 $h_{jt} = \log \sigma_{jt}^2$。我们设定所有时变参数均服从一阶随机游走过程:

$$
\begin{aligned}
\beta_{t+1} &= \beta_t + u_{\beta t} \\
a_{t+1} &= a_t + u_{at} \\
h_{t+1} &= h_t + u_{ht}
\end{aligned}
, \quad 且 \begin{pmatrix} u_{\beta t} \\ u_{at} \\ u_{ht} \end{pmatrix} \sim N\left(0, \begin{pmatrix} \Sigma_\beta & 0 & 0 \\ 0 & \Sigma_a & 0 \\ 0 & 0 & \Sigma_h \end{pmatrix}\right) \tag{8-26}
$$

其中，Σ_β、Σ_a 和 Σ_h 均为对角矩阵，且扰动项 $u_{\beta t}$、u_{at} 和 u_{ht} 均与 ε_t 不相关。同时，与 Nakajima 等 (2011) 以及 Nakajima (2011) 相一致，设定对于 $t = p+1$，时变参数服从正态分布 $\beta_{p+1} \sim N(\mu_{\beta_0}, \Sigma_{\beta_0})$，$a_{p+1} \sim N(\mu_{a_0}, \Sigma_{a_0})$，$h_{p+1} \sim N(\mu_{h_0}, \Sigma_{h_0})$，而且在实际估计中，我们令先验初始值为 $\mu_{\beta_0} = \mu_{a_0} = \mu_{h_0} = 0$，$\Sigma_{\beta_0} = \Sigma_{a_0} = \Sigma_{h_0} = 10 \times I$。

接着，我们采用马尔可夫链蒙特卡洛 (MCMC) 方法对 TVP-VAR-SV 模型展开估计，其基本思想是利用 MCMC 算法对参数的条件后验概率实施重复随机抽样，获取参数的联合后验分布和递归估计，从而能够有效地处理参数空间的高维和模型的非线性特征。在贝叶斯推断过程中，令 $Y = \{Y\}_{t=1}^n$，$\omega = \{\Sigma_\beta, \Sigma_a, \Sigma_h\}$，同时，设置先验概率密度为 $\pi(\omega)$，并且在已知样本 Y 的基础上，我们可以估计得到后验分布 $\pi(\beta, a, h, \omega | Y)$。其估计步骤可概述如下：第一步，先设定 β、a、h、ω 的先验分布；第二步，从后验分布 $p(\beta | a, h, \Sigma_\beta, Y)$ 中抽样 β；第三步，从后验分布 $p(\Sigma_\beta | \beta)$ 中抽样 Σ_β；第四步，从后验分布 $p(a | \beta, h, \Sigma_a, Y)$ 中抽样 a；第五步，从后验分布 $p(\Sigma_a | a)$ 中抽样 Σ_a；第六步，从后验分布 $p(h | \beta, a, \Sigma_h, Y)$ 中抽样 h；第七步，从后验分布 $p(\Sigma_h | h)$ 中抽样 Σ_h；第八步，返回第二步继续迭代估计，直至满足条件结束。

第三节　数据来源及说明

本章选取产出缺口、货币供给（M2）、汇率、通胀率、短期利率和外汇储备变动季度数据展开建模分析，样本时间跨度为 1985 年第一季度至 2015 年第三季度。各指标的选取和说明如下：

一、利率、M2 增速和通胀率

首先，利率是衡量金融市场货币成本的主要指标，也是利率价格体系的基础，而且相比其他利率指标如债券回购利率或银行借贷利率，同业拆借利率更能体现资金的真实价格走势，并能够较为迅速地反映货币市场资金供需状况，因此国内相关研究均选取同业拆借利率作为货币政策的工具变量。[①]

我国同业拆借市场从 1984 年建立以来得到了长足发展[②]，尽管1993 年前后全国金融机构之间存在混乱的拆借行为，但上海同业拆借利率还是能够很好地反映 1996 年联网前全国同业拆借市场的状况（谢平和罗雄，2002）。因此，1996 年之前的指标选取上海融资中心提供的同业拆借利率，而 1996~2015 年的指标则选取 7 天同业拆借利率，数据来源于《中国人民银行统计季报》各期。[③]

其次，广义货币（M2）是反映国家货币政策的一个重要的宏观经济变量，等于 M1 加上当期存款和固定存款。数据来源于中国人民银行。

最后，通过对消费者价格的月度同比数据计算出通胀率，数据来源于

[①] Taylor（1993）曾采用美国联邦基金利率（Federal Funds Rate）即同业拆借市场利率作为泰勒规则的货币市场基准利率。郑挺国和刘金全（2010）等国内研究一般也选择同业拆借利率为货币市场利率的代理变量。

[②] 标志性发展阶段如 1996 年统一全国同业拆借市场，而随后于 1996 年 6 月取消同业拆借利率上限管理。

[③] 由于受数据来源限制，1996 年以前上海融资中心的加权利率为所有期限的利率加权，而 1996~2011 年选取了 7 天同业拆借利率。虽然利率期限在两个时段上不匹配，但由于上海融资中心的各期限利差不大，对建模影响较小（谢平和罗雄，2002）。

《中国经济景气月报》和《中国统计月报》。由于这些月报只提供官方 CPI 的月度数据,我们采用三项移动平均求出中国季度 CPI 数据,并通过公式计算得出通胀率(π_t)= 季度 CPI − 100。

样本期内名义利率、M2 增速和通胀率走势如图 8-1 所示。

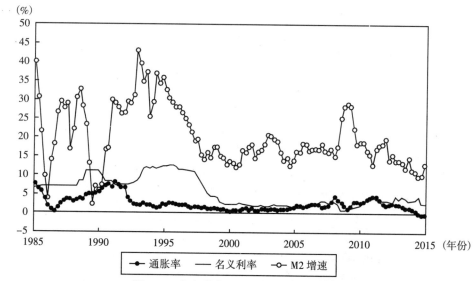

图 8-1 名义利率、M2 增速和通胀率走势

二、产出缺口和实际汇率

首先,为了估计产出缺口,我们需要先测算出潜在产出水平。现有的研究归纳起来可以划分为两类潜在产出估计方法:一是生产函数法,即假定在充分就业的条件下,基于柯布—道格拉斯生产函数估计在资本存量和劳动力给定时的潜在产出水平(如 McCallum 和 Nelson,1999);二是较为常见的时间序列分解法,即基于不同的计量方法把实际产出分解为潜在产出和周期性成分,其中周期性成分即产出缺口(如 Hodrick-Prescott 滤波方法、QT 滤波方法、CF 滤波方法、BW 滤波方法和 FD 滤波方法以及状态空间—卡尔曼滤波方法等)。现有研究表明,采用 HP 滤波方法估计潜在产出水平,以消除实际产出的趋势性成分获取的产出缺口与生产法估计得出的我国产出缺口较为一致,由此我们也选取 HP 滤波估计方法。

与此同时，因为我国统计局只公布 1992 年以来的季度 GDP，此前仅有年度数据，所以，我们采用 Abeysinghe 和 Rajaguru（2004）设计的 Chow-Lin 技术分解得到 1985~1992 年的季度 GDP 数据。同时，我们基于统计局公布的 1992 年数据计算得出 1985~2015 年的季度 GDP 名义值，并采用 Tramo-Seats 方法对 GDP 数据做季节性调整，进而采用 $y_t = 100 \times logGDP_t$ 计算实际产出值，最后我们采用 HP 滤波方法对产出缺口（$y_t - y^*$）展开估算。图 8-2 描绘了本章估计的产出缺口走势。

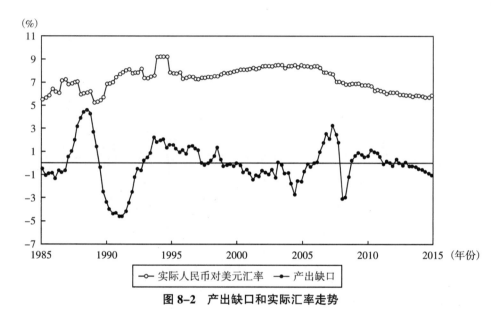

图 8-2　产出缺口和实际汇率走势

　　其次，人民币对美元汇率（E）采用名义汇率（S）经过物价水平调整后获得，计算公式为 $E = S \times CPI^* / CPI$，其中，CPI^* 表示以 2005 年为基期的美国消费者物价指数（2005=100），CPI 表示以 2005 年为基期的中国消费者物价指数（2005=100）。

　　由于我国尚未公布消费者价格的季度定基比指数，因此，本章利用我国公布的消费者价格的同比指数和环比指数构造我国消费者价格的季度定基比指数（基期为 2005 年）。数据来源于各期《中国经济景气月报》和《中国统计月报》，并采用三项移动平均先求出季度同比消费者价格指数，美国季度消费者物价指数（2005=100）则来源于国际货币基金组织。

三、外汇储备变化与央行干预

外汇储备指为了应对国际支付的需要，各国的中央银行及其他政府机构所集中掌握的外汇资产。数据来源于《中国金融年鉴》和中国人民银行。图 8-3 为外汇储备/GDP 变化走势。

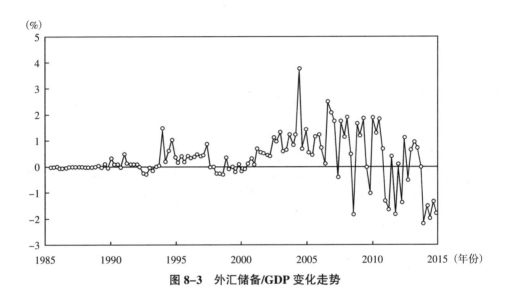

图 8-3 外汇储备/GDP 变化走势

第四节 实证结果与分析

一、基于常系数模型的估计结果

基于传统 VAR 模型的 MCMC 估计，我们同时可以得到名义利率、M2 增速、产出缺口、通胀率、汇率和外汇储备变动之间的脉冲响应函数。由图 8-4 可知，除利率冲击对 M2 增速和通胀率、M2 冲击对产出缺口、通

胀冲击对 M2 增速、汇率冲击对 M2 增速和产出缺口以及产出缺口冲击对
M2 增速、通胀率和汇率影响显著外，其他六类冲击对内生变量的影响在
统计上并不显著。其中，货币政策的利率冲击对通胀率影响均显著为正，
也因此表明如果采用传统的 VAR 模型估计，我们可能得出我国货币政策
名义利率增长会导致通胀率增加的结论，由此可以认为我国货币政策在降
低通胀目标上是无效的。

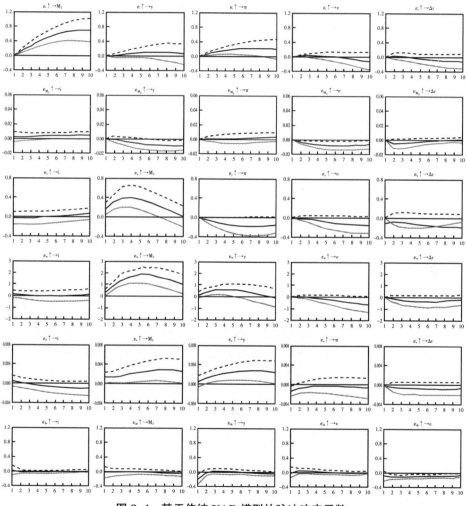

图 8-4　基于传统 VAR 模型的脉冲响应函数

进一步地,我们对模型进行非线性检验,以考察名义利率、产出缺口和通胀率之间是否可能存在非线性关系。在实际检验过程中,为了保持检验结论的可靠性,我们分别采用主流的参数和非参数方法展开检验分析。其中,参数方法为 RESET 检验(Ramsey,1969);非参数方法则包括平方残差的 Ljung-Box 检验(Mcleod 和 Li,1983)和 BDS 检验(Brock 等,1996)。与现有研究相一致(Mougoue,2008),我们第一步采用最优的 VAR 模型估计,以过滤掉变量之间相互影响的线性成分;第二步对过滤掉线性成分后剩下的残差展开非线性检验。如表 8-1 所示,检验结果表明,除产出缺口方程和外汇储备变动回归方程残差的 RESET 检验外,不论是非参数的 Ljung-Box 检验和 BDS 检验,还是采用参数的 RESET 检验,均显著拒绝存在线性关系的原假设,由此可以断定名义利率、M2 增速、产出缺口、通胀率、汇率和外汇储备变动之间存在非线性的互动关系。

表 8-1 基于传统 VAR 模型回归残差的非线性检验

检验方法	RESET 检验	Ljung-Box 检验	BDS 检验
利率回归残差	1.2583 [0.2822]	14.4735** [0.0129]	3.1520*** [0.0016]
货币供给回归残差	2.1655* [0.0513]	14.3987** [0.0133]	9.0109*** [0.0000]
产出缺口回归残差	0.5884 [0.7390]	4.3501 [0.5002]	−0.2056 [0.8371]
通胀率回归残差	12.7085*** [0.0000]	46.3323*** [0.0000]	9.8963*** [0.0000]
汇率回归残差	2.3144** [0.0380]	43.6836*** [0.0000]	4.0861*** [0.0000]
外汇储备变动回归残差	1.5018 [0.1837]	17.9862*** [0.0030]	8.7596*** [0.0000]

注:*、** 和 *** 分别表示在 10%、5% 和 1% 的显著水平上拒绝存在线性关系的原假设;方括号内的数值为对应统计量的 P 值。

二、基于时变参数向量自回归模型的估计结果

依据前面的非线性检验,这部分对名义利率、M2 增速、产出缺口、

通胀率、汇率和外汇储备变动建立 TVP-VAR-SV 模型，并依据理论模型选取滞后阶数为1。在模型估计中，MCMC 抽样次数设定为 20000 次，并舍去前 2000 次抽取的预烧抽样。此外，依据样本特征和 Primiceri（2005）以及 Nakajima（2011）等的研究，设定 $\Sigma_b \sim$ IW（25，0.01·I），$(\Sigma_a)^2_i \sim$ IG（2，0.01），$(\Sigma_h)^2_i \sim$ IG(2，0.01)，其中 $(\Sigma_a)^2_i$ 和 $(\Sigma_h)^2_i$ 分别为矩阵 $(\Sigma_a)^2$ 和 $(\Sigma_h)^2$ 对角线第 i 个数值，IW 和 IG 则分别表示逆 Wishart 和逆 Gamma 分布。

表 8-2 给出了 MCMC 实证抽样参数估计的后验均值、标准差、95%的置信区间、收敛概率 Geweke 检验（CD 统计量）以及无效影响因子。其中，收敛概率 Geweke 检验的原假设为收敛于后验分布，同时如果 MCMC抽样的序列是平稳的，则 CD 统计量收敛于标准正态分布；而无效影响因子数值的大小用于判断 MCMC 随机抽取样本的有效性。结果表明，基于先验 MCMC 估计的收敛概率 Geweke 检验的 CD 统计量均小于1，远低于标准正态分布 5%的显著性水平的临界值 1.96，由此说明所有参数均无法拒绝收敛于后验分布的原假设，表明在迭代周期中预烧期已经能够有效使马尔可夫链趋于集中；参数无效影响因子普遍较低，其中最大值仅为118.55，由于实证过程中 MCMC 随机抽样次数为 20000，则至少可以获得20000/118.55≈169 个不相关样本，满足后验统计推断的需要，也表明后验均值接近于参数的真实值，可见模型参数估计的模拟结果是比较有效的。

表 8-2 TVP-VAR-SV 模型参数估计结果及检验

参数	均值	标准差	95%的置信区间	Geweke 检验	无效影响因子
sb1	0.1414	0.0547	[0.0662，0.2790]	0.998	97.32
sb2	0.1034	0.0319	[0.0564，0.1789]	0.564	75.73
sb3	0.0325	0.0069	[0.0223，0.0490]	0.348	52.25
sb4	0.1238	0.0427	[0.0628，0.2184]	0.823	74.86
sb5	0.0859	0.0243	[0.0506，0.1443]	0.048	54.93
sb6	0.1330	0.0506	[0.0640，0.2614]	0.615	99.37
sb7	0.1054	0.0320	[0.0564，0.1819]	0.350	59.71
sb8	0.1397	0.0486	[0.0692，0.2557]	0.615	90.37
sb9	0.1199	0.0402	[0.0607，0.2148]	0.808	84.22
sb10	0.0381	0.0081	[0.0259，0.0575]	0.346	50.77
sb11	0.1328	0.0476	[0.0637，0.2450]	0.076	72.15

参数	均值	标准差	95%的置信区间	Geweke 检验	无效影响因子
sb12	0.0933	0.0268	[0.0518, 0.1538]	0.153	39.36
sb13	0.1376	0.0491	[0.0679, 0.2618]	0.211	77.72
sb14	0.1199	0.0404	[0.0588, 0.2144]	0.542	82.56
sb15	0.1397	0.0546	[0.0658, 0.2706]	0.036	96.39
sb16	0.1026	0.0319	[0.0539, 0.1791]	0.768	57.06
sb17	0.0321	0.0069	[0.0216, 0.0485]	0.051	45.49
sb18	0.1227	0.0394	[0.0650, 0.2162]	0.635	59.32
sb19	0.0836	0.0221	[0.0491, 0.1350]	0.815	32.97
sb20	0.1302	0.0490	[0.0616, 0.2480]	0.695	87.10
sb21	0.1072	0.0325	[0.0570, 0.1825]	0.256	54.09
sb22	0.1468	0.0553	[0.0716, 0.2821]	0.307	101.01
sb23	0.1133	0.0368	[0.0576, 0.1994]	0.613	70.85
sb24	0.0318	0.0064	[0.0221, 0.0466]	0.081	36.39
sb25	0.1384	0.0515	[0.0645, 0.2621]	0.000	82.57
sb26	0.1269	0.0365	[0.0675, 0.2111]	0.117	56.55
sb27	0.1313	0.0450	[0.0653, 0.2387]	0.255	86.00
sb28	0.1037	0.0296	[0.0577, 0.1741]	0.049	41.48
sb29	0.1456	0.0580	[0.0659, 0.2943]	0.770	107.31
sb30	0.0980	0.0294	[0.0538, 0.1671]	0.691	58.09
sb31	0.0291	0.0062	[0.0197, 0.0435]	0.584	40.74
sb32	0.1153	0.0367	[0.0585, 0.2001]	0.678	62.58
sb33	0.0759	0.0200	[0.0447, 0.1216]	0.835	45.51
sb34	0.1313	0.0439	[0.0668, 0.2371]	0.000	62.42
sb35	0.0967	0.0273	[0.0537, 0.1589]	0.870	40.68
sb36	0.1419	0.0574	[0.0651, 0.2821]	0.042	109.87
sb37	0.0960	0.0274	[0.0530, 0.1607]	0.035	47.08
sb38	0.0292	0.0060	[0.0200, 0.0435]	0.701	36.68
sb39	0.1187	0.0393	[0.0614, 0.2109]	0.336	55.37
sb40	0.0734	0.0197	[0.0433, 0.1202]	0.530	28.44

续表

参数	均值	标准差	95%的置信区间	Geweke 检验	无效影响因子
sb41	0.1280	0.0443	[0.0638，0.2368]	0.919	56.84
sb42	0.0982	0.0284	[0.0545，0.1643]	0.615	40.81
sa1	0.1283	0.0622	[0.0535，0.2875]	0.994	60.77
sa2	0.1122	0.0524	[0.0500，0.2460]	0.841	40.32
sa3	0.1028	0.0423	[0.0499，0.2089]	0.805	36.15
sa4	0.1025	0.0444	[0.0497，0.2130]	0.580	36.06
sa5	0.0960	0.0428	[0.0474，0.1988]	0.217	42.16
sa6	0.1014	0.0467	[0.0468，0.2203]	0.976	35.39
sa7	0.0885	0.0347	[0.0449，0.1782]	0.738	23.50
sa8	0.0831	0.0345	[0.0420，0.1704]	0.560	22.16
sa9	0.0892	0.0366	[0.0443，0.1769]	0.748	29.12
sa10	0.0875	0.0346	[0.0437，0.1756]	0.737	24.46
sa11	0.0747	0.0281	[0.0403，0.1463]	0.352	33.44
sa12	0.0727	0.0267	[0.0398，0.1363]	0.840	25.00
sa13	0.0766	0.0295	[0.0407，0.1524]	0.337	32.38
sa14	0.0765	0.0284	[0.0419，0.1496]	0.424	28.42
sa15	0.0783	0.0303	[0.0417，0.1545]	0.387	33.30
sh1	0.4176	0.0807	[0.2719，0.5854]	0.703	83.40
sh2	0.4961	0.1092	[0.3037，0.7254]	0.436	117.91
sh3	0.5440	0.1267	[0.3353，0.8291]	0.767	118.55
sh4	0.4191	0.1401	[0.1930，0.7354]	0.566	115.98
sh5	0.3797	0.1418	[0.1601，0.7061]	0.452	94.22
sh6	0.3363	0.1348	[0.1397，0.6558]	0.554	63.16

注：sb_i、sa_j、sh_k（$i=1$，2，…，42；$j=1$，2，…，15；$k=1$，2，…，6）分别表示 Σ_b、Σ_a 和 Σ_h 的第 i、j、k 个对角元素，且 Σ_b 和 Σ_a 的估计值和标准差都乘以 100。MCMC 抽样次数设定为 20000 次，并舍去前 2000 次抽取的预烧抽样。

三、不同时点的时变脉冲响应分析

基于 TVP –VAR–SV 模型的估计结果，我们接着利用广义脉冲响应函数分析各信息冲击对内生变量的影响效应。其中，脉冲响应函数可设定如下：

$$IRF_{Y,k}(u_{it}, \omega_{t-1}) = E[Y_{t+h}|u_{it}, \omega_{t-1}] - E[Y_{t+h}|\omega_{t-1}] \qquad (8\text{-}27)$$

其中，$E[\cdot]$ 表示期望算子；h 为预测长度，且 $h = 1, 2, 3, \cdots$；$IRF_{Y,k}$ 表示变量 Y 的冲击响应函数；u_{it} 为任意信息冲击；ω_{t-1} 表示预测 Y 的历史信息集。由于本章采用时变参数估计模型，样本期内每一时刻的脉冲响应函数各异，因此我们随机选取 1995 年第一季度、2000 年第一季度和 2015 年第一季度三个不同时刻的信息冲击。

图 8-5 给出了基于 (8-27) 式的脉冲响应函数结果。在时变参数向量自回归模型框架下，估计结果表明六类冲击对六个内生变量的影响存在较

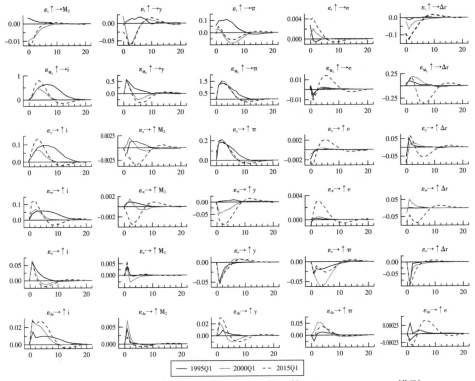

图 8-5　三个不同时点冲击的脉冲响应函数：基于 TVP-VAR-SV 模型

大的时变特征。

首先,产出对利率、通胀、货币供应、汇率和外汇储备变动冲击的反应。利率冲击在短期对产出缺口($\varepsilon_i \to y$)有负的影响效应,但在长期上三个时刻的冲击反应均趋于零,通胀冲击在短期对产出缺口($\varepsilon_\pi \to y$)的影响效应为负(1995年第一季度冲击除外),在两年半后转负为正,而在长期上三个时刻的冲击反应均收敛于零,两者均表现出先降后升的逆"驼峰状"。M2冲击在短期对产出缺口($\varepsilon_{M2} \to y$)的影响效应为正,但在三季度后转为负值,并长期收敛于零,说明短期上货币供应增加提高了产出水平,但不具有长期影响效应。汇率冲击在短期对产出缺口($\varepsilon_e \to y$)的影响效应为负,但在长期上三个时刻的冲击反应均收敛于零,说明汇率升值对产出有负效应。M2冲击在短期对产出缺口($\varepsilon_{\Delta r} \to y$)的影响效应为正,但在三季度后转为负值,并长期上收敛于零,说明外汇储备增加在短期上对经济具有增长效应,但长期上无效应。这主要是由于影响我国产出的因素较为复杂,除利率等货币政策外,还受到财政政策以及国内外经济形势等外部因素的影响。

其次,通胀对利率、产出缺口、货币供应、汇率和外汇储备变动冲击的反应。利率冲击在长短期上对通胀($\varepsilon_i \to \pi$)的影响效应均为负(2000年第一季度除外),表明央行的利率政策在短期上能够有效抑制通胀,而产出缺口、货币供应、外汇储备变动冲击在短期趋于提高通胀($\varepsilon_i \to \pi$,$\varepsilon_{M2} \to \pi$,$\varepsilon_{\Delta r} \to \pi$)。

再次,利率对通胀、产出缺口、货币供应、汇率和外汇储备三个不同时点冲击的反应。通胀冲击在短期导致利率增加($\varepsilon_\pi \to i$),但随着时间推移,在四年后趋于稳定为零,呈现出明显的先升后降的"驼峰状"。这与理论相符,即通胀一般表现为流动性过剩,因此要求央行提高利率以降低市场流动性。利率对产出缺口冲击的脉冲响应($\varepsilon_y \to i$)在短期为正,但随着时间推移,大概在四年后该影响效应收敛于零,也表现出显著的"驼峰状",这主要是因为当产出缺口为正时,表现为产能过剩,而央行可通过提高利率、降低过度投资的方式消除产能过剩,以此降低产出缺口,但同时也伴随着利率增加。而且,外汇储备冲击和汇率冲击均导致利率增加,这与非平抛利率曲线的理论结论是相一致的($\varepsilon_e \to i$,$\varepsilon_{\Delta r} \to i$)。

最后,汇率对利率、产出缺口、货币供应、通胀和外汇储备变动冲击的反应。名义利率冲击导致汇率短期升值($\varepsilon_i \to e$),即利率增加,国际资本有流入的动力，从而导致本币升值；货币供应冲击短期导致汇率贬值（$\varepsilon_{M2} \to e$）；同时，汇率冲击在短期上导致货币供应增长（$\varepsilon_e \to M2$），主要原因在于汇率升值将导致国际资本流入，从而央行被迫投放货币，导致本国货币供给增加。

此外，与常系数模型的实证结论不同，在时变参数模型下，通胀率和产出缺口对利率冲击的响应在短期上为负效应，并且大约在五年之后收敛于零，显然后者更符合我国货币政策现实。同时也说明货币政策对产出的影响不具有持久性。究其原因，（正）利率冲击导致名义货币供给（M）下降以及投资和短期超额需求减少，则供给平衡将促使价格水平（P）缓慢下调，在此过程中实际货币余额（M/P）呈增长趋势，并最终恢复到初始稳态水平，长期上价格水平与名义货币供给同比例下降，而实际产出则保持不变。由此可见，长期上货币是中性的。这与经典理论以及 Christiano 等（1999）的研究结论相一致。

四、短期、中期和长期时变脉冲响应分析

在上述估计的基础上，我们分别令预测长度 h = 2，4，8，并基于 TVP-VAR 模型每一时刻各变量的时变参数，通过式（8-27）估计得出提前半年、一年和两年下外生冲击的脉冲响应函数（见图 8-6）。如图所示，三个不同提前期冲击的脉冲响应函数走势基本相似。我们可以观察得到以下两个重要结论。

第一，产出缺口冲击和通胀冲击均显著导致利率上涨。不论是短期（2-Period Ahead）、中期（4-Period Ahead）还是长期（8-Period Ahead），利率对产出缺口和通胀冲击（$\varepsilon_y \to i$，$\varepsilon_\pi \to i$）的响应在 1985~1995 年有波动但基本处于上升阶段；1996~2004 年则呈缓慢下降趋势，且在 2004 年处于谷底，接近于零；2004~2007 年有温和回升迹象，但在 2008 年出现小幅下降；同时在 2009~2011 年有短期增长，但从 2012 年中期开始呈现缓慢下降态势。这很好地刻画了我国货币政策钉住通胀目标和产出缺口的利率走势。事实上，1990~1996 年通胀居高不下，央行通过调高利率等从紧货币政策稳

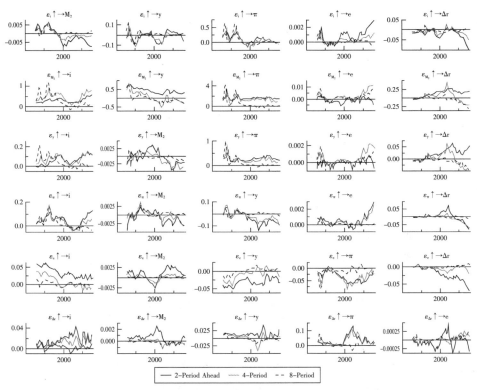

图 8-6　提前半年、一年和两年下外生冲击的脉冲响应函数：基于 TVP-VAR-SV 模型

住物价，最终在 1996 年实现经济软着陆。[①] 1997~2007 年产出缺口和通胀相对较小（见图 8-1 和图 8-2），央行则通过六次调低存贷款利率以应对通货紧缩[②]，并针对 2004 年前后出现的温和通胀转而小幅度调高利率。[③] 2008 年

[①] 1991 年起，央行在 1991 年 4 月 21 日、1993 年 5 月 15 日和 1993 年 7 月 11 日三次分别将半年和一年期存款利率从 5.4% 和 7.56% 提高到 9% 和 10.98%，半年和一年期贷款利率则分别从 8.1% 和 8.64% 上调至 9% 和 10.98%。

[②] 1997 年起，央行在 1997 年 10 月 23 日、1998 年 3 月 25 日、1998 年 7 月 1 日、1998 年 12 月 7 日、1999 年 6 月 10 日和 2002 年 2 月 21 日六次分别将半年和一年期存款利率从 5.4% 和 7.47% 下调到 1.89% 和 1.98%，半年和一年期贷款利率则分别从 9.18% 和 10.08% 调低至 5.04% 和 5.31%。

[③] 2002 年 2 月 21 日至 2004 年 10 月 29 日，央行保持原有利率不变。2004 年起，则在 2004 年 10 月 29 日、2006 年 4 月 28 日、2006 年 8 月 19 日、2007 年 3 月 18 日、2007 年 5 月 19 日、2007 年 7 月 21 日、2007 年 8 月 22 日、2007 年 9 月 15 日和 2007 年 12 月 21 日九次分别温和地将半年和一年期存款利率从 1.89% 和 1.98% 提高到 3.78% 和 4.14%，半年和一年期贷款利率则分别从 5.04% 和 5.31% 上调至 6.57% 和 7.47%。

为了规避次贷危机对我国经济的不良影响，央行连续四次降息[1]，但随着扩张性财政政策特别是"四万亿"刺激政策的实施，我国产出缺口转负为正较为明显（见图8-2），从而导致产能过剩、资产价格（特别是房价）飞涨和通胀，在此背景下，央行被迫五次调高利率予以控制。[2] 但从2012年起，随着我国经济步入新常态且通货处于低位，央行则通过八次降息刺激经济发展。[3]

从上述分析可知，时变参数的脉冲响应很好地刻画出了我国名义利率调整的历史演变过程，即利率上调期（1991~1995年）→利率下调期（1996~2002年）→利率保持不变（2002~2004年）→利率温和上调期（2004~2007年）→利率下调期（2008年）→利率保持不变（2008~2010年）→利率上调期（2010~2011年）→利率下调期（2012~2015年）。由此可见，我国货币政策具有明显的钉住产出缺口和通胀率的特征，符合短期利率调整的泰勒规则，即在保持实际短期利率稳定和中性政策立场的前提下，当产出缺口为正（负）和通胀率超过（低于）目标值时，应提高（降低）名义利率。

第二，与长期效应相比（两年），短期和中期（半年和一年）利率冲击对产出和通胀的影响更为明显，这与前文研究的结论相一致。脉冲响应的结果显示，20世纪90年代以来，除1993~1995年高通胀期间和2006~2011年我国财政扩张期间外，利率冲击对通货膨胀（$\varepsilon_i \to \pi$）有明显的抑制效应，并且在2000年左右达到最大值。由此表明，在一定时期内我国利率政策能够有效降低通胀，稳定物价水平。而利率冲击对产出缺口（$\varepsilon_i \to y$）的影响自2004起也由负转为正，且此后长期围绕零上下波动，并在2007年达到峰值。可见，在2005年以前，我国利率政策能够有效缩小产出缺

---

① 2008年，我国央行在2008年10月9日、2008年10月30日、2008年11月27日和2008年12月23日四次分别将半年和一年期存款利率从3.78%和4.14%下调至1.98%和2.25%，半年和一年期贷款利率则分别从6.57%和7.47%调低至4.86%和5.31%。

② 2010起，我国央行在2010年10月20日、2010年12月26日、2011年2月9日、2011年4月6日和2011年7月7日五次分别将半年和一年期存款利率从1.98%和2.25%调高至3.3%和3.5%，半年和一年期贷款利率则分别从4.86%和5.31%上调至6.1%和6.56%。

③ 2012年起，我国央行在2012年6月8日、2012年7月6日、2014年11月22日、2015年3月1日、2015年5月11日、2015年6月28日、2015年8月26日和2015年10月24日八次分别将半年和一年期存款利率从3.3%和3.5%下调到1.3%和1.5%，半年和一年期贷款利率则分别从6.1%和6.56%下调至4.35%和4.35%。

口，实现稳定经济增长的目的，但此后大规模财政扩张接踵而来，导致我国产能长期过剩和产出缺口扩大，货币政策的作用也随之减弱。此外，脉冲响应的结果还显示，在短期和中期效应上，自 1998 年起产出缺口对通胀冲击的响应（$\varepsilon_\pi \to y$）由正转负，而通胀对产出缺口信息的脉冲响应（$\varepsilon_y \to \pi$）则长期为正，而且相对较为稳定，说明产出缺口增加对我国通货膨胀的影响有拉动效应，而且这种影响效应呈增长态势。利率变动对汇率波动的影响也具有明显的时变特征。

第五节　本章小结

一、本章结论

随着宏观经济形势和国内外环境变化以及行为个体政策偏好的转变，我国货币政策并未遵循线性的泰勒规则过程，而是呈现出了某种较为明显的时变特征。鉴于此，本章放宽常系数的线性泰勒规则模型，构建了产出缺口、通胀率和名义利率的时变参数结构向量自回归（TVP-SVAR）模型，实证检验资本账户开放、外汇储备变动与货币政策传导机制。

通过对时变参数泰勒规则的实证分析，我们得到三个主要结论：第一，与传统的常系数模型估计得到的不稳定政策规则相比，时变参数模型在估计我国货币政策传导上具有更为明显的优势。我国货币政策具有明显的钉住产出缺口和通胀的特征，符合短期利率调整的泰勒规则，即在保持实际短期利率稳定和中性政策立场的前提下，当产出缺口为正（负）和通胀率超过（低于）目标值时，应提高（降低）名义利率。第二，通胀和产出缺口冲击均导致名义利率短期增加，但长期内该影响效应逐渐消失，呈现出先升后降的"驼峰状"；利率冲击短期内能降低通胀和产出缺口，但长期内该影响效应也趋于零，呈显著的"J"曲线状，这也表明长期内货币政策是中性的。此外，产出缺口增加对我国通货膨胀的影响有拉动效应，且这种效应呈递增趋势。第三，我国货币政策对汇率波动的影响具有明显的时变特征。汇率升值导致本国利率增加以及短期货币供给增加，主要原因在于，汇率升值将导致国际资本流入，从而央行被迫投放货币，导致本国货币供给增加。同时名义利率冲击导致汇率短期升值，即利率增加，国际资本有流入的动力，从而导致本币升值；货币供应冲击在短期导致汇率贬值。由此可见，资本账户开放后，汇率波动对本国货币供给的影响在短期将增强，同时央行为了维系汇率稳定，则货币政策的独立性必将受到削弱。因此，为了保持货币政策的独立性，资本账户开放后实施浮动汇率制度或者有管理的浮动汇率制度是一个必然的选择。

二、本章启示

基于以上研究结论，我们得出如下两点启示：

首先，我国货币政策存在较强的钉住通胀和产出缺口的目标，而且钉住前者尤为明显，反映出货币政策取向具有明显的治理通胀的偏好。虽然近年来钉住通胀目标成绩显著，但我们也不能对此过于乐观，央行货币政策在促进经济增长和调控通胀上均面临较大压力，这也表明我国近期货币政策在刺激经济增长上的调控空间正逐渐缩小。

其次，我国货币政策的制定和实施并非一成不变，而是极其复杂的模型系统，它取决于中央银行对当前宏观经济形势运行（如通胀和产出缺口）的观察和预期判断，并对出现的各种新情况和新局面实时调整政策目标。可见收集和统计分析我国宏观经济的实时数据，在模型估计中进一步测度出货币政策的实时工具目标将十分重要。特别是，实时预警系统构建和货币政策时变目标的实时估计，也能够为央行货币政策制定和时变目标调整提供一个重要的决策依据。

第九章　资本账户开放、金融风险与外汇储备的非线性关系研究

第一节　引　言

一、问题提出

　　近年来，我国外汇储备总量迅速增加，备受各方关注。这主要是由于我国长期奉行出口主导型的经济模式，出口规模快速扩大，加之人民币单边升值，国际热钱大量流入，导致我国的经常项目、资本账户长期顺差，外汇规模迅速扩大。21 世纪以来，中国外汇储备年均增速高达 22%，截至 2014 年总量规模已达 3.84 万亿美元（见图 9-1），为全球最大的外汇储备国。然而过高的外汇储备也暴露出巨大的外汇风险敞口，近年来，围绕如何合理运用外汇储备，学术界和政策部门进行了激烈的探讨与摸索，并于 2014 年在"金十条"改革方案中首提"创新外汇储备运用"，陆续推动成立了丝绸之路基金、金砖国家开发银行和亚洲基础设施投资银行，通过国家政策为外汇储备确立新的使用方向和投资策略。① 我们发现，仅 2014 年以上项目已动用我国外汇储备 1310 亿美元，极大地降低了外汇储备的风险敞口规模，但由于近年来我国经济增长进入新常态，又继续推进资本账户对外开放，同时美元利率汇率持续走强等，都可能引发国际资本外

---

① 中国在丝绸之路基金项目动用了 400 亿美元外汇储备，同时，于 2014 年 7 月 15 日在巴西福塔莱萨签署协议成立金砖国家开发银行并于 2014 年 10 月 24 日成立亚洲基础设施投资银行（AIIB）。

流，且近年来全球金融危机余留的不良金融资产并未彻底清除，受欧债危机影响的一些国家的经济仍在调整，所以不排除存在突发性事件导致市场信心动荡，引发跨境资本异动。此外，自 2013 年以来，我国外汇占款规模也持续呈下滑态势，有鉴于此，在当前我国外汇储备规模增速放缓且总量存在下滑风险的宏观背景下，着重分析资本账户开放、金融风险与外汇储备之间的内在关系具有重要的现实意义，这不仅能够增进我们对外汇储备规模的由来和动机的理解，同时也能够进一步为深化金融市场改革，着重探讨外汇储备能否应对由于资本账户开放导致的金融动荡，以实现宏观经济平稳较快发展提供重要的理论基础和参考依据。

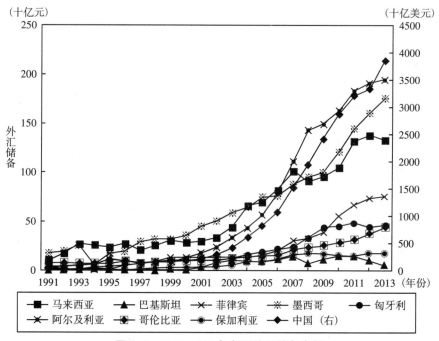

图 9-1　1991~2013 年各国外汇储备走势

资料来源：世界银行和 IFM。

二、理论文献分析

理论上，一国外汇储备主要来源于两个方面：一方面是来自于出口贸易增长，由净出口创汇带来的积累（如 Jeanne 和 Ranciere，2011；Jeanne，2007；巴曙松和朱元倩，2007；李巍和张志超，2009）；另一方面，随着一国资本账户开放，为了防范金融风险和资本流动冲击对国内经济增长带来的负影响，由外汇管制当局主动增持（如 Caballero 和 Panageas，2005；Aizenman，2007；Arranz 和 Zavadjil，2008；Obstfeld 等，2010）。从图 9-1可知，中国、马来西亚等东亚国家的外汇储备总量在 1997 年亚洲金融危机后逐步增长，且在 2000 年后增长越加明显，而危机中菲律宾、马来西亚的外汇储备呈下降态势。比较明显的还有 2007 年全球金融危机后多数国家的外汇储备总量也有明显的增长，而危机中马来西亚、匈牙利等国为应对金融危机导致外汇储备急剧下降。多数学者认为，除了亚洲国家因奉行出口导向型经济发展模式而积累了大量外汇储备外，危机后各国外汇管理当局出于预防性动机也陆续增持其外汇储备规模。

研究还进一步表明，资本账户开放可能增加金融危机爆发的概率（Radelet 和 Sachs，1998；Eichengreen，2001；Sun，2004；Scholl 和 Uhlig，2008），那么有何应对良策呢？亚洲金融危机过后，许多新兴国家意识到外汇储备是抵御危机的一个有力武器，因此，在预防性动机下，东亚部分经济体都增持外汇储备规模（IMF，2003；Aizenman，2007）。它们认为，一国或地区资本账户开放度越高，则其越容易受到外部金融风险冲击的影响，所以，应当维持较高的外汇储备，以应对资本流动波幅过大引发的金融危机。Caballero 和 Panageas（2005）、Taylor（1995）对新兴经济体的研究发现，这些国家由于高度依赖外资流入（即外商直接投资），从而暴露了其金融的脆弱性，而外汇储备存在的动机正是为了应对由于资本流动突然停止（Capital Flows Sudden Stop）而导致的产出波动。Mendoza（2010）同样发现避免资本流动突然停止或资本外逃是持有外汇储备的主要动机。因此，Jeanne（2007）、Arranz 和 Zavadjil（2008）指出，如果新兴经济体持有外汇储备是为了避免危机爆发所导致的福利损失，那么最优外汇储备的数量就应当取决于金融危机爆发的概率以及危机造成损失的大小。Obstfeld 等（2010）、Faust 和 Rogers（2003）认为，金融开放和金融发展也是解释外汇储备规模的两个重要变量，央行持有外汇储备正是为了在资本账户不断开放时，国内的金融部门免受资本流动突然停止或资本外逃风险的影响。最近，Gong Cheng（2014）的研究也表明，外汇储备增长的速度会随着国内金融市场深化和国内金融市场发展而降低。

目前国内学者研究也证实，预防性动机是影响我国外汇储备规模的主要原因之一。其中，李巍（2008）、李巍和张志超（2009）认为当一国金融稳定格局受到影响或者一国的跨境资本流动更加频繁时，则外汇储备在广义货币量中的占比会增长，并预测了我国合意的外汇储备规模，认为我国的外汇储备规模总量并不过度。此外，郑志聪（2012）划分了外汇储备的需求层次，主要研究了金砖五国的外汇储备适度规模。同时，汤凌霄等（2014）也认为金砖国家等新兴大国需要加强外汇储备合作。周光友和罗素梅（2011）、罗素梅和赵晓菊（2015）的研究表明，外汇储备的各层次需求之间存在替代效应，同时超额外汇储备资产投资要多元化、分散化。而一些研究如张志超和付含（2009）、王三兴和王永中（2011）等也证实资本账户开放、外商投资变动是影响我国外汇储备的重要因素。

事实上，预防性动机并非影响外汇储备的唯一因素。Jeanne 和 Ranciere（2011）以及 Jeanne（2007）在跨期福利最大化的预防性动机模型中的模拟研究表明，新兴国家当前的外汇储备规模远高于模型预测，而且持有外汇储备的机会成本（如通胀风险、准财政成本）也不能逆转这些国家持有高外汇储备的趋势。巴曙松和朱元倩（2007）用可加模型证实影响我国外汇储备的因素有多个。李巍和张志超（2009）认为除资本流动冲击外，实体经济状况也是影响外汇储备的重要原因。由此可见，预防性动机并非影响外汇储备的唯一因素。

另一种观点被称为重商主义动机（Mercantilist Motivation），认为外汇储备是新兴国家经常项目顺差的结果。他们认为，亚洲国家比较重视出口导向型发展战略，为了使出口具备竞争力，这些国家往往通过外汇干预使得本国货币被低估。Dooley、Folkerts–Landau 和 Garber（2003）以及 Aizenman（2011）就指出，外汇储备的存在正是亚洲国家贸易竞争"公众行为"（Herd–Behavior）导致的结果。

从重商主义动机的角度看，目前国内也有学者研究证实了这一观点。其中，张运东和谭燕芝（2011）的研究表明，对外贸易规模、名义有效汇率、经济总量等宏观经济变量都会影响外汇储备的长期均衡规模。易行健（2007）利用我国月度数据实证研究了我国外汇储备需求函数，认为消费品零售总额、人民币实际有效汇率、国内外利率差都对外汇储备需求有显著影响。所以，综合国内外现有文献，多数学者研究都证实重商主义动机也是影响外汇储备的一个重要变量。

此外，从目前国内研究外汇储备的文献来看，多数是构建线性模型，通常都是采用面板回归模型进行实证分析。而 Delatte 和 Fouquan（2009）的研究表明，出口贸易的价格竞争以及汇率错配均会导致新兴国家外汇储备需求呈现非线性，而且相对于线性模型，在估计外汇储备需求上，非线性模型表现出更强的解释能力，外汇储备需求与其影响因素（如资本账户开放、开放程度、货币危机、贸易条件等）之间呈非线性关系。更重要的是，现有的研究表明，大部分国家在经历外债规模减小的同时，其外汇储备规模却急剧增长，从而使得很多研究在线性框架下考察外汇储备需求的动机（Jeanne 和 Ranciere，2011）。但事实上，资本账户开放改变了外债风险（外债占 GDP 的比率）与外汇储备需求的弹性关系，特别是当外汇储备需求是由预防性动机主导时，则随着资本账户开放进程的推进，由此可能导致跨境资本流动突然停止，并使得短期外债与外汇储备之间的弹性关系逐步增强。由此可见，外汇储备需求动机与外债风险（或金融风险）之间存在非线性关系。

　　有鉴于此，本章在非线性框架下构建包括预防性动机和重商主义动机在内的外汇储备模型，实证检验在资本账户开放情况下，伴随外债风险和流动性风险等金融风险增强，重商主义动机和预防性动机如何影响外汇储备。一方面，这揭示了在资本账户开放条件下两种动机在金融风险变化过程中的动态转化过程，能增进我们对不断增长的外汇储备来源的理解；另一方面，我们知道为了顺应人民币国际化的需要，2012 年央行公布了我国资本账户逐步开放的时间表，我们可预见随着中国资本账户的不断开放，跨境资本流动规模将不断扩大，中国金融市场的稳定性将受到严峻挑战，金融市场的波动风险也将随之增加。所以在此背景下，着重分析资本账户开放条件下金融风险与外汇储备需求之间的非线性关系具有重要的现实意义与学术价值，这不仅能够为我国目前深化金融改革、逐渐放开资本账户管制提供有益的理论基础，而且也能够为逐步放开资本账户管制的同时严格控制金融风险、较好地应对外部冲击、避免金融动荡、实现经济平稳较快发展提供重要的决策依据。

　　本章结构安排如下：第二节在现有研究文献的基础上，构建一个外汇储备决定的非线性理论模型，并结合面板平滑转换回归模型构建外汇储备动机影响因素的实证框架；第三节为外汇储备动机的实证结果与分析，其中重点考察了资本账户开放、金融风险与外汇储备之间的非线性关系；第四节是非线性转换关系分析；第五节是本章小结。

第二节　非线性模型的设定与数据说明

一、理论模型构建

依据汇率经济学和国际收支理论，设定经常项目满足 CA = g (G, G*, e, tot)，其中，G、G* 分别表示国内和国外的宏观经济基本面因素，tot 表示贸易条件；跨境资本流动 KA = g′(i, i*, Δe^E, cal)，$\Delta e^E = (e^E - e)/e$，其中，i、i* 分别表示本国和国外利率，e、e^E 分别表示当前和未来汇率，cal 表示资本账户开放程度。同时结合 G = G (i, FP)，G* = G (i*, FP*) 和长期国际收支均衡条件可知：e = e(G, KA, CA, i*, Δe^E, FP, FP*)，其中，FP、FP* 分别表示国内和国外的财政政策。与李巍和张志超（2009）的研究相一致，设定国内财政政策直接作用于本国宏观经济基本面，并在全球背景下，i*、e^E 和 FP* 直接影响国内金融稳定 F 和对应的不确定预期 ε_i，则 e = e(G, KA, CA, F, ε_i, ω)，其中，ω 表示其他相关影响因素。在以上设定的基础上，本章构建一个非线性的两期（0，1）模型，则时期 1 的汇率水平由下式决定：

$$e = e(G, KA, CA, F, \varepsilon_i, \omega) = \omega G(F + \varepsilon_i)^\beta KA^\gamma CA^\lambda \tag{9-1}$$

其中，设定 ε_i 在区间 $[-\bar{\varepsilon}, \bar{\varepsilon}]$ 上均匀分布，满足 ω > 0，β ∈ (0, 1]，γ，λ ∈ [-1, 1]，且 γ，λ ≠ 0，同时采用间接法标价汇率 e，设定 i ∈ [0, 1]，时期 0 的汇率为 e_0。则当 E[e(G, KA, CA, F, ε_i, ω)|F + ε_i, G,

KA] = $\omega G(F + \varepsilon_i)^\beta KA^\gamma CA^\lambda \le e_0$，即 $\varepsilon_i \le \left(\dfrac{e_0}{\omega G \cdot KA^\gamma CA^\lambda}\right)^{\frac{1}{\beta}} - F$ 时，则国内行为主体就会产生对国内金融不稳定的预期，并通过购买和持有外汇资产规避风险，由此可得行为主体的数量为：

$$\frac{1}{2\bar{\varepsilon}} \int_{-\bar{\varepsilon}}^{\left(\frac{e_0}{\omega G \cdot KA^\gamma CA^\lambda}\right)^{\frac{1}{\beta}} - F} d\varepsilon_i = \frac{1}{2\bar{\varepsilon}}\left[\left(\frac{e_0}{\omega G \cdot KA^\gamma CA^\lambda}\right)^{\frac{1}{\beta}} - F + \bar{\varepsilon}\right] \tag{9-2}$$

如果设定本国广义货币供应量为 M2，则国内行为主体需要兑换的外汇总量（以本币计价）为：$\dfrac{M2}{2\bar{\varepsilon}}\left[\left(\dfrac{e_0}{\omega G \cdot KA^{\gamma}CA^{\lambda}}\right)^{\frac{1}{\beta}} - F + \bar{\varepsilon}\right]$。理论上，一国外汇储备主要来源于两个方面：一方面来自出口贸易增长，由净出口创汇带来的积累（Jeanne 和 Ranciere，2011；Jeanne，2007）；另一方面随着一国资本账户开放，为了防范金融风险和资本流动冲击对国内经济增长带来的负影响，由外汇管制当局主动增持（如 Aizenman，2007；Obstfeld 等，2010）。所以，一旦面临金融风险，央行会通过出售外汇储备（以美元计价）的方式维持外汇市场的供给和需求平衡，即：

$$\frac{R}{M2} = \frac{e_0}{2\bar{\varepsilon}}\left[\left(\frac{e_0}{\omega G \cdot KA^{\gamma}CA^{\lambda}}\right)^{\frac{1}{\beta}} - F + \bar{\varepsilon}\right] \tag{9-3}$$

由此可得出如下结论：

（1）当 $\varepsilon_i \leq \left(\dfrac{e_0}{\omega G \cdot KA^{\gamma}CA^{\lambda}}\right)^{\frac{1}{\beta}} - F < 0$，即经济体面临较高的金融风险和恶化时，$\partial \dfrac{R}{M2}/\partial\bar{\varepsilon} = \dfrac{e_0}{2\bar{\varepsilon}} - \dfrac{e_0}{2\bar{\varepsilon}}\left[\left(\dfrac{e_0}{\omega G \cdot KA^{\gamma}CA^{\lambda}}\right)^{\frac{1}{\beta}} - F + \bar{\varepsilon}\right] > 0$ 表示本国外汇储备占 M2 的比重会增加。

（2）外汇储备的预防性动机分析。由（9-3）式可知，$\rho_1 = \partial \dfrac{R}{M2}/\partial KA =$

$-\dfrac{e_0^2\gamma}{2\bar{\varepsilon}\omega\beta G \cdot KA^{\gamma+1}CA^{\lambda}}\left(\dfrac{e_0}{\omega G \cdot KA^{\gamma}CA^{\lambda}}\right)^{\frac{1-\beta}{\beta}}$，则当 $-1 < \gamma < 0$ 时，$\rho_1 > 0$；而当 $0 < \gamma < 0$ 时，$\rho_1 < 0$。由此可见，如果跨境资本流动造成本币贬值，表现为 $\gamma < 0$，则随着资本账户顺差会导致外汇储备规模递增；反之，如果跨境资本流动造成本币升值，表现为 $\gamma > 0$，则随着资本账户逆差会导致外汇储备规模递减。同时，必须指出的是，跨境资本流动受制于一国的资本账户开放程度，同时该影响效应还会随经济体面临的金融风险而发生变化。

（3）外汇储备的重商主义动机分析。由（9-3）式可知，$\rho_2 = \partial \dfrac{R}{M2}/$

$\partial CA = -\dfrac{e_0^2\lambda}{2\bar{\varepsilon}\omega\beta G \cdot KA^{\gamma}CA^{\lambda+1}}\left(\dfrac{e_0}{\omega G \cdot KA^{\gamma}CA^{\lambda}}\right)^{\frac{1-\beta}{\beta}}$，则当 $-1 < \lambda < 0$ 时，$\rho_2 > 0$；而

当 $0 < \lambda < 1$ 时，$\rho_2 < 0$。由此可见，如果经常项目顺差造成本币升值，表现为 $\lambda > 0$，则随着经常项目顺差会导致外汇储备规模递增；如果经常项目逆差会造成本币贬值，表现为 $\lambda < 0$，则随着经常项目逆差会导致外汇储备规模递减。同时，必须指出的是，贸易条件是影响经常项目的重要因素之一，同时该影响效应还会随经济体面临的金融风险而发生变化。

二、实证框架设定

基于以上理论模型的分析，我们立足于两个动机，即外汇储备的预防性动机和重商主义动机。现有文献研究表明，发展中国家多数采取出口导向型的经济发展战略，即为了使出口具备竞争力，这些国家往往通过外汇干预使本国货币被低估，其中出口贸易的价格竞争以及汇率错配均是导致新兴国家外汇储备需求呈现非线性的主要原因（Aizenman，2011；Delatte 和 Fouquan，2009），所以重商主义动机依旧是影响外汇储备的重要因素。与现有文献相一致，我们选择出口增长率和贸易条件作为自变量，衡量重商主义动机对外汇储备的影响。同时，依据现有文献，发展中国家都比较依赖外资流入（即外商直接投资），金融体系相对脆弱，而外汇储备可以缓解由于资本流动突然停止（Capital Flows Sudden Stop）而导致的产出波动，避免资本流动突然停止或资本外逃导致的福利损失，所以最优外汇储备与规避金融危机的预防性动机直接相关（Radelet 和 Sachs，1998；Eichengreen，2001；Sun，2002；IMF，2003；Aizenman，2007；Caballero 和 Panageas，2005；Mendoza，2010；Jeanne，2007；Arranz 和 Zavadjil，2008），由此我们选择资本账户开放指数和净外商投资流入波动来衡量资本账户开放面临的跨境资本流动波动风险。

为了研究资本账户开放、金融风险与最优外汇储备的非线性关系，我们必须先确定非线性的门槛变量。首先，相关研究表明，资本账户开放会造成国内外资本流动加剧，对一国外债存量的变化和外汇储备都有直接影响，我们选择外债总量作为模型的门槛变量，度量资本账户开放后金融风险对外汇储备动机的影响；针对金融风险，我们认为其中一国的流动性风险，即通货膨胀会直接影响国际投资收益及国际贸易成本和收益，也会影响一国货币的币值，进而影响外汇储备，所以我们选择通胀率作为金融风险对最优外汇储备影响的另一个门槛变量，并进行稳健性检验。

另外，相关理论研究证实，汇率制度直接影响货币政策，也是影响外汇储备的重要因素。结合上述相关文献和理论，我们采用以下的面板平滑转换回归（PSTR）方程来考察在资本账户开放、金融风险强化的情况下，预防性动机及重商主义动机对最优外汇储备的非线性影响。

$$\left(\frac{\text{Foreign Exchange Reserve}}{\text{GDP}}\right)_{i,t} = a_{i,t} + b_1 X_{i,t} + b_2 X_{i,t} f(Q_{it},\ \gamma,\ Q_c) +$$
$$b_3 \text{System}_{i,t} + e_{i,t}$$

$$X_{i,t} = \{\text{exg}_{i,t},\ \text{tot}_{i,t},\ \text{cal}_{i,t},\ \text{vol}_{i,t}\}$$

(9-4)

其中，被解释变量采用外汇储备总量（Foreign Exchange Reserve）与一国当年国内生产总值 GDP 的比率进行度量，其中，外汇储备总量不包括黄金储备。$X_{i,t}$ 包括四个解释变量，其中代表重商主义动机的有出口增长率 $\text{exg}_{i,t}$ 和一国进出口贸易条件 $\text{tot}_{i,t}$；代表预防性动机的有资本账户开放指数 $\text{cal}_{i,t}$ 和净外商投资流入波动指数 $\text{vol}_{i,t}$。$\text{System}_{i,t}$ 代表一国的汇率制度，其值为 1 则该国为固定汇率制度国家，为 0 则为有管理的浮动汇率制度国家。Q_{it} 采用外债风险指标和流动性风险指标衡量，外债风险指标采用一国外债总量与外汇储备的比重度量，流动性风险指标采用 CPI 通货膨胀率度量。此外，b_1 和 b_2 为估计系数。而转移函数 $f(Q_{it},\ \gamma,\ Q_c)$ 遵循如下的 Logistic 转换函数：

$$f(Q_{it},\ \gamma,\ Q_c) = \left[1 + \exp\left(-\gamma\prod_{c=1}^{m}(Q_{it} - Q_c)\right)\right]^{-1},\ \gamma > 0$$

(9-5)

其中，Q_c 为转换函数的位置参数，γ 为平滑待估参数，衡量了 Logistic 函数的平滑转换程度，同时还决定了不同区制间的转换速度。遵循该领域研究惯例（Gonzulez 等，2005），为了检验体制转换效应是否显著，在 $\gamma = 0$ 处对 $f(Q_{it},\ \gamma,\ Q_c)$ 转移函数进行一阶泰勒展开，并构造如下辅助回归方程，以进行线性检验：

$$\left(\frac{\text{Foreign Exchange Reserve}}{\text{GDP}}\right)_{i,t} = a_{i,t} + b_1 X_{i,t} + b_2 X_{i,t} f(Q_{it},\ \gamma,\ Q_c) +$$
$$b_3 \text{System}_{i,t} + e_{i,t}$$

$$X_{i,t} = \{\text{exg}_{i,t},\ \text{tot}_{i,t},\ \text{cal}_{i,t},\ \text{vol}_{i,t}\}$$

(9-6)

其中，$X_{i,t} = \{\text{exg}_{i,t},\ \text{tot}_{i,t},\ \text{cal}_{i,t},\ \text{vol}_{i,t},\ \text{System}_{i,t}\}$，$\varepsilon_{it}^* = \varepsilon_{it} + R_m \phi_1' X_{it}$，$R_m$ 为泰勒展开的剩余项。同时，依据 Gonzulez 等（2005）方法的基本原理，式（9-4）中线性假设 $H_0:\gamma = 0$ 等价于式（9-6）中 $H_0^*:\phi_1' = \cdots = \phi_m' = 0$。

为了考察原假设 H_0^*，我们构造了三个统计量：$LM = TN(SSR_0 - SSR_1)/SSR_0 \sim \chi_{mk}^2$，$F = \dfrac{(SSR_0 - SSR_1)/mk}{SSR_0/(TN - N - mk)} \sim F\ (mk，TN - N - mk)$，$pseudo - LRT = -2[\log(SSR_{ur}/SSR_0)] \sim \chi_{mk}^2$，其中，$SSR_0$ 为在原假设成立条件下的面板残差平方和，而 SSR_1 则为备择假设成立条件下的面板残差平方和，SSR_{ur} 为无约束条件下辅助回归方程（线性化无约束回归模型）的残差平方和。在"线性 VS 非线性"检验的基础上，我们仍需做剩余非线性检验以断定机制转换个数，即考察是否存在唯一一个转换函数（$H_0: \gamma = 1$）或者至少存在两个转换函数（$H_1: \gamma = 2$）。[①] 在基于 $\gamma = 2$ 的备择假设下，PSTR 模型具有以下表达形式：

$$\left(\frac{\text{Foreign Exchange Reserve}}{\text{GDP}}\right)_{i,t} = a_{i,t} + b_1 X_{i,t} + b_2 X_{i,t} f(Q_{it}^{(1)}，\gamma_1，Q_c) + b_3 X_{i,t}$$

$$f(Q_{it}^{(2)}，\gamma_2，Q_c) + b_4 System_{i,t} + e_{i,t} \qquad (9-7)$$

其中，$Q_{it}^{(1)} = Q_{it}^{(2)}$。与上述检验思路类似，为了检验是否存在两个转换函数，我们考察原假设 $H_0: \gamma_2 = 0$，并先在 $\gamma_2 = 0$ 处对 $g(Q_{it}^{(2)}，\gamma_2，Q_c)$ 转移函数做一阶泰勒展开，构造辅助回归方程，并采用 F、LM 和 pseudo-LRT 检验体制转换效应个数的显著性。同时在估计模型的筛选过程中，我们进一步检验是否存在三个或以上的转换函数个数，即首先原假设 $H_0: \gamma = \gamma^*$（$\gamma^* \geq 3$）备择假设 $H_1: \gamma = \gamma^* + 1$ 进行检验，如果拒绝原假设 H_0，则继续对 $H_0: \gamma = \gamma^* + 1$ 及其相应的备择假设 $H_1: \gamma = \gamma^* + 2$ 进行检验，依次类推，直至无法拒绝原假设 H_0 为止。

三、数据来源说明

为了考察资本账户开放、金融风险和最优外汇储备的关系，本章在非线性框架下采用面板平滑转换回归模型，其中研究数据包括中国、巴基斯坦、墨西哥、菲律宾、马来西亚、南非等 36 个国家和地区（见表 9-1），多数是亚非拉的发展中国家，也是全球主要采用固定汇率制度的国家。我

---

① 其中，γ 为 b 系数的阶数，满足 $\bar{b} = \dfrac{\partial\left(\dfrac{\text{Foreign Exchange Reserve}}{\text{GDP}}\right)}{\partial X_{i,t}} = b_1 + \sum\limits_{j=1}^{r} b_j f_j(\bar{Q}_{i,t}，\gamma_j，Q_j)$。

们对这些国家的资本账户开放、金融风险与外汇储备的关系展开深入研究，样本时间跨度为1991~2013年，样本国家和地区以及时间跨度基于数据的可获得性。

考虑数据的可比性，本章采用的各国净外商直接投资流入、资本账户开放指数（即贸易总额与GDP的比率）、出口增长率、出口价格指数、进口价格指数、外汇储备、外债总量、CPI通货膨胀率、国内生产总值GDP等变量均来自《世界发展指标》、国际金融统计数据库（IFS）、世界银行和CEIC数据库。而资本账户开放则采用Chinn和Ito（2008）构建的指标。

表9-1　全部样本国家和地区的分布

国家（地区）	国家（地区）	国家（地区）	国家（地区）	国家（地区）	国家（地区）
亚美尼亚	布隆迪	保加利亚	伯利兹	玻利维亚	中国
哥伦比亚	哥斯达	多米尼克	多米尼加	阿尔及利亚	厄瓜多尔
斐济	格鲁吉西	加纳	冈比亚	格林纳达	匈牙利
圣卢西亚	摩洛哥	摩尔多瓦	墨西哥	马其顿	马拉维
马来西亚	巴基斯坦	菲律宾	巴拉圭	罗马尼亚	所罗门
突尼斯	乌干达	圣文森特	萨摩亚	南非	赞比亚

表9-2给出了各变量的描述性统计。从表中均值可以看出，外汇储备占GDP的比重超过30%，说明外汇储备的金额较大，是一种不容小觑的资金力量；净外商直接流入波动的最大值与最小值相差很大，说明波动性较大。流动性风险的波动性也比较大，而出口增长率则比较稳定。

表9-2　各变量的描述性统计

指标	均值	最大值	最小值	标准差
出口增长率（exg_{it}）	8.9%	94.6%	−60.9%	0.175
贸易条件（tot_{it}）	1.054	2.324	0.509	0.237
资本账户开放指数（cal_{it}）	−0.201	2.422	−1.875	1.316
净外商直接投资流入波动（vol_{it}）	4.664	288.522	0.001	20.978
外债风险（wzfx）	6.086	131.042	0.027	8.916
流动性风险（CPI）	13.589	1058.375	−3.653	46.263
外汇储备/GDP	31.7%	121.3%	1.5%	0.208

注：外债风险采用外债总额与外汇储备之比。净外商直接流入波动采用五年移动平均计算，贸易条件的单位为%。
资料来源：IFS和CEIC数据库。

第三节　外汇储备动机的实证结果与分析

一、外汇储备非线性动机的实证检验

为了检验资本账户开放、金融风险对最优外汇储备的影响，我们从重商主义动机和预防性动机出发，选择出口增长率（exg_{it}）、贸易条件（tot_{it}）、资本账户开放指数（cal_{it}）、净外商直接投资流入波动（vol_{it}）等作为解释变量，并采用非线性面板平滑转换回归模型（PSTR）进行检验。

第一，我们比较了各个国家的门槛变量，包括外债风险（wzfx）和流动性风险（CPI）。其中，外债风险指标用外债总额与外汇储备的比率衡量，流动性风险指标用通胀率（CPI）衡量。

由表 9-3 可以清楚地看出，样本期内大多数国家的外债风险指标变化幅度很大，其中，赞比亚的外债风险指标从 1.77 增加至 131.04，巴基斯坦则由 2.99 增加至 54.29，另外，菲律宾从 0.80 提高到 10.01，而中国则从 0.18 上升至 3.84。同时，大多数国家的外债风险程度和速度也呈现出地域性的差异特征。其中，从均值指标来看，亚洲国家如中国、斐济、马来西亚、萨摩亚等的外债风险程度较低，而多数非洲国家如布隆迪、马拉维、赞比亚等的外债风险程度相对较高。我们认为非洲国家出口贸易程度相对较低，外汇储备不高，而经济发展借入外债较多；亚洲、欧洲等国家出口贸易较多，外汇储备相对充足，外债比重相对较低。另外，从描述性统计特征整体上看，在世界范围内，各国（地区）的外债风险指标在时间维度上，其速度变化也表现出较为明显的差异。

表 9-3　各国家 1991~2013 年外债风险指标的描述性统计

国别	均值	最大值	最小值	标准差	国别	均值	最大值	最小值	标准差
亚美尼亚	3.78	9.86	1.83	1.72	圣卢西亚	2.64	5.83	1.68	0.86
布隆迪	12.76	61.75	1.88	13.67	摩洛哥	3.29	7.26	0.86	2.33
保加利亚	7.08	37.80	1.89	8.53	摩尔多瓦	4.71	15.70	2.19	3.23

续表

国别	均值	最大值	最小值	标准差	国别	均值	最大值	最小值	标准差
伯利兹	6.93	19.23	3.05	3.72	墨西哥	4.77	22.09	2.03	4.32
玻利维亚	7.49	39.10	0.59	9.05	马其顿	3.71	9.96	1.88	2.18
中国	0.94	3.84	0.18	0.99	马拉维	15.48	47.20	3.38	12.25
哥伦比亚	2.78	4.21	1.97	0.62	马来西亚	1.31	2.27	0.83	0.33
哥斯达	3.05	4.45	1.85	0.79	巴基斯坦	14.90	54.29	2.99	14.25
多米尼克	4.95	7.46	3.04	1.27	菲律宾	4.24	10.01	0.80	2.54
多米尼加	8.56	26.76	3.33	5.57	巴拉圭	3.24	5.41	2.09	0.81
阿尔及利亚	4.88	19.17	0.03	6.85	罗马尼亚	3.20	5.96	1.91	0.96
厄瓜多尔	11.24	22.70	4.23	4.83	所罗门	4.41	15.16	0.41	3.89
斐济	0.70	1.21	0.35	0.26	突尼斯	5.36	10.45	2.05	2.51
格鲁吉亚	7.19	15.74	2.13	3.91	乌干达	7.53	47.58	0.64	11.26
加纳	8.39	26.95	1.76	6.84	圣文森特	3.18	4.55	2.17	0.66
冈比亚	4.60	10.85	2.13	2.02	萨摩亚	2.24	3.04	1.52	0.39
格林纳达	4.33	7.09	2.71	0.95	南非	4.88	27.67	2.31	5.82
匈牙利	4.36	7.28	2.64	1.32	赞比亚	25.74	131.04	1.77	32.09

资料来源：国际金融统计数据库（IFS）和 CEIC 数据库。

由表 9-4 可以发现，各国流动性风险程度差异较大。从均值指标看，中国（4.64）、伯利兹（2.11）、多米尼克（2.05）等比较低，而亚美尼亚（30.74）、保加利亚（84.36）、罗马尼亚（58.58）、赞比亚（37.23）等比较高。从最大值和最小值看，亚美尼亚、保加利亚、罗马尼亚、赞比亚等的最大值与最小值相差最大，相应的标准差也很大。上述门槛变量的基本特征为我们进一步研究在特定外债风险和流动性风险下，资本账户开放和金融风险对最优外汇储备的影响提供了重要的现实条件。

表 9-4　各国家 1991~2013 年流动性风险指标的描述性统计

国别	均值	最大值	最小值	标准差	国别	均值	最大值	最小值	标准差
亚美尼亚	30.74	337.35	−0.79	81.71	圣卢西亚	2.87	7.18	−1.67	2.20
布隆迪	12.33	31.11	−1.37	8.28	摩洛哥	2.68	7.99	0.62	2.06
保加利亚	84.36	1058.37	0.89	224.97	摩尔多瓦	13.48	39.17	−0.06	10.21

国别	均值	最大值	最小值	标准差	国别	均值	最大值	最小值	标准差
伯利兹	2.11	6.40	-3.65	2.48	墨西哥	10.65	35.00	3.41	9.55
玻利维亚	6.97	21.45	0.93	4.81	马其顿	9.34	126.58	-1.28	27.87
中国	4.65	24.24	-1.41	6.24	马拉维	21.93	83.33	7.41	17.18
哥伦比亚	11.56	30.37	2.02	8.86	马来西亚	2.81	5.44	0.58	1.36
哥斯达	12.12	28.71	4.50	5.96	巴基斯坦	9.17	20.29	2.91	4.18
多米尼克	2.05	6.33	-0.05	1.75	菲律宾	6.02	18.49	2.29	3.41
多米尼加	11.15	51.46	1.44	13.03	巴拉圭	9.94	24.23	2.59	5.62
阿尔及利亚	9.64	31.67	0.34	10.35	罗马尼亚	58.58	255.17	3.33	79.56
厄瓜多尔	23.30	96.09	2.28	24.10	所罗门	9.11	17.32	1.05	3.46
斐济	3.84	8.67	0.76	2.08	突尼斯	4.09	8.19	1.98	1.51
格鲁吉亚	16.28	162.72	-0.94	36.53	乌干达	7.21	18.69	-0.29	4.74
加纳	20.17	59.46	8.73	12.59	圣文森特	2.71	10.07	0.17	2.40
冈比亚	5.58	17.03	0.84	3.99	萨摩亚	4.34	16.31	-2.90	4.73
格林纳达	2.51	8.03	-0.43	1.81	南非	7.24	15.33	1.39	3.54
匈牙利	11.75	34.23	1.73	9.20	赞比亚	37.23	183.31	6.43	47.75

资料来源：国际金融统计数据库（IFS）和 CEIC 数据库。

第二，本章的转移函数采取对数形式，其中 m 值的取值直接影响转移函数 $f(Q_{it}, \gamma, Q_c)$，因此，在本章的 PSTR 模型估计中，我们借鉴 Granger 和 Terasvirta（1993）的方法，采用 AIC 和 BIC 准则来选取非线性回归模型估计的最优 m 值（即位置参数个数），以获取最优的 Logistic 转换曲线，估计结果如表 9-5 所示。根据 AIC 和 BIC 最小的规则，估计结果显示两个模型的最优位置参数个数均为 1。

表 9-5 位置参数个数的确定

模型	外债风险		流动性风险	
	m = 1	m = 2	m = 1	m = 2
转换函数个数	1	2	1	2
AIC	4.932	4.936	5.024	5.026
BIC	5.008	5.019	5.100	5.109

第三，我们对资本账户开放、金融风险（外债风险、流动性风险）与最优外汇储备之间是否存在非线性关系展开检验分析，为了保证研究结论的可靠性和稳健性，我们分别采用了 F 统计量、LM 统计量和 pseudo-LRT 统计量进行检验。首先，我们进行线性检验并拒绝线性原假设，然后进行剩余非线性检验，以考察资本账户开放的资本流动效应中存在的非线性转换函数（体制转换区间）的最优个数，并将检验结果列于表 9-6。

表 9-6 线性检验与剩余非线性检验[1]

模型统计量	外债风险					
	F		LM		Pseudo-LRT	
	m = 1	m = 2	m = 1	m = 2	m = 1	m = 2
$H_0: \gamma = 0$ vs. $H_1: \gamma = 1$	10.352*** [0.000]	10.353*** [0.000]	111.081*** [0.000]	111.082*** [0.000]	121.928*** [0.000]	121.929*** [0.000]
$H_0: \gamma = 0$ vs. $H_1: \gamma = 2$	1.391 [0.165]	1.416 [0.153]	17.811 [0.121]	18.118 [0.112]	20.648* [0.055]	38.967*** [0.000]
模型统计量	流动性风险					
	F		LM		Pseudo-LRT	
	m = 1	m = 2	m = 1	m = 2	m = 1	m = 2
$H_0: \gamma = 0$ vs. $H_1: \gamma = 1$	2.208** [0.010]	2.208** [0.010]	27.416*** [0.006]	27.416*** [0.007]	28.018*** [0.005]	28.018*** [0.006]
$H_0: \gamma = 0$ vs. $H_1: \gamma = 2$	0.675 [0.776]	0.658 [0.792]	8.770 [0.722]	8.551 [0.741]	12.393 [0.716]	9.945 [0.620]

注：*、** 和 *** 分别表示在 10%、5% 和 1% 的显著性水平上通过检验，中括号内为统计量对应的 P 值。

由表 9-6 的检验结果可以清楚地看出，当以外债风险或流动性风险指标作为门槛变量对最优外汇储备展开线性检验时，各个模型的 F 统计量、LM 统计量和 pseudo-LRT 统计量在 1% 或 5% 的显著性水平上均显著地拒绝 $\gamma = 0$ 的原假设，这就充分说明随着外债风险或流动性风险的增强，资本账户开放、金融风险与最优外汇储备之间存在着显著的非线性关系。而且，为了进一步考察非线性转换的特征，我们在以上线性检验的基础上进行剩余非线性检验，以考察 PSTR 模型中非线性机制转换函数的最优

---

[1] 我们在理论模型 (9-3) 的基础上，采用三次泰勒展开对模型做线性检验与剩余非线性检验。

个数。具体而言，我们首先对原假设 H_0：$\gamma = \gamma^*$ 以及相应的备择假设 H_1：$\gamma = \gamma^* + 1$ 进行检验，如果拒绝原假设 H_0，我们将继续对 H_0：$\gamma = \gamma^* + 1$ 以及相应的备择假设 H_1：$\gamma = \gamma^* + 2$ 进行检验，依次类推，直到我们无法拒绝原假设 H_0 为止。综合考虑，由表9-6的分析结果可知，在1%的显著性水平上，各个模型非线性机制转换函数的最优个数为1。

二、外汇储备动机的非线性参数估计

在线性检验与剩余非线性检验的基础上，我们对 PSTR 模型展开参数估计。具体而言，我们首先采用去均值的方法消除个体固定效应，然后采用非线性最小二乘法对模型参数进行估计，并采用格点法搜索使得模型残差平方和最小的参数估计值，并将其作为非线性最优算法的初始参数，在确保模型参数收敛的基础上进行估计，并将结果列于表9-7。

表9-7　面板平滑转换回归模型参数估计

门槛变量	线性模型	面板平滑转换回归模型	
		外债风险	流动性风险
平滑参数 γ	—	0.684*** (0.019)	1.084*** (0.031)
位置参数 Q_c	—	2.272*** (0.052)	4.964*** (0.049)
汇率制度	1.313 (9.723)	−3.645* (2.152)	1.551 (2.384)
出口增长率（exg_{it}）	5.947*** (1.380)	2.997 (7.585)	5.950 (5.566)
贸易条件（tot_{it}）	0.054*** (0.012)	0.0864*** (0.024)	0.067*** (0.025)
资本账户开放指数（cal_{it}）	−0.305 (0.296)	−2.112* (1.246)	−2.111*** (0.777)
净外商直接投资流入波动（vol_{it}）	0.014 (0.021)	−0.108** (0.046)	−0.067* (0.040)
$\mathrm{exg}_{it}\,f(Q_{it}, \ \gamma, \ Q_c)$	—	−2.827 (10.415)	−4.553 (7.327)
$\mathrm{tot}_{it}\,f(Q_{it}, \ \gamma, \ Q_c)$	—	−0.208*** (0.024)	−0.065*** (0.015)

续表

门槛变量	线性模型	面板平滑转换回归模型	
		外债风险	流动性风险
$cal_{it}f(Q_{it}, \gamma, Q_c)$	—	3.759** (1.676)	3.878*** (1.013)
$vol_{it}f(Q_{it}, \gamma, Q_c)$	—	0.259** (0.106)	0.090 (0.062)
转换函数个数	—	1	1
AIC	—	4.932	5.024
BIC	—	5.008	5.100
Log likelihood	−2142.514	−2490.855	−2512.564

注：*、** 和 *** 分别表示在10%、5%和1%的显著性水平上通过检验，括号内的值为估计系数的对应标准差。

此外，我们还采用 White 检验方法对模型的异方差展开检验（见表9-8），结果显示在 1%的显著性水平上，四个模型估计的残差均不存在异方差。因此，模型的估计结果是可靠的，同时表 9-6 的 F 统计量、LM 统计量和 pseudo-LRT 统计量均分别服从传统的 F 分布和卡方分布，说明本章模型估计的非线性检验结果依然是稳健的。

表 9-8　异方差 White 检验

门槛变量	线性模型	面板平滑转换回归模型	
		外债风险	流动性风险
F 统计量	1.6778 [0.188]	1.386 [0.251]	3.078 [0.047]
LM 统计量	3.081 [0.214]	2.774 [0.250]	6.127 [0.047]

注：中括号内为统计量对应的 P 值；White 检验的思路为先辅助回归：$\hat{u}_{it}^2 = \delta_0 + \delta_1 \hat{y}_{it} + \delta_2 \hat{y}_{it}^2 + e_{it}$，其中，$\hat{u}_{it}$ 为模型的估计残差，$\hat{y}_{it}$ 为模型被解释变量的预测值，原假设为 $H_0: \delta_1 = \delta_2 = 0$，备择假设为 $H_0: \delta_1$ 和 δ_2 有一个不为零，检验统计量为：$F = (R_{\hat{u}^2}^2/2)/[(1 - R_{\hat{u}^2}^2)/(n-3)] \sim F(2, n-3)$，$LM = n \cdot R_{\hat{u}^2}^2 \sim \chi^2(2)$。

由表 9-7 估计结果可以清楚地看出，不管选择外债风险还是流动性风险作为门槛变量，出口增长率对最优外汇储备的影响均不显著，而进出口贸易条件对外汇储备的影响显著，估计结果也符合预期。即当一国外债风险和流动性风险较低时，贸易条件改善通过经常项目盈余而有助于增加外汇储备；而当国内外债风险和流动性风险太高时，贸易条件会恶化，导致经常项目赤字，从而对外汇储备会有负效应。总体上，重商主义动机的两个测度变量只有一个显著。另外，实证发现，不管选择外债风险还是流动性风险作为门槛变量，预防性动机的两个测度变量都显著。其中，在外债风险和流动性风险较低时，资本账户开放会加大跨境资本流动，期初由于预防风险的动机不强烈，对一国外汇储备会有负效应；而当外债风险和流动性风险增大时，一国为了应对资本流出增加对国内经济造成的负效应，会主动增加外汇储备以应对资本账户开放可能导致的金融动荡。对于净外商直接投资流入波动，在一国外债风险和流动性风险较低时，出于预防性动机的考虑，对外汇储备的需求并不强烈，从而对期初和期末产生负效应；而当国内的外债风险和流动性风险增大时，出于预防资本出逃的考虑，一国会增加外汇储备。这也与 Caballero 和 Panageas（2005）、Mendoza（2010）等的研究结果一致。即发展中国家由于高度依赖外资流入（即外商直接投资），金融体系较脆弱，拥有较多的外汇储备可以应对由于资本流动突然停止而导致的产出波动，所以为避免资本流动突然停止或资本外逃是持有外汇储备的主要动机。另外，从我们上述的估计结果可以看出，各国外汇储备的动机更多源自预防性动机。

此外，由表 9-7 可知，线性模型检验的结果表明重商主义动机的两个变量出口增长率和贸易条件都通过显著性检验，而预防性动机的两个变量资本账户开放和净外商直接投资流入波动均不显著，线性模型实证结果支持重商主义动机，拒绝预防性动机。这刚好与非线性模型的检验结论相反，而上文中 F 统计量、LM 统计量和 pseudo-LRT 统计量均拒绝线性假设，一方面说明本章非线性检验结果比线性可靠；另一方面，非线性模型的平滑参数 γ 的估计值较小（外债风险为 0.684，流动性风险为 1.084），因此转换函数将呈现出较为明显的平滑转化特征，这意味着随着外债风险和流动性风险的变化，资本账户开放和金融风险与最优外汇储备将呈现渐进演变的非线性关系。由此可见，Aizenman（2007）、Caballero 和 Panageas（2005）以及 Mendoza（2010）等在线性框架下对外汇储备动机展开的研究得出的结论具有一定的局限性。

第四节　非线性转换关系分析

一、资本账户开放、外债风险与外汇储备动机非线性关系分析

资本账户开放和金融风险造成一国外汇储备的增加或减少，究其原因，在于资本账户开放扩大了跨境资金流通通道，降低了跨境交易成本，实现了资金的跨境自由转移，从而能够有效释放和促进资金的跨境流动（Aghion 等，2004；Cheung 等，2006；Alfaro 等，2007；Furceriet 等，2011），而资本跨境流动加剧，对于金融体系脆弱、经济发展过度依赖外资的发展中国家而言，其经济发展面临较严重的资本流出冲击，出于预防性动机需要储备一定的外汇资产，缓解资本流动对经济的负面效应。同时，国内的流动性风险增大，资本跨境投资收益受损，也会加剧资本外逃，需要更多的外汇储备应对冲击。因此，为了进一步刻画资本账户开放、金融风险与最优外汇储备之间的非线性关系，我们分别计算出各国（地区）在 1991~2013 年外债风险和流动性风险的平均值，并结合面板平滑转换回归模型（PSTR）中 $\overline{Q}_{it}$ 的参数估计值，采用式（9-8）计算出与其相对应的关系参数值。在此基础上，我们画出包括中国、菲律宾在内的 36 个国家和地区的出口增长率、贸易条件、资本账户开放指数、净外商直接投资流入波动与外债风险、流动性风险的非线性散点关系图（见图 9-2 至图 9-9）。

$$b = \frac{\partial \left(\dfrac{\text{Foreign Exchange Reserve}}{\text{GDP}} \right)}{\partial X_{it}} = b_1 + b_2 f(\overline{Q}_{it}, \ \gamma, \ Q_c),$$

$$X_{i,t} = \{ exg_{i,t}, \ tot_{i,t}, \ cal_{i,t}, \ vol_{i,t} \} \qquad (9-8)$$

由图 9-2 可知，从重商主义动机的两个指标看，外债风险会减弱出口增长率对外汇储备的正效应，当资本账户开放，一国外债风险增大时，出口增长对增加外汇储备的作用会逐渐减弱。同时，我们发现，当外债风险

指标达到 8%，出口增长率系数将变得非常小。在这方面，中国由于外汇储备充足，外债总量占外汇储备的比重较小，外债风险较低，所以出口增长率对外汇储备的正效应较大。另外，图 9-3 表明，外债风险增大将恶化一国的贸易条件，当外债风险指标大于 1.8%，贸易条件对外汇储备将有负效应，而图中也表明大多数实行非浮动汇率制度的国家（哥伦比亚、菲律宾、南非、墨西哥）的贸易条件并未对外汇储备有正效应，只有中国、斐济和马来西亚的贸易条件系数为正。其中，中国外债风险较低，贸易条件对增加外汇储备有正效应。我们对比图 9-2 与图 9-3 可以发现，出口

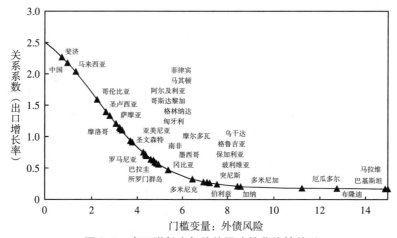

图 9-2　出口增长率与外债风险的非线性关系

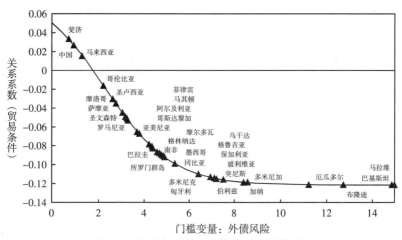

图 9-3　贸易条件与外债风险的非线性关系

增长率对外汇储备的影响明显要大于贸易条件的作用，因为出口对外汇储备的影响更为直接。

由图 9-4 我们可以清楚地看出，当外债风险指标高于 2%时，国际经验表明资本账户开放增加了一国的资本流动，但随着外债风险指标的上升，资本账户开放增加了一国的外汇储备，这是由于资本账户开放放宽了资本管制，加大资本流动风险，大多数发展中国家（南非、巴基斯坦、菲律宾、哥伦比亚、墨西哥）出于预防性动机的考虑需要增加外汇储备以应对资本波动的冲击。由此可见，为了促进人民币国际化的进程，随着我国资本账户的逐步开放，资本波动加剧，为应对资本冲击，在可预见的未来，依旧要保持较多的外汇储备。

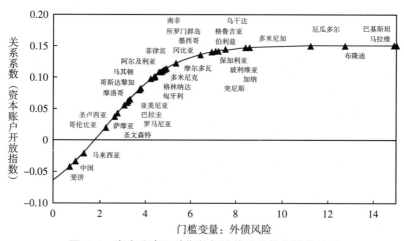

图 9-4 资本账户开放指数与外债风险的非线性关系

同时图 9-5 也表明，随着外债风险指标增加，净外商直接投资流入波动加剧，对增加一国外汇储备有正效应。大多数金融体系较为脆弱的发展中国家为了应对外债风险加剧、国内外资本外逃对经济带来的冲击，从而危及金融市场的稳定性，并对宏观经济的增长产生不良影响，都会主动增加外汇储备应对危机。单就中国而言，我国外债风险本身很低，以外债风险作为门槛变量，检验的结果表明中国的外汇储备动机偏向于重商主义动机，目前出于预防性动机的较小，而大多数国家则两者兼具。

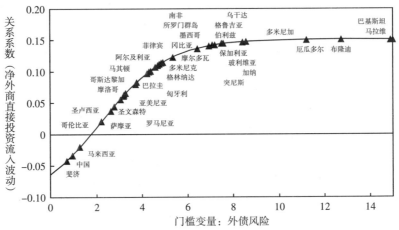

图 9-5　净外商直接投资流入波动与外债风险的非线性关系

二、资本账户开放、流动性风险与外汇储备动机非线性关系分析

由图 9-6 可知，从重商主义动机的两个指标看，流动性风险会减弱出口增长率对外汇储备的正效应，当一国流动性风险增大时，出口增长对增加外汇储备的作用会逐渐减弱。这是因为一国国内通货膨胀加重时，相对物价水平上涨，出口总量下降，会造成外汇储备降低。同时，我们发现，当流动性风险指标达到 5% 时，出口增长率的系数下降幅度比较大；当流动性风险指标大于 8% 时，出口增长率对外汇储备的影响系数下降到 1.5 左右。在这方面，中国的流动性风险在 4% 左右，处于较低水平，出口增长率对外汇储备的正效应较大。

图 9-7 表明，流动性风险增大将恶化一国的贸易条件，当流动性风险指标大于 5% 时，贸易条件对外汇储备的正效应将有较大幅度下降；当流动性风险指标大于 8% 时，贸易条件对外汇储备的影响系数下降到 0.02 左右。同样，我们对比图 9-6 与图 9-7 可以发现，以流动性风险作为门槛变量，出口增长率对外汇储备的影响也明显要大于贸易条件的作用，因为出口增长率相对于贸易条件对外汇储备的影响更为直接。

由图 9-8 我们可以清楚地看出，当流动性风险指标高于 5% 时，国际经验表明随着流动性风险指标的上升，资本账户开放将增加一国的外汇储

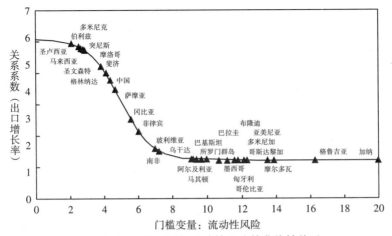

图 9-6 出口增长率与流动性风险的非线性关系

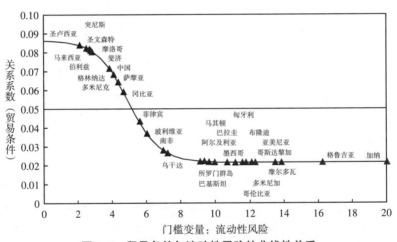

图 9-7 贸易条件与流动性风险的非线性关系

备，这是由于资本账户开放放宽了资本管制，加大了资本流动风险，而流动性风险增大将导致资本投资面临损失，从而加剧资本外逃。而大多数发展中国家（南非、巴基斯坦、菲律宾、哥伦比亚、墨西哥）出于预防性动机的考虑，需要增加外汇储备应对资本波动的冲击。由此可见，在经济增长的同时，通货膨胀导致流动性风险加剧，一国放宽资本账户管制需要更多的外汇储备应对资本冲击。

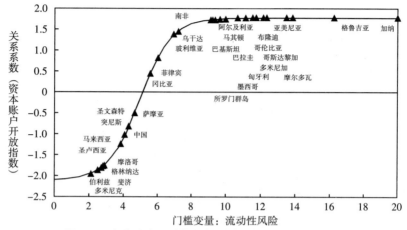

图9-8 资本账户开放指数与流动性风险的非线性关系

图9-9也表明,随着流动性风险指标增加,净外商直接投资流入波动加剧,会导致一国外汇储备增长。究其原因,我们认为大多数发展中国家金融市场不完善,比较依赖国外资金,而外商投资的资金在一国面临太大的流动性风险会导致资产贬值,所以流动性风险会加剧资本外流。大多数金融发展水平不高的发展中国家为了应对流动性风险加剧、国内外资本外逃对经济增长产生的不良影响,都会主动增加外汇储备以应对危机。从图中我们也可以发现,当流动性风险大于6%时,净外商直接投资流入波动对外汇储备会有正效应,但影响的效果相对于资本账户开放较弱。

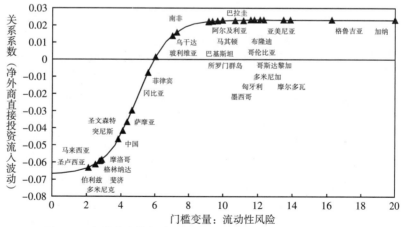

图9-9 净外商直接投资流入波动与流动性风险的非线性关系

第五节　本章小结

一、本章结论

近年来，我国逐步开放资本账户，而由于我国经济增长速度放缓，加之美元加息、美元汇率持续走强，很可能导致我国资本外逃，那么，我国目前的外汇储备规模能否应对由此引发的金融风险和国际资本流动冲击呢？基于此，本章构建了外汇储备决定的非线性理论模型，并采用最新的面板平滑转换回归模型，在非线性框架下对全球 36 个国家（地区）的最优外汇储备进行深入分析。在研究过程中，我们构建了包括重商主义动机和预防性动机的非线性模型，主要考察了面临外债风险和流动性风险等基础条件时，重商主义动机和预防性动机对外汇储备规模选择的影响。研究结果表明：

第一，非线性模型检验结果比线性模型更为可靠，同时转换函数将呈现出较为明显的平滑转化特征，当一国外债风险和流动性风险较低时，贸易条件改善会有助于增加外汇储备；而当国内外债风险和流动性风险太高时，贸易条件会恶化，对外汇储备会有负效应。另外，我们的研究还发现，在外债风险和流动性风险较低时，资本账户开放会加大跨境资本流动，期初由于预防风险的动机不强烈，对一国外汇储备会有负效应；而当外债风险和流动性风险增大时，一国为了应对资本流出增加对国内经济造成的负效应，会主动增加外汇储备以缓解资本流出的冲击，从而将负效应减弱。对于净外商直接投资流入波动，在一国外债风险和流动性风险较低时，出于预防性动机的考虑，对外汇储备的需求并不强烈，从而对期初和期末产生负效应；而当国内的外债风险和流动性风险增大时，出于预防资本出逃的考虑，一国会增加外汇储备。可见，各国外汇储备的动机更多源自预防性动机。

第二，由于金融风险增大恶化了出口增长和贸易条件，使得重商主义动机中出口增长率和贸易条件对外汇储备增加的正效应逐渐减弱，但预防性动机中资本账户开放指数和净外商直接投资流入波动对外汇储备的正效应则逐渐增强，主要原因在于，国内风险陡增将导致投资于本国的资本面临损失和贬值风险，而此时如果开放资本账户，则将加剧资本外逃和资本波动对经济增长的冲击，出于预防性动机，央行会主动增加外汇储备以应对金融风险加剧对经济增长的不良影响。

第三，由于大部分金融市场不够完善，经济增长对外资依赖程度较大的发展中国家增加外汇储备主要是预防资本波动冲击对经济增长的负效应，只有少数国家增加外汇储备兼顾重商主义动机和预防性动机。其中，外债风险和流动性风险等金融风险不高的国家，增加外汇储备主要来源于重商主义动机，而金融风险较高的国家增加外汇储备则更多出于预防性动机，这也说明在增加外汇储备这个角度上，重商主义动机和预防性动机存在一定的互补作用。

二、本章启示

基于以上研究结论，本章得出以下两点启示：

第一，通过对全球 36 个国家（地区）外汇储备的实证研究，我们发现大部分金融体系不够完善的发展中国家增加外汇储备主要是出于预防性动机，只有少部分国家增加外汇储备是出于重商主义动机。目前，我国的外汇储备增加主要是出口贸易增长创汇，一方面，我国目前的汇率制度不是完全浮动的，资本账户没有完全开放；另一方面，我国近年来经济增长较快，国内经济状况较好。所以，出于预防性动机，我国增加外汇储备的动机并不强烈。目前，我国可以逐步放开资本账户管制，而不必太过于担心资本冲击的负效应。

第二，出于预防性动机增加外汇储备的国家，外汇政策都会比较被动。我国目前外汇储备增长更多是出于重商主义动机，预防性动机不强烈，可以逐步放开资本账户管制，但也不能过度乐观。实证表明，当金融风险增大时，外汇储备的重商主义动机会逐渐减弱，对外汇储备增长的贡献会不断减少，甚至可能由正效应变为负效应，而增加外汇储备的预防性动机则会逐渐加强。所以当前我国开放资本账户需要严格控制金融风险，如外债风险、流动性风险等，避免出现我国增加外汇储备主要是为了应对风险的局面，这样会使外汇管理政策陷入被动，不利于贸易增长和金融稳定。

第十章　结束语

本书结合国际资本账户开放的经验和教训，着重从全球的视角全面分析资本账户开放的金融风险及其有效管理，其研究意义主要体现在以下几方面：第一，研究不同的基础条件下资本账户开放对资本流向的影响，国外文献较少从理论和实证角度做相应的研究，本书是对国内外研究的一个突破和完善。第二，结合中国的实际，实证分析了跨境资本流动的技术溢出效应以及我国对外直接投资的动机，这是对传统研究的重要补充。第三，采用时变参数向量自回归模型，并结合中国的实际，实证分析了资本账户开放、汇率制度与国际资本流动之间的时变动态关系，具有较强的创新性。第四，通过分析不同的汇率制度下资本账户开放与货币危机的关系，以期评估什么样的汇率制度能够更好地抵制危机发生，并分析汇率错配、金融深化程度等基础条件是否影响资本账户开放、金融风险与最优外汇储备之间的非线性关系，这也是对该领域研究文献的一个有益补充。第五，在有管理的浮动汇率制度以及利率和货币供应框架下，分析资本账户开放后货币政策传导机制的时变演变特征的文献几乎没有，为此本书结合我国的现实构建了全新的理论模型，分析了资本账户开放后不同货币政策传导的有效性和时变特征，从而推动了相关理论的发展。

事实上，为了更好地揭示资本账户开放与中国金融市场稳定发展之间的关系，传统的计量估计和分析是不够的，需要引入一般均衡模型分析框架。为此，未来的研究方向之一是通过构建可计算一般均衡模型，并加入相应的政策模块，如放松资本流动监管等，来定量模拟和政策仿真分析资本账户开放对中国金融市场稳定的影响及效应，该研究视角在既有文献中还比较少见，具有一定的领先性和创新性，值得继续深入研究。

参考文献

巴克：《发达国家资本账户自由化的经验》，中国金融出版社 2006 年版。

巴曙松、朱元倩：《基于可加模型的外汇储备影响因素的实证分析》，《金融研究》2007 第 11 期。

包群、赖明勇：《中国外商直接投资与技术进步的实证研究》，《经济评论》2002 年第 6 期。

柏玲、姜磊、赵本福：《金融发展体系、技术创新产出能力及转化》，《产经评论》2013 年第 1 期。

卜林、李政、张馨月：《短期国际资本流动、人民币汇率和资产价格》，《经济评论》2015 年第 1 期。

曹勇：《与资本项目开放有关的几个问题的再思考》，《金融研究》2004 年第 4 期。

曾五一、赵楠：《中国区域资本配置效率及区域资本形成影响因素的实证分析》，《数量经济技术经济研究》2007 年第 4 期。

陈创练、杨子晖：《"泰勒规则"、资本流动与汇率波动研究》，《金融研究》，2012 年第 11 期。

陈创练：《人民币汇率波动成因分析》，《中国经济问题》2011 年第 6 期。

陈平、李凯：《人民币汇率与宏观基本面：来自汇改后的证据》，《世界经济》2010 年第 9 期。

涛涛：《中国 FDI 行业内溢出效应的内在机制研究》，《世界经济》2003 年第 9 期。

陈彦斌：《中国新凯恩斯菲利普斯曲线研究》，《经济研究》2008 年第 12 期。

戴祖祥：《我国贸易收支的弹性分析：1981~1995》，《经济研究》1997 年第 7 期。

封思贤：《人民币实际有效汇率的变化对我国进出口的影响》，《数量经济技术经济研究》2007 年第 4 期。

冯彩：《我国短期国际资本流动的影响因素》，《财经科学》2008 年第 6 期。

龚敏、李文溥：《中国经济波动的总供给与总需求冲击作用分析》，《经济研究》2007 年第 11 期。

苟琴、王戴黎、鄢萍、黄益平：《中国短期资本流动管制是否有效》，《世界经济》2012 年第 2 期。

郝书辰、田金方、陶虎：《国有工业企业效率的行业检验》，《中国工业经济》2012 年第 12 期。

何兴强、王利霞：《中国 FDI 区位分布的空间效应研究》，《经济研究》2008 年第 11 期。

胡杰、刘思婧：《金融发展对制造业技术创新的影响研究》，《产经评论》2015 年第 2 期。

姜波克、朱云高：《账户开放研究：一种基于内外均衡的框架》，《国际金融研究》2004 年第 4 期。

蒋殿春、夏良科：《外商直接投资对中国高技术产业技术创新作用的经验分析》，《世界经济》2005 年第 8 期。

金荦：《中国资本管制强度研究》，《金融研究》2004 年第 12 期。

金雪军、王义中：《理解人民币汇率的均衡、失调、波动与调整》，《经济研究》2008 年第 1 期。

雷日辉、张亚斌、朱豪迪：《资本配置效率与工业行业出口绩效研究》，《经济经纬》2015 第 3 期。

李广众、陈平：《金融中介发展与经济增长：多变量系统研究》，《管理世界》2002 第 3 期。

李剑峰、蓝发钦：《发展中国家的资本账户开放与货币危机实证研究》，《财经问题研究》2007 年第 7 期。

李坤望、刘健：《金融发展如何影响双边股权资本流动》，《世界经济》2012 年第 8 期。

李青园、赵奇伟、李江冰、江春：《外商直接投资、金融发展与地区资本配置效率》，《金融研究》2010 年第 3 期。

李青原、李江冰、江春、Kevin X. D. Huang：《金融发展与地区实体经济资本配置效率——来自省级工业行业数据的证据》，《经济学》2013 年第 2 期。

李巍、张志超：《一个基于金融稳定的外汇储备分析框架：兼论中国外汇储备的适度规模》,《经济研究》2009 年第 8 期。

李巍:《金融发展、资本账户开放与宏观经济金融不稳定》,上海财经大学出版社 2008 年版。

李巍:《资本账户开放、金融发展和经济金融不稳定的国际经验分析》,《世界经济》2008 年第 3 期。

李扬、余维彬:《人民币汇率制度改革:回归有管理的浮动》,《经济研究》2005 年第 8 期。

刘金全、隋建利、闫超:《金融危机下我国经济周期波动态势与经济政策取向》,《中国工业经济》2009 年第 8 期。

刘立达:《中国国际资本流入的影响因素分析》,《金融研究》2007 年第 3 期。

刘莉亚、程天笑、关益众、杨金强:《资本管制能够影响国际资本流动吗?》,《经济研究》2013 年第 5 期。

刘庆富、朱迪华、周思泓:《恒生指数期货与现货市场之间的跳跃溢出行为研究》,《管理工程学报》2011 年第 1 期。

刘湘丽:《外商投资对软饮料行业资源配置效率的影响》,《管理世界》2000 年第 3 期。

刘晓彬、李瑜、罗泊:《股指期货与现货市场间波动溢出效应探究》,《宏观经济研究》2012 年第 7 期。

刘尧成、徐晓萍:《消费替代弹性、经济开放与中国经济外部失衡》,《统计研究》2010 年第 4 期。

刘尧成、周继忠、徐晓萍:《人民币汇率变动对我国贸易差额的动态影响》,《经济研究》2010 年第 5 期。

罗雨泽、朱善利:《外商直接投资的空间外溢效应:对中国区域企业生产率影响的经验检验》,《经济学》2008 年第 2 期。

卢荻:《外商投资于中国经济发展》,《经济研究》2003 年第 9 期。

卢峰、刘鎏:《我国两部门劳动生产率增长及国际比较:1978~2005》,《经济学》2007 年第 6 期。

卢向前、戴国强:《人民币实际汇率波动对我国进出口的影响:1994~2003》,《经济研究》2005 年第 5 期。

罗素梅、赵晓菊:《超额外汇储备的多目标优化及投资组合研究》,《财经研究》2015 年第 1 期。

吕光明、徐曼:《中国的短期国际资本流动:基于月度 VAR 模型的三重动因解释》,《国际金融研究》2012 年第 4 期。

马勇、陈雨露:《资本账户开放会引发金融危机吗》,《当代经济科学》2010
年第 7 期。

潘文卿:《外商投资对中国工业部门的外溢效应:基于面板数据的分析》,
《世界经济》2003 年第 6 期。

彭国富、蔡扬扬:《基于 OR 分析框架的人民币汇率评估》,《统计研究》
2010 年第 4 期。

盛朝晖:《中国货币政策传导渠道效应分析:1994~2004》,《金融研究》2004
年第 7 期。

施建淮、余海丰:《人民币均衡汇率与汇率失调:1991~2004》,《经济研究》
2005 年第 4 期。

宋玉华、陈静:《资本账户开放的经济效应研究》,《统计研究》2003 年第
12 期。

苏多永、张祖国:《"四重套利"模型与短期国际资本流动》,《财经科学》
2010 年第 8 期。

孙建平:《货币政策与汇率政策的冲突:中国的实践与理论新解》,《国际金
融研究》2002 年第 12 期。

汤凌霄、欧阳晓、皮飞兵:《金砖国家外汇储备波动的协动性及其影响因
素》,《经济研究》2014 年第 1 期。

王安、左浩苗:《沪深 300 股指期货合约交易活跃程度影响因素分析》,
《财政与金融》2013 年第 7 期。

王建国:《泰勒规则与我国货币政策反应函数的实证研究》,《数量经济技术
经济研究》2006 年第 1 期。

王琦:《关于我国国际资本流动影响因素计量模型的构建和分析》,《国际金
融研究》2006 年第 6 期。

王三兴、王永中:《资本渐进开放、外汇储备累积与货币政策独立性:中
国数据的实证研究》,《国际金融研究》2011 年第 3 期。

王世华、何帆:《中国的短期国际资本流动:现状、流动途径和影响因
素》,《世界经济》2007 年第 7 期。

王曦、才国伟:《完善人民币汇率形成机制的改革措施:机理与次序》,
《国际金融研究》2006 年第 12 期。

王晓燕等:《货币国际化对国内宏观经济的影响》,《统计研究》2009 年第 5 期。

王雪标：《资本流动控制可以抑制货币危机吗？——基于 Panel Logit 模型的实证分析》，《财经问题研究》2009 年第 3 期。

魏巍贤：《人民币升值的宏观经济影响评价》，《经济研究》2006 年第 4 期。

夏天：《国内外股指期货与股票指数之间的关联性研究：基于日经 225 指数期现货市场的实证分析》，《南方经济》2008 年第 4 期。

肖辉、鲍建平、吴冲：《股指与股指期货价格发现过程研究》，《系统工程学报》2006 年第 21 期。

谢平、罗雄：《泰勒规则及其在中国货币政策中的检验》，《经济研究》2002 年第 3 期。

许荣宗、唐跃军、张楚哲：《退出成本、经理行为与国有企业改革》，《中国工业经济》2007 年第 8 期。

许统生、陶然：《资本账户开放度度量指标体系研究综述》，《经济学动态》2006 年第 2 期。

杨子晖、陈创练：《金融深化条件下跨境资本流动效应研究》，《金融研究》2015 年第 5 期。

姚斌：《国家规模、对外开放度与汇率制度的选择》，《数量经济技术经济研究》2006 年第 9 期。

姚斌：《人民币汇率制度选择：基于福利的数量分析》，《经济研究》2007 年第 11 期。

姚树洁、冯根福、韦开蕾：《外商直接投资和经济增长的关系研究》，《经济研究》2006 年第 12 期。

姚树洁、冯根福、王攀、欧境华：《中国是否挤占了 OECD 成员国的对外投资？》，《经济研究》2014 年第 11 期。

尹忠明、李东坤：《中国对外直接投资与国内全要素生产率提升：基于全面提高开放型经济发展水平的视角》，《财经科学》2014 年第 7 期。

易行健：《人民币有效汇率波动对我国货币替代与资本外流影响的实证检验》，《世界经济研究》2006 年第 12 期。

易行健：《人民币实际有效汇率波动对外汇储备影响的实证研究：1996~2004》，《数量经济技术经济研究》2007 年第 2 期。

殷书炉、张瑜、邱立成：《国际资本流动、对外贸易和金融发展对新兴经济体全要素生产率的影响》，《统计与信息论坛》2011 年第 5 期。

张斌：《人民币均衡汇率简约一般均衡下的单方程模型研究》，《世界经济》

2003 年第 11 期。

张军、章元：《对中国资本存量 K 的再估计》，《经济研究》2003 年第 7 期。

张明：《中国面临的短期国际资本流动：不同方法与口径的规模测算》，《世界经济》2011 年第 2 期。

张运东、谭燕芝：《外汇储备规模的宏观经济影响因素分析：基于中国、日本的比较研究》，《国际金融研究》2011 年第 1 期。

张志超、付含：《外国直接投资对中国外汇储备的影响：基于协整方法的时间序列分析》，《世界经济》2009 年第 12 期。

张宗成、王郧：《股指期货波动溢出效应的实证研究：来自双变量 EC-EGARCH 模型的证据》，《华中科技大学学报》2009 年第 4 期。

赵进文、高辉：《中国利率市场化主导下稳健货币政策规则的构建及应用》，《经济学（季刊）》（增）2004 年。

赵进文、张敬思：《人民币汇率、短期国际资本流动与股票价格：基于汇改后数据的再检验》，《金融研究》2013 年第 1 期。

赵奇伟：《东道国制度安排、市场分割与 FDI 溢出效应：来自中国的证据》，《经济学》2009 年第 3 期。

赵文胜、张屹山、赵杨：《人民币升值、热钱流入与房价的关系》，《世界经济研究》2011 年第 1 期。

赵瑜嘉、马妍、贺灿飞：《中国对外直接投资区位选择影响因素探究》，《财经视线》2014 年第 30 期。

郑挺国、刘金全：《区制转移形式的泰勒规则及其在中国货币政策的应用》，《经济研究》2010 年第 3 期。

郑挺国、宋涛：《中国短期利率的随机波动与区制转移性》，《管理科学学报》2011 年第 1 期。

郑志聪、朱曦济：《新兴市场国家外汇储备适度规模研究》，《国际金融研究》2012 年第 3 期。

中国经济增长前沿课题组：《中国经济增长的低效率冲击和减速治理》，《经济研究》2014 第 12 期。

周光友、罗素梅：《外汇储备最优规模的动态决定：基于多层次替代效应的分析框架》，《金融研究》2011 年第 5 期。

周晓艳、高萌、贺文慧：《金融发展、产业结构和地区资本配置效率》，《中央财经大学学报》2015 年第 5 期。

朱孟楠、刘林:《短期国际资本流动、汇率与资产价格》,《财贸经济》2010年第 5 期。

庄晓玖:《推进资本账户开放的基本条件和途径》,《上海金融》2007 年第 7 期。

Abhyankar A.H., "Return and Volatility Dynamics in the FT−SE 100 Stock Index and Stock Index Futures Markets", *Journal of Futures Markets*, 1995, No.15 (4), pp.457−488.

A. Demirgüç−Kunt and V. Maksimovic, "Institutions, Financial Markets and Firms' Choice of Debt Maturity", *Journal of Financial Economics*, 1999, No.54 (3), pp.295−336.

Alfaro, Kalemli−Ozcan, Sayek, "FDI, Productivity and Financial Development", *World Economy*, 2009, No.32 (1), pp.111−135.

Aghion P., P. Bacchetta and A. Banerjee, "Financial Development and the Instability of Open Economy", *Journal of Monetary Economics*, 2004, No. 51, pp.1077−1106.

Aizenman J. and J. Lee, "International Reserves: Precautionary versus Mercantilist Views. Theory and Evidence", *Open Economies Review*, 2007, No.18 (2), pp.191−214.

Aizenman J. Lee, "On the Paradox of Prudential Regulations in the Globalized Economy: International Reserves and the Crisis A Reassessment", *NBER Working Paper*, No.14779, 2009.

Alessandra Guariglia and Sandra Poncet, "Could Financial Distortions be No Impediment to Economic Growth after All? Evidence from China", *Journal of Comparative Economics*, 2008, No.36 (4), pp.633−657.

Alfaro L., S. Kalemli −Ozcan and V. Volosovych, "Capital Flows in a Globalized World: The Role of Policies and Institutions. NBER Chapters. in: Capital Controls and Capital Flows in Emerging Economies: Policies", *Practices and Consequences*, 2007, pp.19−72.

Allen F., Qian J., and Qian M., "Law, Finance and Economic Growth in China", *Journal of Financial Economics*, 2005, No.77, pp.57−116.

Allen F., J. Qian and M. Qian, "China's Financial System: Past, Present, and Future", *University of Pennsylvania Working Paper*, 2007.

Angkinand Prabha, Apanard P., Sawangngoenyuang, Wanvimol and Wihlborg, Clas, "Financial Liberalization and Banking Crises: A Cross-Country Analysis", *International Review of Finance*, 2010, No.10 (2), pp.263-292.

Anne-Laure Delatte and Julien Fouquau, "The Determinants of International Reserves in the Emerging Countries: A Non-Linear Approach", *University Library of Munich*, *MPRA Paper*, No.16311, 2009.

Antoniou A. and Garrett I., "To What Extent Did Stock Index Futures Contribute to the October 1987 Stock Market Crash?" *Economic Journal*, 1993, No.103 (421), pp.1444-1461.

Antoniou A., Pescetto G. and Violaris A., "Modeling International Price Relationships and Interdependencies between EU Stock Index and Stock Index Futures Markets: A Multivariate Analysis", *Journal of Business Finance & Accounting*, 2003, No.30, pp.645-667.

Aoki K., G. Benigno and N. Kiyotaki, "Capital Flows and Asset Prices", *NBER Book Series: NBER International Seminar on Macroeconomics*, Chapter 4, 2007.

Ayyagari M., A. Demirgus-Kunt and V. Maksimovic., "Formal versus Informal Finance: Evidence from China", *Review of Financial Studies*, 2010, No. 23 (8), pp.3084-3097.

Bacchetta P. and van Wincoop E., "Does Exchange Rate Stability Increase Trade and Capital Flows?" *NBER Working Paper*, No.6704, 1998.

Bacchetta P. and van Wincoop E., "Can Information Heterogeneity Explain the Exchange Rate Determination Puzzle?" *The American Economic Review*, 2006, No.96, pp.552-576.

Baek I. M., "Portfolio Investment Flows to Asia and Latin America: Pull, Push or Market Sentiment?" *Journal of Asian Economics*, 2006, No.17, pp.363-373.

Bai, "The Domestic Financial System and Capital Flows: China", *World Bank Working Paper*, 2006.

Baillie, R. T., Selover, D. D., "Cointegration and Models of Exchange Rate Determination", *International Journal of Forecasting*, 1987, No.3, pp. 43-51.

Baldwin R. E., "Re -interpreting the Failure of Foreign Exchange Market Efficiency Tests: Small Transaction Costs", *Big Hysteresis Bands*, *NBER Working Papers*, No.3319, 1990.

Baltagi B., Egger, P. and Pfaffermayr M., "Estimating Models of Complex FDI: Are There Third-Country Effects?" *Journal of Econometrics*, 2007, No.140, pp.260–281.

Banerjee and Fuentes, "Bayesian Modeling for Large Spatial Datasets", *Computational Statistics*, 2012, No.4 (1), pp.59–66.

Baxter and King, "Measuring Business Cycles: Approximate Band-Pass Filters for Economic Time Series", *The Review of Economics and Statistics*, 1999, No.81, pp.575–593.

Battese G. E. and Coelli T. J., "Frontier Production Functions, Technical Efficiency and Panel Data: With Application to Paddy Farmers in India", *Journal of Productivity Analysis*, 1992, No.3 (1), pp.153–169.

Battese G. E., Coelli T. J., "A Model for Technical Inefficiency Effects in a Stochastic Frontier Production Function for Panel Data", *Empirical Economics*, 1995, No.20 (2), pp.325–332.

Beck T. and R.Levine, "Industry Growth and Capital Allocation: Does Having a Market-or Bank-Based System Matter", *Journal of Financial Economics*, 2002, No.64, pp.147–180.

Bekaert Geert, Harvey Campbell and Lundblad Christian, "Growth Volatility and Financial Liberalization", *Journal of International Money and Finance*, 2005, No.24, pp.370–403.

Benedicte Baduel, "Global Liquidity and Reserves Accumulation in Emerging Countries", *IHEAL University Paris*, May 1, 2012.

Benjamin Jonen and Simon Scheuring, "Time-Varying International Diversification and the Forward Premium", *Journal of International Money and Finance*, 2014, No.40, pp.128–148.

Bernd Kempa and Wolfram Wilde, "Sources of Exchange Rate Fluctuations with Taylor Rule Fundamentals", *Economic Modelling*, 2011, No.28, pp. 2622–2627.

Besancenot D. and Vranceanu R., "Credibility Costs in the Monetary Integration

Game", *Economics of Transition*, 2003, No.11, pp.727-741.

Bhagwati J., "The Capital Myth: The Difference between Trade in Widgets and Trade in Dollars", *Foreign Affairs*, 1998, No.77, pp.7-12.

Blanchard O. and Quah D., "The Dynamic Effects of Aggregate Demand and Supply Disturbances", *American Economic Review*, 1989, No.79, pp. 655-673.

Blonigen B. A., Davies R., Waddella G. and Naughtona H., "FDI in Space: Spatial Autoregressive Relationships in Foreign Direct Investment", *European Economic Review*, 2007, No.51 (5), pp.1303-1325.

Bollerslev, "Modelling the Coherence in Short-run Nominal Exchange Rates: A Multivariate Generalized ARCH Model", *The Review of Economics and Statistics*, 1990, No.72 (3), pp.498-505.

Bollerslev, "On the Correlation Structure for the Generalized Autoregressive Conditional Heteroskedastic Process", *Journal of Time Series Analysis*, 1988, No.9 (2), pp.121-131.

Boyreau-Debray G. and S. Wei, "Pitfalls of a State-Dominated Financial System: The Case of China", *NBER Working Paper*, 2005, No.11214.

Brock, W., Hsieh D. A. and LeBaron B., "Nonlinear Dynamics, Chaos and Instability: Statistical Theory and Economic Evidence", *MIT Press*, Cambridge, *MA*, 1991.

Broner F. A. and J. Ventura, "Rethinking the Effects of Financial Liberalization", *NBER Working Paper*, 2010, No.16640.

Broner F. A. and R. Rigobon, "Why are Capital Flows So Much Volatile in Emerging Than in Developed Countries?" *Central Bank of Chile Working Papers*, 2005, No.328.

Brooks C., Rew A. G. and Ritson S. A., "Trading Strategy Based on the Leadlag Relationship between the Spot Index and Futures Contract for the FTSE 100", *International Journal of Forecasting*, 2001, No. 17 (1), pp.31-44.

Brooks S. P. and B. J. T. Morgan, "Optimization Using Simulated Annealing", *The Statistician*, 1995, No.44, pp.241-257.

Broto C., J. Diaz-Cassou and A. Erce-Dominguez, "The Sources of Capital Flows Volatility: Empirical Evidence for Emerging Countries", *Banco de*

Espana, *Working Paper*, 2007.

Broz J. L., "International Capital Mobility and Monetary Policy in the US: 1960–1977", *Paper present at Annual Meeting of the American Political Science Association*, 1998.

Buzaushina and Almira, "How Important is China for the US Exchange Rate and Current Account?", Beiträge zur Jahrestagung des Vereins für Socialpolitik: Ökonomie der Familie–Session: Trade, *Capital Account and Currency Crises*, 2010, No.B7–V3.

Caballero Ricardo J. and Stavros Panageas, "A Quantitative Model of Sudden Stops and External Liquidity Management", *NBER Working Paper*, 2005, No.11293.

Calvo G. A., L. Leiderman and C. M. Reinhart, "Inflows of Capital to Developing Countries in the 1990s", *The Journal of Economic Perspectives*, 1996, No.10, pp.123–139.

Calvo Guillermo, Alejandro Izquierdo and Luis –Fernando Mejia, "On the Empirics of Sudden Stops: The Relevance of Balance –Sheet Effects", *Research Department Publications*, 2004, No.69（1）, pp.231–254.

Cappiello Lorenzo and Ferrucci Gianluigi, "The Sustainability of China's Exchange Rate Policy and Capital Account Liberalization", *ECB Occasional Paper Series*, 2008, No.82.

Caprio Gerald and Daniela Klingebielx, "Bank Insolvency: Bad Luck, Bad Policy, or Bad Banking", *Presented at the Annual World Bank Conference on Development Economics*, 1996.

Casi L. and L. Resmini, "Evidence on the Determinants of Foreign Direct Investment: The Case of EU Regions", *Eastern Journal of European Studies*, 2010, No.1（2）, pp.93–118.

Chan Kalok, K. C. Chan and G. Andrew Karolyi, "Intraday Volatility in the Stock Index and Stock Index Futures Markets", *Review of Financial Studies*, 1992, No.4（4）, pp.657–684.

Chang, "Banking Crisis and Sudden Stops: What Could IMF do to Assist?" *University of Wellington. Wellington. New Zealand*, 2011.

Chang –Jin Kim and Charles R. Nelson, "Estimation of a Forward –Looking

Monetary Policy Rule: A Time-Varying Parameter Model Using Ex Post Data", *Journal of Monetary Economics*, 2006, No.53, pp.1949–1966.

Chen Chuanglian, Chen Guojin and Yao Shujie, "Do Imports Crowd Out Domestic Consumption? A Comparative Study of China, Japan and Korea", *China Economic Review*, 2012, No.23, pp.1036–1050.

Chen Chuanglian, Yao Shujie and Ou Jinghua, "Exchange Rate Dynamics in a Taylor Rule Framework", *Journal of International Financial Markets, Institutions & Money*, 2017, No.46, pp.158–173.

Cheng L. K. and Z. Ma, "China's Outward FDI: Past and Future", *NBER Books on the Web: China's Growing Role in World Trade*, 2007.

Cheung L., K. Chow, J. Chang and U. Li., "Outward Portfolio Investment from Mainland China: How Much Do We Expect and How Large a Share Can Hong Kong Expect to Capture?", *Hong Kong Monetary Authority Research Memorandum*, 2006, No.13.

Cheung Y. W. and Ng L. K., "The Dynamics of S&P 500 Index and S&P 500 Futures Intraday Price Volatilities", *Review of Futures Markets*, 1990, No.9 (2), pp.458–486.

Chiang M. H. and Wang C.Y., "The Impact of Futures Trading on Spot Index Volatility: Evidence for Taiwan Index Futures", *Applied Economics Letters*, 2002, No.9 (6), pp.381–385.

Chib S., "Markov Chain Monte Carlo Methods: Computation and Inference", *Handbook of Econometrics*, 2001, No.5, pp.3569–3649.

Chinn M. D. and Ito H., "A New Measure of Financial Openness", *Journal of Comparative Policy Analysis*, 2008, No.10 (3), pp.309–322.

Christiano and Fitzgerald, "The Band Pass Filter", *International Economic Review*, 2003, No.44, pp.435–465.

Christopher Turnbull, Sizhong Sun and Sajid Anwarb, "Trade Liberalization, Inward FDI and Productivity within Australia's Manufacturing Sector", *Economic Analysis and Policy*, 2016, No.6 (50), pp.41–51.

Chuhan P., S. Claessens and N. Mamingi, "Equity and Bond Flows to Latin America and Asia: The Role of Global and Country Factors", *Journal of Development Economics*, 1998, No.55, pp.439–463.

Clarida C., Gali J. and Gertler M., "Monetary Policy Rules and Macroeconomic Stability: Evidence and Some Theory", *Quarterly Journal of Economics*, 2000, No.115, pp.147–180.

Clarida R. and Waldman D., "Is Bad News about Inflation Good News for the Exchange Rate?" *NBER Working Paper*, 2007, No.13010.

Cogley I. and Sargent T. J., "Evolving Post World War Ⅱ U. S. Inflation Dynamics", *in NBER Macroeconomics Annual*, Cambridge, MA: MIT Press, 2001, pp.331–373.

Coe D. and Helpman E., "International R&D Spillovers", *European Economic Review*, 1995, No.39 (5), pp.859–887.

Cooper R., "Should Capital Account Convertibility be a World Object? in Should the IMF Pursue Capital Account Convertibility?" Fischer et al., Princeton University, *Essays in International Finance*, 1998, No.207.

David A. Dickey and Wayne A. Fuller, "Likelihood Ratio Statistics for Autoregressive Time Series with a Unit Root", *Econometrica*, 1981, No.49 (4), pp.1057–1072.

David A. Peel and Mark P. Taylor, "Covered Interest Rate Arbitrage in the Interwar Period and the Keynes–Einzig Conjecture", *Journal of Money, Credit and Banking*, 2002, No.34 (1), pp.51–75.

David Dollar and Shang–Jin Wei, "Das (Wasted) Kapital: Firm Ownership and Investment Efficiency in China", *Working Paper*, IMF, 2007, No.7.

Dejong D. N. J., Nankervis J. C., Savin N. E. and Whiteman C. H., "Integration versus Trend–Stationary in Time Seris", *Econometrica*, 1992, No.60, pp.423–433.

Demetriades P., J. Du, S. Girma and C. Xu, "Does the Chinese Banking System Promote the Growth of Firms", *University of Leicester Working Paper*, 2008, No.2, pp.1129–1130.

Demirgüc–Kunt and Maksimovic, "Institutions, Financial Markets, and Firm Debt Maturity", *Journal of Financial Economics*, 2005, No.54, pp.295–336.

Demirgüç–Kunt Asli and Enrica Detragiache, "Financial Liberalization and Financial Fragility. in Financial Liberalization: How Far, How Fast?",

Gerard Caprio Patrick Honohan, and *Joseph E. Stiglitz* (eds), *Cambridge University Press*, 2001.

Denizer C. A, Dinc M. and Tarimcilar M., "Measuring Banking Efficiency in the Pre-and Post-Liberalization Environment: Evidence from the Turkish Banking System", *World Bank Manuscript*, 2000, No.001.

Devereux M. and Engel C., "Fixed versus Floating Exchange Rates: How Price Setting Affects the Optimal Choice of Exchange-Rate Regime", *NBER Working Paper*, 1998, No.6867.

Dieci Roberto and Frank Westerhoff, "Heterogeneous Speculators, Endogenous Fluctuations and Interacting Markets: A Model of Stock Prices and Exchange Rates", *Journal of Economic Dynamics and Control*, 2010, No. 34, pp.743-764.

Dooley M., Folkerts-Landau D. and Garber P., "An Essay on the Revived Bretton Woods System", *NBER Working Paper*, 2003, No.9971.

E. Borensztein, J. De Gregorio and J. W. Lee, "How Does Foreign Direct Investment Affect Economic Growth?" *Journal of International Economics*, 1998, No.45, pp.115-135.

Edison H., Klein M., Ricci L. and Slok T., "Capital Account Liberalization and Economic Performance: Survey and Synthesis", *IMF Staff Papers*, 2004, No.51, pp.220-256.

Edison H., Klein M., Ricci L. and Slok T., "Capital Account Liberalization and Economic Performance: A Review of the Literature", *IMF Working Paper*, 2002, No.120.

Edwards Sebastian, "Capital Flows, Foreign Direct Investment, and Debt-Equity swaps in Developing Countries", *In Capital Flows in the World Economy*, ed. HorstSiebert. Tubingen, Germany: *J. C. B. Mohr*, 1991.

Ehasn U. Choudhri and Dalia S. Hakura, "Exchange Rate Pass-through to Domestic Prices: Does the Inflationary Environment Matter?" *Journal of International Money and Finance*, 2006, No.25 (4), pp.614-639.

Eichengreen B. et al., "Capital Account Liberalization Theoretical and Practical Aspects", *IMF Occasional Paper*, 1998, No.172.

Eichengreen B., "International Monetary Arrangements for the 21st Century",

Brookings Institution. Washington, 1994.

Eichengreen B., "Capital Account Liberalization: What Do the Cross-Country Studies Tell Us?" *University of California, Berkeley*, 2001.

Eichengreen Barry and Carlos Artet A., "Banking Crises in Emerging Markets: Presumptions and Evidence. in Financial Policies in Emerging Markets", *Mario I. Blejer and Marko Skreb (eds) Cambridge, Mass: MIT Press*, 2002.

Eliana Cardoso and Ilan Goldfajn, "Capital Flows to Brazil: The Endogeneity of Capital Controls", *IMF Staff Papers*, 1998, No.45 (1), pp.161-202.

Enders W. and Lee B.S., "Accounting for Real and Nominal Exchange Rate Movements in the Post-Bretton Woods Period", *Journal of International Money and Finance*, 1997, No.16, pp.233-254.

Engel C., "The Forward Discount Anomaly and the Risk Premium: A Survey of Recent Evidence", *Journal of Empirical Finance*, 1996, No.3, pp.123-192.

Engel C. and West K.D., "Taylor Rules and the Deutschmark-dollar Real Exchange Rate", *Journal of Money, Credit, and Banking*, 2006, No.38, pp.1175-1194.

Engel C., Mark N.C. and West K.D., "Exchange Rate Models are Not as Bad as You Think", *NBER Macroeconomics Annual*, 2007, No.22, pp.381-441.

Engle R. F. and Kraft D., "Multiperiod Forecast Error Variances of Inflation Estimated from ARCH Models", *Applied Time Series Analysis of Economic Data*, (A. Zellner, Ed.). Bureau of the Census, 1983.

Engle Robert and K. Kroner, "Multivariate Simultaneous GARCH", *Econometric Theory*, 1995, No.11 (1), pp.122-150.

Engle Robert F., Takatoshi Ito and Wen-Ling Lin, "Meteor Showers or Heat Waves? Heteroskedastic Intra Daily Volatility in the Foreign Exchange Market", *Econometrica*, 1991, 58 (3), pp.525-542.

Esaka, "Exchange Rate Regimes, Capital Controls, and Currency Crises: Does the Bipolar View Hold?" *Journal of International Financial Markets. Institutions & Money*, 2010, No.20 (1), pp.91-108.

Fan J., Wei K. and Xu X., "Corporate Finance and Governance in Emerging Markets: A Selective Review and an Agenda for Future Research", *Journal of Corporate Finance*, 2011, No.17, pp.207-214.

Faust and Rogers, "Identifying the Effects of Monetary Policy Shocks on Exchange Rates Using High Frequency Data", *Journal of the European Economic Association*, 2003, No.1 (5), pp.1031-1057.

Faust J. and J. H. Rogers, "Monetary Policy's Role in Exchange Rate Behavior", *Journal of Monetary Economics*, 2003, No.50, pp.1403-1424.

Feldstein M. and Horioka C., "Domestic Saving and International Capital Flows", *The Economic Journal*, 1980, No.90 (358), pp.314 -329.

Feng-bin Lu, Yong-miao Hong, Shou-yang Wang, Kin-keung Lai and John Liu, "Time -varying Granger Causality Tests for Applications in Global Crude Oil Markets", *Energy Economics*, 2014, No.42, pp.289-298.

Fiess and Shankar, "Determinants of Exchange Rate Regime Switching", *Journal of International Money and Finance*, 2009, No.28, pp.68-98.

Fischer S., "Exchange Rate Regimes: Is the Bipolar View Correct?" *Journal of Economic Perspectives*, 2001, No.15, pp.3-24.

Fisman Love, "Financial Development and Inter -sectoral Allocation: A New Approach", *Journal of Finance*, 2004, No.59 (6), pp.2785-2807.

Flood R.P. and Rose A.K., "Fixing Exchange Rates: A Virtual Quest for Fundamentals", *Journal of Monetary Economics*, 1995, No.36, pp.3-37.

Frankel Jeffrey and Poonawala Jumana, "The Forward Market in Emerging Currencies: Less Biased Than in Major Currencies", *Journal of International Money and Finance*, 2010, No.29 (3), pp.585-598.

Frankel Jeffrey and Eduardo A. Cavallo, "Does Openness to Trade Make Countries More Vulnerable to Sudden Stops or Less? Using Gravity to Establish Causality", *NBER Working Paper*, 2004, No.10957.

Furceri D., S. Guichard and E. Rusticelli, "Medium -Term Determinants of International Investment Positions", *OECD Economics Department Working Papers*, 2011, No.863.

Galí and Monacelli, "Monetary Policy and Exchange Rate Volatility in a Small Open Economy", *Review of Economic Studies*, 2005, No.72, pp.707-734.

Galindo Schiantarelli and Weiss, "Does Financial Liberalization Improve the Allocation of Investment? Micro Evidence from Developing Countries", *Journal of Development Economics*, 2007, No.83 (2), pp.562-587.

G. Bekaert, C. R. Harvey and C. Lundblad, "Financial Openness and Productivity", *World Development*, 2010, No.39 (1), pp.1-19.

Gianluca Benigno and Christoph Thoenissen, "Equilibrium Exchange Rates and Supply-Side Performance", *The Economic Journal*, 2003, No.113 (486), pp.103-124.

Goffe W. L., G. D. Ferrier and J. Rogers, "Global Optimization of Statistical Functions with Simulated Annealing", *Journal of Econometrics*, 1994, No.60, pp.65-99.

Goldsmith R.W., "Financial Structure and Development", *Yale University Press, New Haven*, 1969.

Gong Cheng, "A Growth Perspective on Foreign Reserve Accumulation", *Macroeconomic Dynamics*, 2014, No.1 (1), pp.1-22.

Gonzulez A., Terasvirta T. and van Dijk D., "Panel Smooth Transition Regression Model", *Working Paper Series in Economics and Finance*, 2005.

Gourinchas Jeanne, "The Elusive Gains from International Financial Integration", *Review of Economic Studies*, 2006, No.73 (3), pp.1-42.

Graciela Kaminsky and Sergio L. Schmukler, "Emerging Market Instability: Do Sovereign Ratings Affect Country Risk and Stock Returns?" *World Bank Economic Review*, 2002, No.16 (2), pp.171-195.

Graciela L.Kaminsky and Carmen M.Reinhart, "Financial Crisis in Asia and Latin America: Then and Now", *American Economy Review: Papers and Proceedings*, 1998, No.88, pp.444-448.

Granger C. W. and Terasvirta T., "Modelling Non-Linear Economic Relation-ships", *Oxford University Press*, 1993.

Greenwood Jeremy and BoyanJovanovic, "Financial Development, Growth, and the Distribution of Income", *Journal of Political Economy*, 1990, No.98, pp.1076-1107.

Griffith-Jones S., "Proposal for a Better International Financial System",

World Economics, 2000, No.2, pp.111–133.

Guillermo A. Calvo, "Staggered Prices in a Utility–Maximizing Framework", *Journal of Monetary Economics*, 1983, No.12 (3), pp.383–398.

Guonan Ma and Robert N. McCauley, "Efficacy of China's Capital Controls: Evidence from Price and Flow Data", *Pacific Economic Review*, 2008, No.13 (1), pp.104–123.

Hali J. Edison, Michael W. Klein, Luca Antonio Ricci and Torsten Slok, "Capital Account Liberalization and Economic Performance: Survey and Synthesis", *IMF Staff Papers*, 2004, No.51.

Heinlein and Krolzig, "Effects of Monetary Policy on the US Dollar/UK Pound Exchange Rate: Is There a Delayed Overshooting Puzzle?" *Review of International Economics*, 2012, No.20, pp.443–467.

Heitor Almeida and Daniel Wolfenzon, "The Effect of External Finance on the Equilibrium Allocation of Capital", *Journal of Financial Economics*, 2005, No.75, pp.133–164.

Hejazi W. and Safarian E., "Trade, Foreign Direct Investment and R&D Spillovers", *Journal of International Business Studies*, 1995, No.30 (3), pp.491–511.

Hernandez L., P. Mellado and R. Valdes, "Determinants of Private Capital Flows in the 1970s and 1990s: Is There Evidence of Contagion?" IMF Working Paper, 2001, No.01/64.

Ho–Chuan (River) Huang, WenShwoFang and Stephen M. Miller, "Does Financial Development Volatility affect Industrial Growth Volatility?" International Review of Economics & Finance, 2014, No. 29 (1), pp. 307–320.

Hodrick R. and E.C. Prescott, "Post–war U.S. Business Cycles: An Empirical Investigation", *Mimeo*, 1980 (Carnegie–Mellon University, Pittsburgh, PA).

Hong Y., "A Test for Volatility Spillover with Application to Exchange Rates", *Journal of Econometrics*, 2001, No.103, pp.183–224.

Huang Yasheng, "Selling China: Foreign Direct Investment during the Reform Era", *Cambridge University Press*, 2003.

IMF, "Three Current Policy Issues in Developing Countries", *In World Economic Outlook: Building Institutions*, 2003, No.9, pp.65–111.

Ivan Paya, David A. Peel and Alina Spiru, "The Forward Premium Puzzle in the Interwar Period and Deviations from Covered Interest Parity", *Economics Letters*, 2010, No.108, pp.55–57.

Jaewoo Lee and Menzie D.Chinn, "Current Account and Real Exchange Rate Dynamics in the G7 Countries", *Journal of International Money and Finance*, 2006, No.25, pp.257–274.

James G. MacKinnon, "Numerical Distribution Functions for Unit Root and Cointegration Tests", *Journal of Applied Econometrics*, 1996, No.11, pp. 601–618.

Jaqueson K. Galimberti and Marcelo L. Moura, "Taylor Rules and Exchange Rate Predictability in Emerging Economies", *Journal of International Money and Finance*, 2013, No.32, pp.1008–1031.

Jayaratne Jith and Strahan Philip E., "The Finance–Growth Nexus: Evidence from Bank Branch Deregulation", *The Quarterly Journal of Economics*, 1996, No.3 (111), pp.639–670.

Jeanne O. and Ranciere R., "The Optimal Level of International Reserves for Emerging Market Countries: A New Formula and Some Applications", *The Economic Journal*, 2011, No.121, pp.905–930.

Jeanne O., "Are Currency Crises Self –fulfilling? A Test", *Journal of International Economics*, 1997, No.43, pp.263–286.

Jeanne O., "International Reserves in Emerging Market Countries: Too Much of a Good Thing?" *Brookings Papers on Economics Activity*, 2007, No.1, pp.1–79.

Jeffrey Wurgler, "Financial Markets and the Allocation of Capital", *Journal of Financial Economics*, 2000, No.58, pp.187–214.

Jian Wang and Jason J. Wu., "The Taylor Rule and Forecast Intervals for Exchange Rates", *Journal of Money, Credit and Banking*, 2012, No.44, pp.103–144.

Joshua Aizenman, "Hoarding International Reserves Versus a Pigovian Tax – Cum –Subsidy Scheme: Reflections on the Deleveraging Crisis of 2008 –

2009, and a Cost Benefit Analysis", *Journal of Economic Dynamics and Control*, 2011, No.35 (9), pp.1502-1513.

Joshua Aizenman, "Large Hoarding Of International Reserves and the Emerging Global Economic Architecture", *Manchester School*, *University of Manchester*, 2007, No.76 (5), pp.487-503.

Joyce J. P., "Financial Globalization and Banking Crises in Emerging Markets", *Open Economies Review*, 2011, No.22 (5), pp.875-895.

Kalimipalli M. and Susmel R., "Regime-Switching Stochastic Volatility and Short-term Interest Rates", *Journal of Empirical Finance*, 2004, No.11, pp.309-329.

Kaminsky Graciela and Reinhart Carmen, "The Twin Crises: The Causes of Banking and Balance-of-Payments Problems", *The American Economic Review*, 1999, No.89, pp.473-500.

Kaminsky G. L. and Schmukler S. L., "Emerging Markets Instability: Do Sovereign Ratings Affect Country Risk and Stock Returns?" *World Bank Economic Review*, 2002, No.16 (2), pp.171-195.

Kavli H. and Viegi N., "Are Determinants of Portfolio Flows Always the Same? South African Results from a Time Varying Parameter VAR Model", *MPRA Paper*, 2015, No.85.

Kawaller Ira G., Paul D.Koch and Timothy W.Koch., "The Temporal Price Relationship between S&P 500 Futures Prices and the S&P Index", *Journal of Finance*, 1987, No.42, pp.1309-1329.

Keenan D. M., "A Tukey Non-additivity-Type Test for Time Series Nonlinearity", *Biometrika*, 1985, No.72, pp.39-44.

Kim Y. B., "Causes of Capital Flows in Developing Countries", *Journal of International Money and Finance*, 2000, No.19, pp.235-253.

Klein M. and G. Olivei, "Capital Account Liberalization, Financial Depth and Economic Growth", *Journal of International Money & Finance*, 2008, No.27 (6), pp.861-875.

Kneller and Stevens, "The Role of Efficiency as an Explanation of International Income Differences", *Dawn Holland*, 2002, No.30 (1), pp.75-99.

Kose Prasad and Taylor, "Thresholds in the Process of International Financial

Integration", *Journal of International Money & Finance*, 2009, No.30 (1), pp.147–179.

Kosuke Aoki, Gianluca Benigno and Nobuhiro Kiyotaki, "Adjusting to Capital Account Liberalization", *Discussion Paper Series*, 2010, No.8087.

Koutmos G. and Tucker M., "Temporal Relationship and Dynamic Interactions between Spot and Futures Stock Markets", *Journal of Futures Markets*, 1996, No.16, pp.55–69.

Kyle A. S., "Continuous Auctions and Insider Trading", *Econometrica*, 1985, No.53 (6), pp.1315–1335.

L. Delatte and J. Fouquau, "The Determinants of International Reserves in the Emerging Countries: A Non–Linear Approach", *MPRA*, 2009, No.16311.

L. Menkhoff, L. Sarno, M. Schmeling and A. Schrimpf, "Carry Trades and Global Foreign Exchange Volatility", *Journal of Finance*, 2012, No.67, pp.681–718.

Lane P. R., "International Investment Positions: A Cross–Sectional Analysis", *Journal of International Money and Finance*, 2000, No.19, pp.513–534.

Lane P. R. and G. M. Milesi–Ferretti, "International Financial Integration", *IMF Working Paper*, 2003, No.03/86.

Lane P. R. and G. M. Milesi–Ferretti, "The External Wealth of Nations Mark II: Revised and Extended Estimates of Foreign Assets and Liabilities, 1970–2004", *Journal of International Economics*, 2007, No.73, pp.233–250.

Lane P. R., "International Investment Positions: A Cross–Sectional Analysis", *Journal of International Money and Finance*, 2000, No.19, pp.513–534.

Lane P., "Empirical Perspectives on Long–term External Debt", *Topics in Macroeconomics*, 2004, No.4, pp.1–21.

Laura Alfaro, SebnemKalemli–Ozcan and VadymVolosovych, "Capital Flows in a Globalized World: The Role of Policies and Institutions", *NBER Chapters, in: Capital Controls and Capital Flows in Emerging Economies: Policies, Practices and Consequences*, 2007, pp.19–72.

Laura Casi and Laura Resmini, "Spatial Complexity and Interactions in the FDI Attractiveness of Regions", *Papers in Regional Science*, 2014, No.93, pp.51–78.

Laurence S. Copeland, "Exchange Rate and International Finance", *4th Edition*, *Pearson Education Limited*, 2005, pp.363–375.

Leslie Lipschitz, Timothy Lane and Alex Mourmouras, "Capital Flows to Transition Economics: Master or Servant?" *IMF Working Paper*, 2002, No.02/11.

Levine and Zervos, "Capital Control Liberalization and Stock Market Development", *World Development*, 1998, No.26, pp.1169–1183.

Levine and Zervos, "Stock Market, Banks, and Economic Growth", *American Economic Review*, 1998, No.24 (3), pp.88–125.

Levine R., "Financial Development and Economic Growth: Views and Agenda", *Journal of Economic Literature*, 1999, No.5 (3), pp.413–433.

Levy–Yeyati E., Schmukler S. and Van Horen N., "International Financial Integration Through the Law of One Price: The Role of Liquidity and Capital Controls", *Journal of Financial Intermediation*, 2009, No.18 (3), pp.432–463 .

Lewis K. K., "Puzzles in International Financial Markets", in G. M. Grossman and K. Rogoff (eds.) *Handbook of International Economics*, Amsterdam, New York and Oxford: Elsevier, North–Holland, 1995, No.3. pp.1913–1971.

Lihara Y., Kato K. and Tokunaga T., "Intraday Return Dynamics between the Cash and the Futures Markets in Japan", *Journal of Futures Markets*, 1996, No.16 (2), pp.147–162.

Lixing Sun, "Measuring Time–Varying Capital Mobility in East Asia", *China Economic Review*, 2004, No.15 (3), pp.281–291.

Lyons R. K., "The Microstructure Approach to Exchange Rates", *MIT Press*, *Cambridge and London*, 2001.

MacKinnon J. G., "Numerical Distribution Functions for Unit Root and Cointegration Tests", *Journal of Applied Econometrics*, 1996, No.11, pp.601–618.

Mark J. Holmes and Nabil Maghrebib, "Asian Real Interest Rates, Nonlinear Dynamics, and International Parity", *International Review of Economics and Finance*, 2004, No.13 (4), pp.387-405.

Mark N., "Changing Monetary Policy Rules, Learning, and Real Exchange Rate Dynamics", *Journal of Money*, *Credit*, *and Banking*, 2009, No.41, pp.1047-1070.

Markus Leibrecht and Aleksandra Riedl, "Modelling FDI based on a Spatially Augmented Gravity Model: Evidence for Central and Eastern European Countries", *Working Paper Series in Economics*, 2012.

Marta Ruiz-Arranz and Milan Zavadjil, "Are Emerging Asia's Reserves Really Too High?" *International Monetary Fund Working Paper*, 2008, No.08/192.

Mbodja Mougoue, Armand Gilbert Noula and Richard A. Ajayi, "Maturities, Nonlinearities, and the International Transmission of Short-Term Interest Rates", *International Review of Applied Economics*, 2008, No.4, pp.93-112.

McCallum B. T., "A Reconsideration of the Uncovered Interest Parity Relationship", *Journal of Monetary Economics*, 1994, No.33, pp.105-132.

McCarthy J., "Pass-through of Exchange Rates and Import Prices to Domestic Inflation in Some Industrialized Economies", *Eastern Economic Journal*, 2007, No.33 (4), pp.511-537.

McKinnon R.I., "Money and Capital in Economic Development", *Brookings Institution*, *Washington*, DC, 1973.

McKinnon R.I. and Pill H., "Exchange Rate Regimes for Emerging Markets: Moral Hazard and International Over Borrowing", *Oxford Review of Economic Policy*, 1999, No.15, pp.19-38.

McLeod A. I. and Li W. K., "Diagnostic Checking ARMA Time Series Models Using Squared-Residual Autocorrelations", *Journal of Time Series Analysis*, 1983, No.4, pp.269-273.

M. D. Chinn and I. Hiro, "Global Current Account Imbalances: American Fiscal Policy versus East Asian Savings", *Review of International Economics*, 2008, 16 (3), pp.479-498.

Mendoza R., "Was the Asian Crisis a Wake-Up Call? Foreign Reserves as Self-Protection", *Journal of Asian Economics*, 2010, No.21, pp.1-19.

Min Lu, "Does the Optimal Monetary Policy Matter for the Current Account Dynamics", *University of British Columbia*, *Working Paper*, 2005, No.5.

Mody Ashoka and Murshid, Antu Panini, "Growing up with Capital Flows", *Journal of International Economics*, 2005, No.65 (1), pp.249–266.

Molodtsova Tanya and Papell David H., "Out –of –Sample Exchange Rate Predictability with Taylor Rule Fundamentals", *Journal of International Economics*, 2009, No.77, pp.167–180.

Montiel P. and C. M. Reinhart, "Do Capital Controls and Macroeconomic Policies Influence the Volume and Composition of Capital Flows? Evidence from the 1990s", *Journal of International Money and Finance*, 1999, No. 18, pp.619–635.

Nakagawa H., "Real Exchange Rates and Real Interest Differentials: Implications of Nonlinear Adjustment in Real Exchange Rates", *Journal of Monetary Economics*, 2002, No.49, pp.629–649.

Nakajima J., "Time–Varying Parameter VAR Model with Stochastic Volatility: An Over –view of Methodology and Empirical Applications", *Discussion Paper Series*, *Institute for Monetary and Economic Studies*, *Bank of Japan*, 2011, No.2011–E–9.

Nakajima J., M. Kasiya and T. Watanabe, "Bayesian Analysis of Time – Varying Parameter Vector Auto–regressive Model for the Japanese Economy and Monetary Policy", *IMES Discussion Paper*, *Institute for Monetary and Economic Studies*, *Bank of Japan*, 2009, No.2009–E–13.

Newey W. and West K., "Automatic Lag Selection in Covariance Matrix Estimation", *Review of Economic Studies*, 1994, No.61, pp.631–653.

Ng S.and Perron P., "Lag Length Selection and the Construction of Unit Root Tests with Good Size and Power", *Econometrica*, 2001, No.69, pp. 1529–1554.

Noy Ilan, "Financial Liberalization, Prudential Supervision, and the Onset of Banking Crises", *Emerging Markets Review*, 2004, No.5, pp.341–359.

Obstfeld, "International Capital Mobility in the 1990s", *Cepr Discussion Papers*, 1994.

Obstfeld M. and Rogoff K., "Exchange Rate Dynamic Redux", *Journal of*

Political Economy, 1995, No.103, pp.624-660.

Obstfeld M. and Rogoff K., "New Directions for Stochastic Open Economy Models", *Journal of International Economics*, 2000, No.50, pp.117-153.

Obstfeld M., Shambaugh J. C. and Taylor A. M., "Financial Stability, the Trilemma, and International Reserves", *American Economic Journal: Macroeconomics*, 2010, No.2, pp.57-94.

Obstfeld M. and Rogoff K., "The Mirage of Fixed Exchange Rates", *Journal of Economic Perspectives*, 1995, No.9, pp.73-96.

Olivier Jeanne and Romain Ranciere, "The Optimal Level of International Reserves for Emerging Market Countries: A New Formula and Some Applications", *The Economic Journal*, 2011, No.121 (555), pp.905-930.

Olivier Jeanne, "International Reserves in Emerging Market Countries: Too Much of a Good Thing?" *Brooking Papers on Economic Activity*, 2007, No.1, pp.1-55.

Otani Ichiro, Fukumoto Tomoyuki and Tsuyuguchi Yosuke, "China's Capital Controls and Interest Rate Parity: Experience during 1999-2010 and Future Agenda for Reforms", *Bank of Japan Working Paper Series*, 2011, No.11-E-8.

Panchenko V. and Wu E., "Time-Varying Market Integration and Stock and Bond Return Concordance in Emerging Markets", *Journal of Banking and Finance*, 2011, No.33 (6), pp.1014-1021.

Panchenko et al., "Time-varying Market Integration and Stock and Bond Return Concordance in Emerging Markets", *Journal of Banking & Finance*, 2009, No.33, pp.1014-1021.

Park B. and J. An, "Can Capital Account Liberalization Lessen Capital Volatility in a Country with Original Sin?" *Asian Economic Papers*, 2012, No.11, pp.1-22.

Park B. and J. An, "Can Capital Account Liberalization Lessen Capital Volatility in a Country with Original Sin?" *Korea Institute for International Economic Policy Working Paper*, 2011, No.11-05.

Paul R.Bergin, "How Well Can the New Open Economy Macroeconomics

Explain the Exchange Rate and Current Account?" *Journal of International Money and Finance*, 2006, No.25 (5), pp.675–701.

Peretti V., Gupta R. and Inglesi –lotz R., "Do House Prices Impact Consumption and Interest Rate in South Africa? Evidence From a Time – varying Vector Autoregressive Model", *Economics*, *Management and Financial Markets*, 2012, No.7 (4), pp.1–20.

Perron P. and Ng S., "Useful Modifications to Some Unit Root Tests with Dependent Errors and Their Local Asymptotic Properties", *Review of Economic Studies*, 1996, No.63, pp.435–465.

Philippe Bacchetta and Eric van Wincoop, "Modeling Exchange Rates with Incomplete Information", *Handbook of Exchange Rates*, 2012, No.8, pp. 375–390.

Pizzi Michael A., Andrew J. Ecnomopoulos and Heather M. O'Neill, "An Examination of the Relationship between Stock Index Cash and Futures Markets: A Co –integration Approach", *Journal of Futures Markets*, 1998, No.18 (3), pp.297–305.

Portes Richard and Helene Rey, "The Determinants of Cross –border Equity Transaction Flows", *Journal of International Economics*, 2005, No.65, pp.269–296.

Prasad Eswar and Raghuram Rajan, "A Pragmatic Approach to Capital Account Liberalization", *Journal of Economic Perspectives*, 2008, No.22 (3), pp.149–72.

Prescott E., "Needed: A Theory of Total Factor Productivity", *International Economic Review*, 1998, No.39 (3), pp.525–551.

Primiceri G. E., "Time Varying Structural Vector Auto –regressions and Monetary Policy", *Review of Economic Studies*, 2005, No.72 (3), pp. 821–852.

Quinn D. P. and Toyoda A. M., "Ideology and Voter Sentiment as Determinants of Financial Globalization", *American Journal of Political Science*, 2005, No.51, pp.344–363.

R. La Porta and F. Lopez –de –Silanes, "A. Shleifer Corporate Ownership around the World", *Journal of Finance*, 1999, No.54, pp.471–517.

R. Mendoza, "Was the Asian Crisis a Wake-Up Call? Foreign Reserves as Self-Protection", *Journal of Asian Economics*, 2010, No.21. pp.1–19.

Radelet Steven and Jeffrey Sachs, "The East Asian Financial Crisis: Diagnosis, Remedies, Prospects", *The Brookings Papers on Economic Activity*, 1998, No.1. pp.1–74.

R. Rajan and L. Zingales, "Saving Capitalism from the Capitalists: Unleashing the Power of Financial Markets to Create Wealth and Spread Opportunity", *Journal of Economics*, 2003, No.52 (5), pp.695–700.

Rajan R. G. and Zingales L., "Financial Dependence and Growth", *American Economic Review*, 1998, No.88 (3), pp.559–586.

Ramaprasad Bhar, "Return and Volatility Dynamics in the Spot and Futures Markets in Australia: An Intervention Analysis in a Bivariate EGARCH-X Framework", *Journal of Futures Markets*, 2001, No.21 (9), pp.833–850.

Ramsey J. B., "Tests for Specification Errors in Classical Linear Least Squares Regression Analysis", *Journal of the Royal Statistical Society Series*, 1969, No.31, pp.350–371.

Reinhardt D., Ricci L. and Tressel T., "International Capital Flows and Development: Financial Openness Matters", *IMF Working Papers*, 2010, No.10/235.

Renu Kohli, "Capital Flows and Their Macroeconomic Effects in India", *IMF Working Paper*, 2001, No.01/192, pp.1–36.

Ricardo Caballero and Stavros Panageas, "A Quantitative Model of Sudden Stops and External Liquidity Management", *National Bureau of Economic Research*, 2005, No.11293.

Ricardo J. Caballero and Arvind Krishnamurthy, "Fiscal Policy and Financial Depth", *NBER Working Paper*, 2004, No.10532.

Robert F. Engle and Kevin Sheppard, "Theoretical and Empirical Properties of Dynamic Conditional Correlation Multivariate GARCH", *NBER Working Paper*, 2001, No.8554.

Rodric D., "Who Needs Capital Account Convertibility? in Peter Kenen (ed), Should the IMF Pursue Capital Account Convertibility?" *Essays in International Finance*, No. 207, Princeton: Princeton University Press

(May), 1998, pp.55-56.

Ross S.A., "Volatility: The No-arbitrage Martingale Approach to Timing and Resolution Irrelevancy", *The Journal of Finance*, 1989, No.44 (1), pp. 1-17.

Ruey S. Tsay, "Analysis of Financial Time Series (2nd ed.)", *John Wiley & Sons, Inc., Publication*, 2005, pp.183-190.

Ruiz-Arranz Marta and Milan Zavadjil, "Are Emerging Asia's Reserves Really Too High?" *IMF Working Paper*, 2008, No.8 (192).

Santoni G., "The October Crash: Some Evidence on the Cascade Theory Review", *Federal Reserve Bank of st. Louis*, 1988, No.70 (3).

Sarantis N., "Testing the Uncovered Interest Parity Using Traded Volatility, a Time-Varying Risk Premium and Heterogeneous Expectations", *Journal of International Money and Finance*, 2006, No.25 (7), pp.1167-1186.

Scholl A. and H. Uhlig, "New Evidence on the Puzzles: Results from Agnostic Identification on Monetary Policy and Exchange Rates", *Journal of International Economics*, 2008, No.76, pp.1-13.

Shujie Yao, Pan Wang et al., "Has China Displaced the Outward Investments of OECD Countries?" *China Economic Review*, 2014, No.28, pp.55-71.

Solow, "A Contribution to the Theory of Economic Growth", *Quarterly Journal of Economics*, 1956, No.70 (1), pp.65-94.

So R.W. and Tse Y., "Price Discovery in the Hang-Seng Index Markets: Index, Futures, and the Tracker Fund", *Journal of Futures Markets*, 2004, No.24 (9), pp.887-907.

Steven Radelet and Jeffrey Sachs, "The Onset of the East Asian Financial Crisis", *National Bureau of Economic Research, Working Paper*, 1998, No.6680.

Stiglitz J. E., "Capital Market Liverlization, Economic Growth, and Instability", *World Development*, 2000, No.28 (6), pp.1075-1086.

Stock J. H. and M. W. Watson, "Business Cycle Fluctuations in U.S. Macroeconomic Time Series", Ch.1 in J. B. Taylor and Woodford, M. (eds.), *Handbook of Macroeconomics*, 1999, No.1, pp.3-64.

Stoll H. R. and Whaley R. E., "The Dynamics of Stock Index and Stock Index

Futures Returns", *Journal of Financial and Quantitative Analysis*, 1990, No.25 (4), 441–468.

Sudipto Banerjee and Montserrat Fuentes, "Bayesian Modeling for Large Spatial Datasets", *Wiley Interdisciplinary Reviews*: *Computational Statistics*, 2012, No.4 (1), pp.59–66.

Sujoy Mukerjia, B. Jean–Marc Tallon and Ellsberg, "Two–Color Experiment, Portfolio Inertia and Ambiguity", *Journal of Mathematical Economics*, 2003, No.39, pp.299–316.

Summers L.H., "International Financial Crises: Causes, Prevention, and Cures", *American Economic Reviews Papers and Proceedings*, 2000, No. 90, pp.1–16.

Sun L., "Regime Shifts in Interest Rate Volatility", *Journal of Empirical Finance*, 2005, No.12, pp.418–434.

Sutcliffe Charles M. S., "Stock Index Futures: Theories and International Evidence" (2rd ed.), *International Thomson Business Press*, 1997.

Tamim Bayoumi and Franziska Ohnsorge, "Do Inflows or Outflows Dominate? Global Implications of Capital Account Liberalization in China", *IMF Working Paper*, 2013, No.189.

Taylor J.B., "Discretion versus Policy Rules in Practice", *Carnegie–Rochester Conference Series on Public Policy*, 1993, No.39, pp.195–214.

Taylor John B., "Aggregate Dynamics and Staggered Contracts", *Journal of Political Economy*, 1980, No.88, pp.1–22.

Taylor M. P., "The Economics of Exchange Rates", *Journal of Economic Literature*, 1995, No.33, pp.13–47.

Taylor M. P. and Peel D. A., "Nonlinear Adjustment, Long–run Equilibrium and Exchange Rate Fundamentals", *Journal of International Money and Finance*, 2000, No.19, pp.33–53.

Thosar S. and Trigeorgis S., "Stock Volatility and Program Trading: Theory and Evidence", *Journal of Applied Corporate Finance*, 1990, No.2(4), pp.91–96.

Tilak Abeysinghe and Gulasekaran Rajaguru, "Quarterly real GDP estimates for China and ASEAN 4 with a Forecast Evaluation", *Journal of Forecasting*,

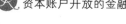

2004, No.23, pp.431-447.

Torben G. Andersen and Tim Bollerslev, "Answering the Skeptics: Yes, Standard Volatility Models do Provide Accurate Forecasts", *International Economic Review*, 1998, No.39 (4), pp.885-905.

Tornell Aaron, Frank Westermann and Lorenza Martinez, "The Positive Link Between Financial Liberalization, Growth and Crises", *NBER Working Paper*, 2004, No.10293.

Uwaoma George Nwaogu, "Essays on Spatial Analysis of Foreign Direct Investment and Economic Growth Determinants in Developing Countries", *Western Michigan University*, 2012.

Víctor Tiberio Olivo, "Taylor Rules and Inflation Targeting do not Work with Systematic Foreign Exchange Market Intervention", *Money Affairs*, 2003, No.14 (1), pp.51-67.

Virginie Coudert and Valérie Mignon, "The Forward Premium Puzzle and the Sovereign Default Risk", *Journal of International Money and Finance*, 2013, No.32, pp.491-511.

Wahab Mahmound and Malek Lashgari, "Price Dynamics and Error Correction in Stock Index and Stock Index Futures Markets: A Co-integration Approach", *Journal of Futures Markets*, 1993, No.13 (7), pp.711-742.

Walsh J. P. and J. Yu, "Determinants of Foreign Direct Investment: A Sectoral and Institutional Approach", *IMF Working Paper*, 2010, No.10 (187).

Weller Christian, "Financial Crises After Financial Liberalization: Exceptional Circumstances or Structural Weakness?" *The Journal of Development Studies*, 2001, No.38 (1), pp.98-127.

Wen-Hsiu Kuoa, Hsinan Hsub and Min-Hsien Chiang, "Foreign Investment, Regulation, Volatility Spillovers between the Futures and Spot Markets: Evidence from Taiwan", *Applied Financial Economics*, 2008, No.18 (5), pp.421-430.

Weymark D., "Measuring the Degree of Exchange Market Intervention in a Small Open Economy", *Journal of International Money and Finance*, 1997, No.16, pp.55-79.

William D. Craigheada, George K. Davisb and Norman C. Millerb, "Interest Differentials and Extreme Support for Uncovered Interest Rate Parity", *International Review of Economics and Finance*, 2010, No.19 (4), pp. 723–732.

Williamson J. and Mahar M., "A Survey of Financial Liberalization", *Princeton University. Essays in International Finance*, 1998, No.211.

Wolfram Wilde, "The Influence of Taylor Rule Deviations on the Real Exchange Rate", *International Review of Economics and Finance*, 2012, No.24, pp.51–61.

Wurgler, "Financial Markets and the Allocation of Capital", *Journal of Financial Economics*, 2000, No.58 (1), pp.187–214.

Yeaple S., "The Complex Integration Strategies of Multinationals and Cross Country Dependencies in the Structure of Foreign Direct Investment", *Journal of International Economies*, 2003, No.60, pp.293–314.

索 引

后　记

2012 年 7 月一个偶然的机会，我有幸在中国社会科学院工业经济研究所和招商局集团从事博士后研究工作，时光荏苒，两年的时间很快过去，随着这份报告画上句号，我的博士后生涯也接近了尾声。

在这里，我要诚挚地感谢我的三位导师——傅育宁董事长、陈佳贵教授、黄群慧教授。感谢他们对我论文的指导以及工作和生活上的关心。

感谢招商局战略研究部的领导和同事，熊贤良总经理、吴少华副总经理、曲保智副总经理、总经理助理马晓楠、博士后办公室主任常黎以及周诗敏、梁凯恩和李梦等，感谢他们在工作和生活上给予我的帮助。

感谢本书在写作过程中的合作者姚树洁教授、杨子晖教授以及我的许多学生，如兴业期货广州分公司黄楚光先生、广州基金公司吴帆映雪女士、中国联通广州分公司叶芯池女士、浦发银行深圳分行刘琪女士和中国工商银行中山分行高颖茵女士。

感谢招商局集团朝夕相处的同事王乐、王文、李科、李想、李克勉、刘铁鑫、刘淑敏、陈洁、史允、丁玥、陶金，感谢你们对我的支持和帮助，与你们共事是我今生莫大的荣幸。

最后要感谢国家自然科学基金（71771093；71303081）和中国博士后基金（2013M540669）经费的研究资助。

陈创练

2017 年 2 月 20 日

专家推荐表

第六批《中国社会科学博士后文库》专家推荐表 1

推荐专家姓名	黄群慧	行政职务	所长
研究专长	经济学	电　话	
工作单位	中国社会科学院	邮　编	
推荐成果名称	资本账户开放的金融风险及管理研究		
成果作者姓名	陈创练		

（对书稿的学术创新、理论价值、现实意义、政治理论倾向及是否达到出版水平等方面做出全面评价，并指出其缺点或不足）

近年来，我国资本账户逐步开放，由此也导致跨境资本流动波动幅度较大。本著作在此背景下，通过理论和实证对资本账户开放的金融风险及其有效管理展开系统性研究。本课题将基于不同基础条件（如金融深化和国际借贷约束等）下的现实和制度背景，通过理论模型和实证检验研究资本账户开放的金融风险及其有效管理，并主要回答如下六个问题：第一，不同基础条件下，资本账户开放是导致跨境资本流入还是流出？第二，资本账户开放、跨境资本流动的技术溢出效应如何？第三，我国对外直接投资有何动机？第四，汇率制度、资本账户开放与货币危机关系如何？第五，外汇储备能否应对由于过快推进资本账户开放导致的金融动荡？第六，资本账户开放是否导致原有货币政策失效？我国未来货币政策取向和政策工具选择有何变化？以上这些研究不仅有助于我们理解资本账户开放的金融风险和宏观金融效应，而且还可以为政策当局对未来资本账户开放政策制定与安排，以及汇率政策改革与制定提供重要的理论基础和参考依据。

综上所述，本课题研究纯属专业性著作，具有较强的学术创新、理论价值和现实意义，达到了出版方面的要求。不足之处在于对我国金融市场风险的测度和评价还有待进一步细化。

签字：黄群慧

2017 年 1 月 30 日

说明：该推荐表由具有正高职称的同行专家填写。一旦推荐书稿入选《博士后文库》，推荐专家姓名及推荐意见将印入著作。

资本账户开放的金融风险及管理研究

第六批《中国社会科学博士后文库》专家推荐表 2

推荐专家姓名	姚树洁	行政职务	
研究专长	经济学	电　话	
工作单位	重庆大学，英国诺丁汉大学	邮　编	
推荐成果名称	资本账户开放的金融风险及管理研究		
成果作者姓名	陈创练		

（对书稿的学术创新、理论价值、现实意义、政治理论倾向及是否达到出版水平等方面做出全面评价，并指出其缺点或不足）

　　本著作结合现代经济学理论，构建符合中国实际的资本账户开放金融风险（如资本账户开放与跨境资本流动、资本账户开放与资本配置效率、资本账户开放的跨境资本对外投资动机、资本账户开放与货币危机、资本账户开放与货币政策独立性、资本账户开放与外汇储备动机等）的理论模型，并采用现代的计量方法，如时变参数结构向量自回归（TVP-SVAR）模型、面板平滑转换回归模型（PSTR）、面板空间计量模型（SAR、SEM）、面板概率 Probit 模型、随机前沿模型（SFA）以及结构向量自回归模型（SVAR）等实证分析了资本账户开放与跨境资本流动、资本账户开放与工业资本配置效率、资本账户开放与跨境资本流出动机、资本账户开放与汇率波动关系、资本账户开放与货币危机关系、资本账户开放与货币政策独立性关系以及资本账户开放与外汇储备动机的关系，并在此基础上结合中国的实际提出相应的应对措施。

　　其研究在国内同类著作中，具有较前瞻性的研究创新和理论价值，而且也围绕资本账户开放的金融风险等现实问题展开系统性研究。资料翔实、论证充分，是一本难得的专业性专著，我极力推荐其出版。

签字：姚树洁

2017 年 1 月 31 日

说明：该推荐表由具有正高职称的同行专家填写。一旦推荐书稿入选《博士后文库》，推荐专家姓名及推荐意见将印入著作。

经济管理出版社
《中国社会科学博士后文库》
成果目录

第一批《中国社会科学博士后文库》（2012 年出版）

序号	书　名	作　者
1	《"中国式"分权的一个理论探索》	汤玉刚
2	《独立审计信用监管机制研究》	王　慧
3	《对冲基金监管制度研究》	王　刚
4	《公开与透明：国有大企业信息披露制度研究》	郭媛媛
5	《公司转型：中国公司制度改革的新视角》	安青松
6	《基于社会资本视角的创业研究》	刘兴国
7	《金融效率与中国产业发展问题研究》	余　剑
8	《进入方式、内部贸易与外资企业绩效研究》	王进猛
9	《旅游生态位理论、方法与应用研究》	向延平
10	《农村经济管理研究的新视角》	孟　涛
11	《生产性服务业与中国产业结构演变关系的量化研究》	沈家文
12	《提升企业创新能力及其组织绩效研究》	王　涛
13	《体制转轨视角下的企业家精神及其对经济增长的影响》	董　昀
14	《刑事经济性处分研究》	向　燕
15	《中国行业收入差距问题研究》	武　鹏
16	《中国土地法体系构建与制度创新研究》	吴春岐
17	《转型经济条件下中国自然垄断产业的有效竞争研究》	胡德宝

第二批《中国社会科学博士后文库》（2013 年出版）

序号	书　名	作　者
1	《国有大型企业制度改造的理论与实践》	董仕军
2	《后福特制生产方式下的流通组织理论研究》	宋宪萍

第二批《中国社会科学博士后文库》（2013 年出版）

序号	书　名	作　者
3	《基于场景理论的我国城市择居行为及房价空间差异问题研究》	吴　迪
4	《基于能力方法的福利经济学》	汪毅霖
5	《金融发展与企业家创业》	张龙耀
6	《金融危机、影子银行与中国银行业发展研究》	郭春松
7	《经济周期、经济转型与商业银行系统性风险管理》	李关政
8	《境内企业境外上市监管若干问题研究》	刘　轶
9	《生态维度下土地规划管理及其法制考量》	胡耘通
10	《市场预期、利率期限结构与间接货币政策转型》	李宏瑾
11	《直线幕僚体系、异常管理决策与企业动态能力》	杜长征
12	《中国产业转移的区域福利效应研究》	孙浩进
13	《中国低碳经济发展与低碳金融机制研究》	乔海曙
14	《中国地方政府绩效评估系统研究》	朱衍强
15	《中国工业经济运行效益分析与评价》	张航燕
16	《中国经济增长：一个"被破坏性创造"的内生增长模型》	韩忠亮
17	《中国老年收入保障体系研究》	梅　哲
18	《中国农民工的住房问题研究》	董　昕
19	《中美高管薪酬制度比较研究》	胡　玲
20	《转型与整合：跨国物流集团业务升级战略研究》	杜培枫

第三批《中国社会科学博士后文库》（2014 年出版）

序号	书　名	作　者
1	《程序正义与人的存在》	朱　丹
2	《高技术服务业外商直接投资对东道国制造业效率影响的研究》	华广敏
3	《国际货币体系多元化与人民币汇率动态研究》	林　楠
4	《基于经常项目失衡的金融危机研究》	匡可可
5	《金融创新及其宏观效应研究》	薛昊旸
6	《金融服务县域经济发展研究》	郭兴平
7	《军事供应链集成》	曾　勇
8	《科技型中小企业金融服务研究》	刘　飞

第三批《中国社会科学博士后文库》（2014年出版）

序号	书　名	作　者
9	《农村基层医疗卫生机构运行机制研究》	张奎力
10	《农村信贷风险研究》	高雄伟
11	《评级与监管》	武　钰
12	《企业吸收能力与技术创新关系实证研究》	孙　婧
13	《统筹城乡发展背景下的农民工返乡创业研究》	唐　杰
14	《我国购买美国国债策略研究》	王　立
15	《我国行业反垄断和公共行政改革研究》	谢国旺
16	《我国农村剩余劳动力向城镇转移的制度约束研究》	王海全
17	《我国吸引和有效发挥高端人才作用的对策研究》	张　瑾
18	《系统重要性金融机构的识别与监管研究》	钟　震
19	《中国地区经济发展差距与地区生产率差距研究》	李晓萍
20	《中国国有企业对外直接投资的微观效应研究》	常玉春
21	《中国可再生资源决策支持系统中的数据、方法与模型研究》	代春艳
22	《中国劳动力素质提升对产业升级的促进作用分析》	梁泳梅
23	《中国少数民族犯罪及其对策研究》	吴大华
24	《中国西部地区优势产业发展与促进政策》	赵果庆
25	《主权财富基金监管研究》	李　虹
26	《专家对第三人责任论》	周友军

第四批《中国社会科学博士后文库》（2015年出版）

序号	书　名	作　者
1	《地方政府行为与中国经济波动研究》	李　猛
2	《东亚区域生产网络与全球经济失衡》	刘德伟
3	《互联网金融竞争力研究》	李继尊
4	《开放经济视角下中国环境污染的影响因素分析研究》	谢　锐
5	《矿业权政策性整合法律问题研究》	郗伟明
6	《老年长期照护：制度选择与国际比较》	张盈华
7	《农地征用冲突：形成机理与调适化解机制研究》	孟宏斌
8	《品牌原产地虚假对消费者购买意愿的影响研究》	南剑飞

第四批《中国社会科学博士后文库》（2015 年出版）

序号	书　名	作　者
9	《清朝旗民法律关系研究》	高中华
10	《人口结构与经济增长》	巩勋洲
11	《食用农产品战略供应关系治理研究》	陈　梅
12	《我国低碳发展的激励问题研究》	宋　蕾
13	《我国战略性海洋新兴产业发展政策研究》	仲雯雯
14	《银行集团并表管理与监管问题研究》	毛竹青
15	《中国村镇银行可持续发展研究》	常　戈
16	《中国地方政府规模与结构优化：理论、模型与实证研究》	罗　植
17	《中国服务外包发展战略及政策选择》	霍景东
18	《转变中的美联储》	黄胤英

第五批《中国社会科学博士后文库》（2016 年出版）

序号	书　名	作　者
1	《财务灵活性对上市公司财务政策的影响机制研究》	张玮婷
2	《财政分权、地方政府行为与经济发展》	杨志宏
3	《城市化进程中的劳动力流动与犯罪：实证研究与公共政策》	陈春良
4	《公司债券融资需求、工具选择和机制设计》	李　湛
5	《互补营销研究》	周　沛
6	《基于拍卖与金融契约的地方政府自行发债机制设计研究》	王治国
7	《经济学能够成为硬科学吗?》	汪毅霖
8	《科学知识网络理论与实践》	吕鹏辉
9	《欧盟社会养老保险开放性协调机制研究》	王美桃
10	《司法体制改革进程中的控权机制研究》	武晓慧
11	《我国商业银行资产管理业务的发展趋势与生态环境研究》	姚　良
12	《异质性企业国际化路径选择研究》	李春顶
13	《中国大学技术转移与知识产权制度关系演进的案例研究》	张　寒
14	《中国垄断性行业的政府管制体系研究》	陈　林

第六批《中国社会科学博士后文库》（2017年出版）

序号	书　名	作　者
1	《城市化进程中土地资源配置的效率与平等》	戴嫒嫒
2	《高技术服务业进口技术溢出效应对制造业效率影响研究》	华广敏
3	《环境监管中的"数字减排"困局及其成因机理研究》	董　阳
4	《基于竞争情报的战略联盟关系风险管理研究》	张　超
5	《基于劳动力迁移的城市规模增长研究》	王　宁
6	《金融支持战略性新兴产业发展研究》	余　剑
7	《清乾隆时期长江中游米谷流通与市场整合》	赵伟洪
8	《文物保护经费绩效管理研究》	满　莉
9	《我国开放式基金绩效研究》	苏　辛
10	《医疗市场、医疗组织与激励动机研究》	方　燕
11	《中国的影子银行与股票市场：内在关联与作用机理》	李锦成
12	《中国应急预算管理与改革》	陈建华
13	《资本账户开放的金融风险及管理研究》	陈创练
14	《组织超越——企业如何克服组织惰性与实现持续成长》	白景坤

《中国社会科学博士后文库》
征稿通知

为繁荣发展我国哲学社会科学领域博士后事业，打造集中展示哲学社会科学领域博士后优秀研究成果的学术平台，全国博士后管理委员会和中国社会科学院共同设立了《中国社会科学博士后文库》（以下简称《文库》），计划每年在全国范围内择优出版博士后成果。凡入选成果，将由《文库》设立单位予以资助出版，入选者同时将获得全国博士后管理委员会（省部级）颁发的"优秀博士后学术成果"证书。

《文库》现面向全国哲学社会科学领域的博士后科研流动站、工作站及广大博士后，征集代表博士后人员最高学术研究水平的相关学术著作。征稿长期有效，随时投稿，每年集中评选。征稿范围及具体要求参见《文库》征稿函。

联系人：宋　娜　主任
联系电话：01063320176；13911627532
电子邮箱：epostdoctoral@126.com
通讯地址：北京市海淀区北蜂窝 8 号中雅大厦 A 座 11 层经济管理出版社《中国社会科学博士后文库》编辑部
邮编：100038

经济管理出版社